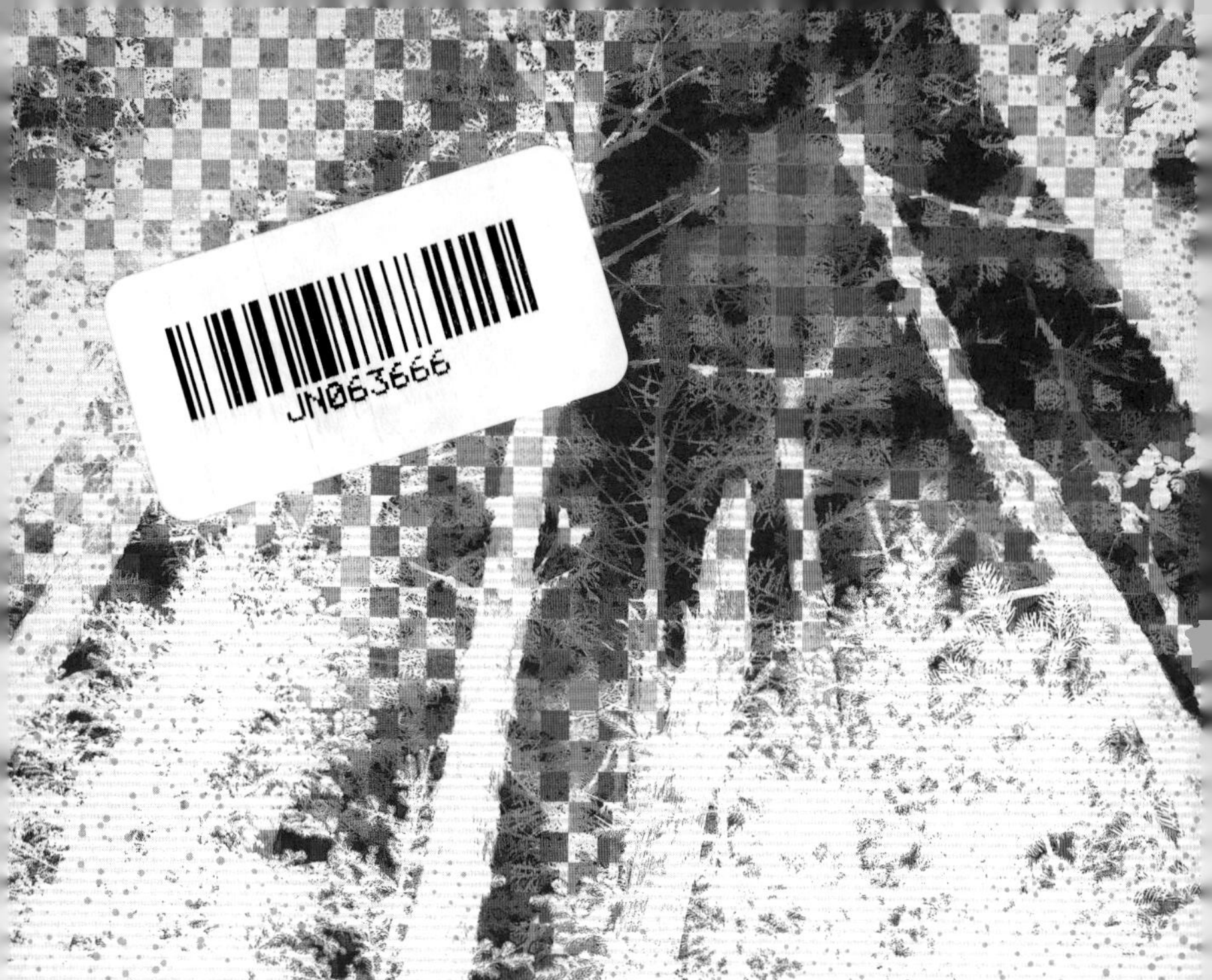

白揚社

THE NATURE OF LIFE AND DEATH
Every Body Leaves a Trace
Patricia Wiltshire

イギリス花粉学者の科学捜査ファイル

自然が明かす犯罪の真相

パトリシア・ウィルトシャー〈訳〉西田美緒子

本書を、大好きな祖母、ヴェラ・メイ・タイリー（旧姓ガウ）に捧げる。
祖母はいつも私を大きな愛情で包み、逆境にあってもくじけずに
勇気を奮い起こす方法を教えてくれた。

イギリス花粉学者の科学捜査ファイル　目次

第1章　開幕

少しのあいだ、真冬の森を散策している自分を想像してほしい。柔らかな地面を心地よく踏みしめながら歩いていると、ふと、何かが目にとまった。人がよく通る小道から少しはずれた窪地に、どこか場違いな、なんだか不自然なものを感じたのだ。森にはイヌの散歩に来ている（物語のはじまりとして、おなじみの場面だろう）。そのとき、イヌが急に走り出したかと思うと藪の中に潜り込み、クンクン臭いを嗅ぎはじめたではないか。大あわてであとを追い、イバラをかき分け、かき分け、ようやくイヌのいる場所にたどり着いたとき、胸騒ぎはさらに大きくなった……そして窪地を見下ろした瞬間、その理由をはっきりと思い知る。イヌが夢中で土を掘り返している目の前の地面から突き出しているのは……生気のない人間の手……黒々とした土を背景に、青白い手がくっきりと浮かび上がっていた。

こうした犯罪で、目撃者の証言または被疑者の自白以外に犯人を突き止める方法がなかった時代は、それほど遠い昔ではない。犠牲者の身元や参考人とのつながりを示す手がかりが何もなく、ぞんざいに埋められていた死体が永遠に謎に包まれたままで終わった事件が記憶にある人もいるだろう。だが時代は進み、今や科学捜査の進歩は加速度を増すばかりだ。

指紋については誰もがよく知っていて、先史時代の土器にも見つかっている。古代中国およびアッシリアの人々は指紋を用いて粘土工芸品の所有権を示し、のちには文書の持ち主を明らかにしていた。一八五八年には英国のインド行政官だったウィリアム・ハーシェル卿が、契約書には署名とともに指紋も加えるべきだと主張した。指紋分析の方法は十九世紀の後半までに確立され、一八八二年にはフランスのアルフォンス・ベルティヨンが人間一人ひとりの違いに関する学術的研究の一環として、日常的に指紋をカードに記録した。さらに一八九一年までにアルゼンチンの警察が犯罪者の指紋採取を開始している。この分野は急速に発展し、一九一一年、個人を特定する信頼できる方法として米国の法廷で指紋法が認められるようになった。時代を早送りすると、一九八〇年には英米両国ではじめてコンピューター化された指紋データベース、ＮＡＦＩＳ（全国自動指紋識別システム）が確立された。

一九九〇年代になると科学捜査はさらにめざましい発展をとげ、ＤＮＡ型鑑定法が生まれた。それまでの指紋と同様に一人ひとりの異なった痕跡をとらえることができるが、今度は血液、精液、体細胞、または毛根を試料として用いる。この技術の開発によって科学捜査の世界は大きな変貌をとげ、冒頭の冬の森で見つかった死体のような身元不明の犠牲者がどこの誰かを突き止めたり、事件現場と特定の人物とを結びつけたりすることが、はるかに容易になったのだった。間違いなく、これら二つの技術は科学捜査の歴史上で途方もなく重要なものだ。こうした技術がなければ野放しになっていたかもしれない殺人犯が、その進歩のおかげで刑務所に送られてきた。そのままにすれば同じ罪を繰り返したかもしれない婦女暴行犯が逮捕され、有罪判決を受けている。一歩間違えれば不当に告発されていたかもしれない人も、無実の罪を晴らしてきた。その途上でさまざまな後戻りを経験しながらも、犯罪捜査は一歩ずつ、真実へと近づいてきたわけだ。

ただし事件現場では必ず指紋が見つかるというわけではなく、なかでも犯人が科学捜査の可能性を考えて手袋をしたり、証拠を残さないように注意しながら立ち去ったりすれば、なおさら指紋の発見は難しくなる。DNAの証拠も同様で、多くの人が思っているほど全能でもなければ、必ず発見できるものでもない。事件現場に犯人の痕跡がまったく残されておらず、毛髪も血液も精液も、そのほかのどんな体液も組織も採取できなかったために、加害者の遺伝子分析など不可能なこともある。

でも……人と場所とを結びつけ、無実の人の潔白を証明し、誰かの有罪を指摘できるような、また別の方法があったらどうだろう？　指紋とDNAによる証拠に加えて、事件のある一面を裏づけられる別の痕跡が残されているとしたら？　しかも、あまりにも広く残されているために、犯人がどれだけ科学捜査の方法に詳しくても、けっして取り除くことができないものだとしたら？

もう一度、冒頭に登場した冬の森の事件現場に戻って、その場面を想像してみよう。イヌが盛んに土を掘り返している場所に近づこうとして、行く手に立ちはだかるイバラ、頭上から垂れた木の枝をかき分けながら進めば、知らず知らずのうちに上着の袖がオークの幹に触れるだろう。そのとき、樹皮の窪みに埋まっていた目に見えないほど微細な胞子と花粉が袖に付着する。さらに斜面をすべるように下りていくと、履いている靴はあたりの土や泥で汚れる。そうした汚れには周辺の樹林から地面に降り注いだ花粉と胞子が、最近のものだけでなく過ぎた季節に落ちたものも含めて、閉じ込められている。その場の土の中で暮らしている数多くの生き物や、かつてそこで暮らしたものの死骸のかけらも、いっしょに靴につくだろう。

目に入ったものをもっと詳しく見ようとして身をかがめれば、死体の上に張り出している枝と葉に髪が触れて、その表面に降り積もっていた花粉、胞子、そのほかの微細な物質を集めることになる。自分がその場所に残した痕跡――土を踏んだときの足跡、落とした髪の毛や衣服の繊維など――は、すぐ目立たなくなってしまうかもしれない。あるいは見過ごされてしまうかもしれない。でもその逆に、場所のほうがあなたに刻みつけた痕跡はどうだろう？　顕微鏡でしか見えないこうしたわずかな痕跡を誰かが回収して確かめ、体や衣服に残された痕跡から自分がいた場所を、あるいはもっとずっと遠く離れた別の場所を、目に浮かぶように再現できるとしたら？

さて、自分が殺人犯だと想像してみてほしい。手にかけた相手を遺棄してきた場所は、いったいどんな痕跡をあなたに残し、そしてあなたはどんな痕跡を、それとは知らずに行く先々へと持ち歩くのだろうか？

そこで私の出番だ。私自身の生きてきた道と犯罪科学捜査の歴史とが、ここでピタッと嚙み合う。一九九四年、ユニバーシティー・カレッジ・ロンドンの環境考古学者だった私に、一大転機が訪れた。

私が正式に植物の世界の研究をはじめたのは五十年近く前の話だが、実際のところ、私が自然界に夢中になったのはそれよりはるか昔のことだった。子どものころから、自然界について書いた本をどれだけ読んでも、いつももっと知りたいと思った。知りたいことはつねに大量にあって、それは今でも変わらない。いつまでたっても頂上にたどり着けないのは、もどかしいことではある。でも、たどり着ける者は誰一人としていない。登り道は険しく、永遠に続く。

私は仕事に費やした時間の大半を顕微鏡の前で過ごしてきた。没頭したのは、次から次へと異なる試料を調べながら、花粉と胞子の混じり合ったものの正体を見極める作業だ。微細な花粉粒と菌類（真菌類）の胞子を含んだ試料をまず赤く染色してからゼリーに埋め込み、さらにスライドグラス上に薄く広げて顕微鏡にセットする。何も知らない人が覗いたなら、ただ形の異なる染みと斑点が混じり合った寄せ集めにしか見えないかもしれない。だが、花粉と胞子を研究している花粉学者にとって、それらは多様で幅広い自然界から拾い上げた要素の集まりだ。

高倍率の顕微鏡のレンズを通して花粉粒を見たとき、目の前に現れた極小世界の不思議で複雑な美しさに、思わず感嘆の声を上げない人はほとんどいない。小さい孔がいくつも並んだ球形の花粉粒もあれば、ダンベルに似た形の花粉の表面に、細い切れ目がグラデーションになってついているものもある。表面の孔や溝は大きさや形がさまざまに異なり、種類も組み合わせも変化に富んでいるし、花粉粒の外壁にも、全体を覆っている渦状の複雑な隆起、縞模様や皺《しわ》、網目模様に並んだ小さな柱などが見える。ごく単純な塊があるかと思うと、その塊にびっしりとトゲが並んでいたり、そのトゲにまたトゲがついていたりする。形状と凹凸の単純さや複雑さを見て、私たちは針葉樹の雄花または顕花植物の葯《やく》が生み出したこれらの小さな粒を識別し、分類することができる。

種の存続に欠かすことのできないこれら極小の、たいていはとても美しいかけらを目にすれば、誰もがきっと驚くだろう。うっとりして、夢見がちな空想をめぐらすかもしれない。だが、ロマンチストである夫がいつも残念がっていることに、私はかなり実利的かつ現実的だ。目に入ったものを「あるがままに見ること」を誇りとし、見るものの解釈にいかなる認知バイアスも入り込ませないようにしている。私にとっての花粉粒は、職業柄、単に植物や菌類の生活環における一段階ではないからだ。それらは、私が警察の仕事の一環として解明していく物語の基盤になる。ある人物が自分はそこにいたと主張した場所に実際はいなかったことを教えてくれる、まぎれもない「標識」になる。相手が嘘をついている、または真実をねじ曲げていることを伝える「ささやき声」にもなる。誰が、何を、どこで、どのようにして、という筋の通った説明をするための、縦横の織り糸になるのだ。犯罪が起きたあと、私は収集された花粉粒、菌類、地衣類、微生物が物語っている可能性を読み取ってまとめ上げ、自然界が教えてくれる事実のかけらをつなぎあわせて、全貌を明らかにしようと力を尽くす。

私はこれまで自分のことを「パズルを解くプロ」だと説明しており、この喩《たと》えはなかなか的を射ていると思う。この仕事では正確さがとても重要になるわけだが、花粉粒や胞子をそれぞれ見分けて確認するのは、時としてひどく骨の折れる仕事だ。つねに正確であることを目指し、少しでもあやふやな部分があれば、正しく同定されている植物の標準物質を利用することが必要不可欠になる。もし間違えば、不当に誰かの自由を奪ったり誰かに自由を与えたりしてしまうかもしれない。私は花粉の一粒一粒を区別しようと悪戦苦闘しながら、人生の長い時間を極小の世界の研究に費やしてきた。それは、「単純」とはかけ離れた作業なのだ。

バラ科のように古くからある科の植物の場合、花粉粒には必ず三つの溝と三つの孔がついていて、表面に筋状の渦巻き模様が見える。一つの種の模様が少しだけ変化したものが別の種の模様になっていることもあるから、イバラ、バラ、サンザシの花粉を確実に見分けるのは難しい。一方これらは、スピノサスモモ、プラム、チェリーを含むグループとは簡単に見分けがつく。このグループの場合は筋状の渦巻き模様が、よりはっきりしていて見えやすい。それでも犯行現場がチェリーの果樹園だったとして、顕微鏡で覗いている花粉が確実にチェリーの木のものだと断言することはできないだろう。チェリーと、たとえばスピノサスモモとを区別する差異は、ほとんどないからだ。コケのような「下等」植物の胞子の場合には、それぞれを見分けられる決定的な特徴はさらに少ない。コケよりあとに進化したシダなどの植物なら、区別できる特徴はコケよりも多いが、針葉樹よりは少ない。同様に、針葉樹の花粉の特徴は顕花植物のものより少ない。これはほとんど無限の可能性を含んだややこしい世界だが、それでも私たちはなんとかして解決法を見出さなければならない。

今、この本を読んでいる人は、おそらく私と同じ仕事をしている人物に出会ったことはないと思う。いや、おそらくそんな職業の話を聞いたこともないだろう。四十年前には、この仕事は存在しなかった。世界のほとんどの国では今もまだ存在していない。私はときに別の名前で呼ばれることもあるが（思い浮かぶあだ名の一つは、死体の鼻腔から花粉粒を入手する手法を私が開発したことで生まれた「スノットレディー（鼻クソ女史）」！）、自分のことを何よりもまず「法生態学者」だと思っている。犯罪を解決する刑事の仕事を手助けするために、自然界のさまざまな特徴を活用して分析する専門家だ。林間の浅い穴に埋められた死体、郊外の家の石炭庫でミイラ化した死体、あるいは沼沢地の川から引き上げられた死体が見つかると、私は現場で自然環境を丹念に調べ、それぞれの運命の日に何が起きたかの手がかりをつかむよう求められる。一方、犯人が殺人を自白したのに死体が見つからない場合には、犯人の衣服、靴、持ち物、車に自然界が残した痕跡を確認し、被害者が埋められている場所、あるいはほとんど隠そうとした跡もなくただぞんざいに捨てられている場所を割り出すのが、私の任務だ。さらに暴力事件や性的暴行事件が起きれば、花粉、菌類の胞子、土、微生物といった自然のまぎれもない痕跡を丹念に調べ、被害者または容疑者が実際にいた場所を特定することで、無罪か有罪かを判断する道筋をつけるよう依頼される。容疑者が有罪かどうかを見極める警察の活動を助けるために動植物の科学を利用しようと考えたのは、私がはじめてではないが、一九九四年の忘れられないある一日から、それが私の一生の仕事になった。私はここ英国の地で、この分野を先導しながら、さらに新しい方向へと拡大させるとともに、後輩のために最良の実践法となるようなプロトコル作りに励んでいる。

これが私の守備範囲だ。私は犯罪と自然界が影響し合う境界上で仕事をしている。

テレビでは犯罪をテーマにした番組が飽き飽きするほど放送されているから、たくさんの人が死に強い興味を抱き、かなりの知識をもっているように思える。そういう人たちは画面に映るニセモノの死体を何百回も目にして、人間の死骸を見るということに鈍感になっているかもしれない。だが実際には人間の死と定期的に関わっても感覚が鈍ることはけっしてなく、多くのテレビ番組はただ取るに足りない、軽薄な、いろいろな点で不正確なものに思える。

私の考えでは、多くの人は死について頭の中でおかしな仮定をしている。すべての人の魂は永遠で、長い旅を続けており、死はそのあいだの一つの中継地点にすぎない、というものだ。でも私は、そうは思わない。それほど遠い昔ではない時代、私がまだよく覚えている、教会に通っていた子どもだった時代には、「私たちの体はただの無機物とエネルギーと水の集まりでしかない」という大いなる真実を受け入れるために、人々はこう信じざるを得なかったのだ。だが、すべてが終わりを迎えると、生命力であるエネルギーが流れを止め、私たちそのものである心と記憶の入れ物だった体は、それぞれの部分を構成していた物質に分解し、散り散りになって、自然の元素を混ぜ合わせる巨大な器に戻っていく。生きとし生けるものは、その巨大な器の中から姿を現したのだ。自分の体と心を形作っている構成要素、つまり自分が自分自身だと考えている基本的なものが、かつては別のものの一部だったこと、自分が死ぬとそれらはまた別のものに利用されるということを、ほとんどの人は認めたがらないし、考えたことさえないかもしれない。でも私はそう考えても落ち込んだり不安になったりしない。私にとって、それはリサイクルの極致、すなわち生まれ変わりの極みであり、宗教を信じているいないにかかわらず誰にでも起こることだ。人によっては冷たく無常に思えるかもしれないけれど、それが自然というものであり、裏づけの不可能な架空の来世の物語よりも美しいと思う。

ただ一つの来世は、自分自身の死によって世界に放たれた体の構成要素から作り出されるもので、それらは何度でも何度でも、繰り返し利用可能だ。自分の体は噴水で、貯水池から吸い上げた水を吹き上げていると考えてほしい。水は一定のパターンを描きながら噴出しており、そのパターンを保つのは吹き出し口の圧力と形状だ。吹き上げる噴水の姿は自分の体、つまり人生そのものだ。だが圧力をかけるのをやめれば水は上がらなくなって、貯水池に戻ってしまう。噴水の水は私たちが消費する食物や飲み物にあたり、私たちにエネルギーと姿形を与えてくれる。噴水の姿は一時的なものにすぎず、ほんの数秒のあいだ華やかな滝のように流れたあと、渦を巻いたり滴り落ちたりしながら、必ずまた貯水池に戻っていく。吹き出し口が変われば、噴水の姿も変わり、異なる「人生」が形成される。私たちの体は噴水の形状に似て、エネルギーと材料が流れ込み、また流れ出していく。私たちを作り上げている「水」は、必ず貯水池に戻る。

いや、来世と呼べるものはない。そのかわりに、死の中にもつねに生命がある。人が生きているあいだ、その体は美しく均整のとれた生態系の塊だが、死体でもそれは同じことだ。人の死体は微生物にとって豊かな活気あるパラダイスとなり、腐敗物をあさる昆虫、鳥、ネズミなどの動物にとっての恵みで、そうした生き物たちは死体を食べに集まってくる。さらに一部は、「ゴールドラッシュ」を利用しようと集まってきた修理屋や商人のように、腐敗物をあさる生き物を食べるために集まる。これも法生態学者にとっては重要だ。死体がどのように分解されているか、腐敗物をあさるどんな種類の生き物が集まっているか、どれだけの速度で分解されているかも、誰が、何を、どこで、どのように、というパズルを解くために不可欠なピースにほかならない。ウジ、シデムシ、ニクバエ、カリバチ、ネズミ、カラスなどの腐肉食の鳥類、キツネにアナグマ、ミミズ、ナメクジ、カタツムリなど、すべてが私の仕事を描く物語の中でそれぞれの役をもっている。

そろそろ先に進まなければならない。だがはじめに、これから出かける旅について断っておきたいことがある。

この本は単なる回想録ではない。一人の人生の体験はあまりにも膨大かつ複雑で、一冊の本にはとうてい収まりきらないからだ。またこの本は、どうすれば法生態学者になれるかを教える教科書でもない。法生態学の範囲はあまりにも幅広く学際的だ。植物学、花粉学（花粉、胞子、その他の微細なものの研究）、菌学（菌類の研究）、細菌学、昆虫学、寄生虫学、人間、動物、植物の生体構造の科学、土壌と堆積物の科学、統計学、その他数多くの「……学」の側面を含んでいる。大小含めたあらゆる生き物の構造、生活様式、分布だけでなく、それらが他の生き物も含めた物理的環境や化学的環境とどのような相互関係をもつかも、理解しなければならない。法生態学の研究は一生をかけた努力であり、正しい（この分野に絶対は存在しないから、十中八九正しい）結果を得るには、一種の勘に頼ることも多い。そうした感触は、自然界を全体として観察する経験と、実証科学を駆使して答えを見つけるという経験を何十年も積み重ねたうえで、はじめて得られるものだ。

だが、この本は死をテーマにした本でもない。

私は死体を見ても驚かない。私にとって、死体はもはや人間ではないのだ。それは自然がヒントを残した情報の宝庫であり、私たちはそのヒントをたどっていく必要がある。ただし、この仕事についてからほんの数回だけ、安置所の死体に心を動かされたことがあった。その一つは、二十二歳の娼婦が三人の子どもを残したまま森で遺体となって発見された事件だった。私が心から悲しいと思ったのは女性が死んでしまったことではなく、それまでにあまりにも大きな苦しみを受けてきたことだった。彼女は十六歳のとき両親に見捨てられ、その道に進まざるを得なかった。自分では気づかないうちにポン引きの言いなりになってしまい、その男は彼女を意図的にコカイン中毒にして、薬を手に入れるために働かざるを得なくした。もちろん男が食い扶持を得るためでもあった。彼女は三人の子を産み、いずれも父親は誰かわからなかったが、けっして子を見捨てることはなかった。その痩せこけてみすぼらしい小さな体は、かつて自分自身が育児放棄されていたことを物語っていたが、自らは子どもを育てながら生きていくために娼婦の仕事を続けていた。遺体安置所のステンレスの台の上で衣服もつけずに冷たく横たわっているこの女性の姿を見て、私は泣いた。彼女が死んでしまったからではなかった。子どもたちを誠実に育てようとした彼女が、痛ましい生活の中で苦闘し、悲惨な状況に陥ってしまったからだった。私はそうした彼女に心を打たれた。

もう一つ、心を動かされたのは、北欧出身の十五歳の少女が殺された事件だった。彼女は遺体安置所の冷え冷えとした照明の下で、傷一つない体をさらしていた。のどかな夏の日に森の中で殺された少女は、一人の男の狂気じみた欲望のために、彼女の裸体を見ながら草むらにひざをついて自慰行為をしたいという強迫観念のために、命を奪われてしまった。その無傷の体が深い悲しみを呼び起こしたのは、彼女がこれから生きるはずだった、生きなければならなかった、それなのにもう生きることのない人生を、思わせずにはいなかったからだ。

私はこれまでにたびたび死を見つめてきた。あとから断片をつなげて人生の物語を組み立てようと試みてきた人たちの死ばかりではなく、自分自身の愛する人たちの死にも直面してきたのだ。私は、いずれは誰もがそうなるように両親を失っているが、それより前に、心の準備が整わないまま、ほぼ私を育ててくれたと言える祖母を失った。そしてまだ若いころには、娘が旅立った。まだ二歳にもなっていなかった。いまだに私の空想の中にいる娘は、マーガレット・タラントの絵本に描かれた小さな少女のようだ。晴れ晴れとした、完璧な少女の姿がそこにはある。だが私の「実際的な心」は、それがファンタジーであることを理解してもいる。私は自分自身も死に近いことを知っていて、それをありのままに見ている。ほとんど気にもとめず、冷静に、数多くの自然の作用の一つとして、どの作用とも同じく不可解なものとして、受け入れている。

この本では、私が働いてきた世界への旅に出ると思ってほしい。私が案内人となって、自然と死が絡み合った魅力的な境界の世界に足を踏み入れていく。旅の途中で、ハートフォードシャーの生垣にも立ち寄ろう。そこで私は、犯罪捜査に植物が役立つ可能性にはじめて気づいた。それは自然界に対する、そして自然界がもつ新たな可能性に対する、私の学問的な見方が大きく変わった瞬間だった。

私はウジ虫がたかった死体といっしょに何時間でも事件現場にとどまり、テネシー州の「ボディー・ファーム（死体農場）」として知られる場所にも行ってきた。死体を自然にさらして腐敗させ、そこから多くを学べる研究施設だ。さらに、血に染まったカーペットとクッションのあるダンディーのアパートも訪ねる。そこには灰色と茶色のカビがびっしり生えていて、被害者が殺された時刻を特定する動かぬ証拠を提供してくれるだろう。鬱蒼《うっそう》とした森も、人気《ひとけ》のない荒れ野《ムーア》も横切っていく。ラウンドアバウトに放置された死体も確認しよう。イングランド南部の中心で、幻覚を生み出す有毒植物を利用したシャーマンの儀式にも参加する。行方不明になり、二度と家族のもとに戻ることのなかった多くの少女たちの死体遺棄現場にも検証に行く。その途中で、私自身の人生の旅路も振り返りたい。私が経験した愛と喪失に目を向け、自然界の不思議と幅広さに気づいたウェールズの小さな谷にも案内する。本の最後で、もしも植物、動物、微生物を見て私が感じる感嘆の念を少しでも伝えることができていれば、そして私たち人間は自然から切り離されたものではなく、自然の中で生きているという新たな理解を残すことができていれば、この仕事は成功したことになるだろう。

実際のところ、人間が自然界とどれだけ深くつながっているかをほんとうに理解している人はほとんどいない。今では大半の人々が町や都市郊外に住んでいるかもしれないが、都会で暮らそうと、人里離れた田舎で暮らそうと、自然はあらゆる場所にある。地球上でこれまでに存在してきた種のなかで、人間が最も無残に自然を破壊してきたのが現実であるとはいえ、この惑星には私たちのほかに二十五万種以上の植物、三万五千種を超える哺乳類、鳥類、魚類、両生類、そして最新の推定ではおよそ五百万種にのぼる菌類、おそらく三千万種もの昆虫がいる。このほかにも未知の微小な種が無数に存在することはさておき、法生態学ではこれらのすべてを考慮に入れる。人間の数は七十億人を超えているが、人間一人につき二億匹を超える昆虫が生きていることを考えれば、私たちが一歩進むごとに自然の痕跡がこの身に残されるとわかっても驚きはないだろう。

昨今、世の中は監視社会だと言うのが流行のようだが、カメラがなくても人の動きを追跡する方法がある。私は靴についた微細な粒子から、その人がどんな場所に行ってきたかを言い当てられる。靴に付着した花粉を調べれば、どの道を通って帰宅したか――ブルーベルが咲いている林を抜けてきたのか、庭を横切ってきたのか――もわかる。恋人といっしょに長い時間を過ごした場所、待ち合わせをした野原の片隅、友達を待ちながら寄りかかった壁も、特定できるだろう。また運悪く死体となって私の前に現れた人がいれば、皮膚や衣服に生えているカビを測定することで、また毛髪、衣服、靴についている花粉と胞子から、いつ、どこで、どのように死亡したかを家族に伝えることができるかもしれない。死体を遺棄現場まで運んだときに靴底の溝に埋まった花粉から、誰が犯人かを判断できる。鼻腔内を覆う薄膜から花粉、胞子、その他の粒子を回収して、被害者が生き埋めにされたかどうか、絞殺されるときに現場の地面の土を吸い込んだかどうかを見極められる。自然は私たちの体の中にも外にも、あらゆるところに手がかりを残している。私たちは誰でも周囲の世界に痕跡を残しながら生きているが、周囲の世界もまた私たちに痕跡を残している。ときには手こずることがあっても、どこを見ればよいかを知っている人に、自然は必ず秘密を明かしてくれる。

第2章 探す、そして見つける

一人の若い女性が行方不明になった。世の中にはこうしてはじまる物語はあまりにも多いが、これは私の心にとりわけ強く残った事件だ。ジョアン・ネルソンは二〇〇五年のバレンタインデーに姿を消した。誰に聞いても明るく快活な女性で、イーストヨークシャーのハルに住み、世界中を旅してまわることを夢見ていた。赤みがかった金髪をボブヘアにし、前髪を目のすぐ上で切りそろえた彼女の行方について、地元の公共職業安定所で働く同僚たちはまったく見当がつかないと言った。両親が知るかぎり、ボーイフレンドはジョアンに夢中だった。

もちろん、私はこの事件のことをまったく耳にしていなかった。話を聞いたのは、ジョアンの姿が見えなくなってから十一日が過ぎ、警察から捜索を手伝ってほしいという電話がかかってきたときだ。

私にとってのはじまりは、たいてい一本の電話だ。突然の知らせを受けてベッドを抜け出すと、大急ぎで高速道路に向かい、どこであろうが警察関係者の待つ事件現場に駆けつける。ときには夜明けとともに活動をはじめ、用水路の近くや人気《ひとけ》のない高速道路の待避所で死体を調べて試料を採取する。あるいは自宅の書斎で本、論文、学術誌、参考資料に囲まれているときに電話が鳴ることもある。膝の上にはネコがいて、隣の部屋の顕微鏡は準備万端整い、覗くだけの状態になっているというのに……。あるいは、研究室にいることも、何かの科学分野の会合で講義を聞こうとしていることもある。そんなとき、電話口で聞きなれた質問が矢継ぎ早に響く。「ちょっと手伝ってもらえる?」「何がわかるかな? パット」「はっきりさせられるのは、どんなこと?」たいていの場合、私が何をできるかについて、そして自然が残した痕跡をとらえて「可能性の構図」(そこで起こったかもしれないこと、おそらく実際に起こったこと)を構築するために何を必要としているかについて、警察はあまりよく理解していない。

今回の件で警察がはっきり知っていたのは、ジョアン・ネルソンが死亡したという事実だけだった。彼女は十一日前に、恋人の手で絞殺されていた。殺人犯は自分が世間をあざむくことができるくらい頭がいいと考えて、その策略に自信をもっていたようだ。カメラの前に立ってガールフレンドに戻ってきてほしいと訴えただけでなく、報道陣のインタビューにも応じ、何も気づいていない両親と並んで立って涙を浮かべた。だがその涙は自分自身の窮地に対するものであり、ジョアンのために流したものではなかった。

殺人犯は時としてうぬぼれ、傲慢になる。そしてよく殺害現場に舞い戻る。一般には、これは邪悪な気持ちから出る行動で、現場を得意げに眺めたくて戻るのだと言われるが、単に自分の手際を確かめようとしている、あるいは自分のやったことをもう一度見たいという衝動に抗えないだけなのかもしれない。だがジョアンを殺した犯人には、わざわざ現場に戻る必要がなかった。犯行現場は自宅だったからだ。ともに暮らしていた家のキッチンで、やすやすと彼女を押さえつけ、絞殺していた。家事についてあれこれ文句を言われ、耐えられなくなって怒りが爆発し、凶行に及んだ。犯行現場が自宅だと、たいていの場合、科学捜査でできることには限りがある。家庭にはいたるところに指紋とＤＮＡが残されており、しかも衣類から落ちた微細な繊維で覆われてしまう。ジョアンの家を調べても大したものは見つからなかったのだが、ありがたいことに、真実はすでに明かされていた。

当初、ジョアンのボーイフレンドは潔白のふりを通し、彼女が逃げ出した経緯を語ると、悲しげな表情を浮かべながら「どうか家に戻ってきて」と訴えていた。だが、抱えていた秘密はあまりにも恐ろしかったので、信用していた友人に打ち明けずにはいられなくなり、その友人も自分の母親に打ち明けて、真実が明るみに出たのだった。こうしてポール・ダイソンは、それまで否定していた殺人を自白した。警察は犯人を突き止めたわけだが、まだ問題が残されていた。遺体が見つからなかったのだ。

ダイソンは車を運転できたものの、運転免許をとったことはない。ハルの道ならだいたいわかっていても、町から出ればもうどの道も同じように見えた。ジョアンを殺した夜、彼は死体をビニールで包むと、知っている地域からできるだけ遠く離れようと考えて車を走らせた。見慣れない田舎道を通ってひそかに夜通し運転するうち、人目につきそうもない荒涼とした場所にたどり着き、彼女を埋めることができた。だが一週間以上過ぎた今となっては、どこに行ってきたのかと聞かれても思い出せることはほとんどなく、車のガソリンタンク半分以下の燃料で行ける場所なら、ヨークシャーのどこだと言ってもおかしくはない。私が候補として考えなければならない地域は広大だった。

「何がわかりそうかな、パット」と、警官が私に尋ねた。それに対する私の答えはいつも同じだ。

「そうね、具体的に何が知りたいのか、それからどんな証拠を握っているのか、教えてもらえるかしら？　そうすれば、答えを出せるように調べてみるわ」

私の仕事は、たいていの場合、実に平凡だと思われそうなことからはじまる。今回も同じで、殺人犯が着用していたジーンズ、ナイキとリーボックの靴、彼の両親の家で見つかったガーデンフォークを警察から受け取って、作業を開始した。ポール・ダイソンがジョアンの死体を運んだのは、彼女の車（ボクソールのステーションワゴン）だったから、花粉粒や胞子といった微細な花粉類の証拠は車両から採取できる。そこで、運転席と助手席の足下に置かれたマット、アクセルとブレーキの二つのペダルを覆っていたゴムのカバー、トランクに敷いてあったマット、そして車体のフロントスポイラーを提出してもらった。これらの証拠物は私のいつものメニューだ。犯人が恋人の死体を埋めようとして運んだときに履いていた靴、まだ温かかった死体を包んだ布やビニール、犯人のズボンとジャケット。それらは現場捜査官の手できちんと集められ、整理され、記録され、証拠物件袋に密封される。

「こんなものから何を見つけられる？」と疑問に思うかもしれない。そして、多くの警官もまだ同じように考えている。ある意味、その答えは単純なものだ。フランスの犯罪学者で科学捜査の先駆者でもあったエドモン・ロカール（一八七七―一九六六年）は、「すべての接触は痕跡を残す」という金言で知られ、これは「ロカールの交換原理」という科学捜査の教えとして大事に守られるようになった。

アーサー・コナン・ドイルがこの言葉に感銘を受けたのは明らかで、ドイルはリヨンに住むロカールを訪ねたことがある。ロカールが言いたかったのは、犯罪者が犯行現場に立ち入るごとに、持って入った何かをその場に残し、また現場で何かを身につけて持ち去るということだ。これらはどちらも「物証」として利用できる。たとえば、DNA、指紋、毛髪、繊維、そして私の仕事の中心である花粉と胞子がそれに該当する。それらは人、物、場所の接触を立証するのに役立つとともに、場合によってはその時点の状況をも明らかにする。

ただし別の観点から見ると、ジョアン・ネルソンの事件のような例は、法生態学者の役割がDNA分析を含むその他の科学捜査とはどのように異なるかを明確に示している。私は提供された物から証拠を見つけ出そうとするのだが、それはまだメインイベントの前触れにすぎない。ほんとうに探し求めているのはイメージで、半分は想像から、半分は現実からなる、該当する場所の画像なのだ。可能なかぎりすべての情報を吸収して利用し、一度も行ったことのない場所、かなりの確率で今後も行くことはない場所のイメージを描き出そうとする。私はそのイメージを「場所の絵」と呼んでいる。想像で構成されているものではあるが、その場所はどこかに実在する。それは実際に存在するものを描いた絵であり、証拠物から回収した花粉、胞子、そのほかの微細な物質を丁寧に考察することによって、私はその場所のイメージを呼び起こすことができる。目を閉じればいつでも、まぶたの裏にその場所が見える。鮮明な部分とぼんやりした部分が混じり合い、顕微鏡から集まる情報が増えていくにつれ、絵はまるでアメーバが動くように変化する。そこは、犯人が恋人を埋めた場所、被害者が押さえつけられてレイプされたと話している場所、容疑者が近くに行ったこともないと言っている場所だ。

その場所で、人は知らず知らずのうちにまぎれもない目印を身にまとい、やがて真実が明かされる。自然はこうして、ほかのものにはできない方法で物語を伝えている。

この事件では、二足のテニスシューズ、車のペダルカバー、ガーデンフォークが私の手元にあった。今回はこれらのものから、かわいそうなジョアン・ネルソンが横たわっている場所の絵を描いていく。

仕事に取りかかろう。

私の任務は答えを出すこと、あるいは答えにつながるであろう情報を探し出すことで、長い時間がかかり、うんざりするほど退屈な作業になる。背中を丸めたまま何時間も顕微鏡を覗き込んだあと、立ち上がってストレッチをし、あたりを歩きまわって首を休ませる。そのあとは、直前に何か興味深いものを見つけていれば、もっと詳しく調べようとすぐ顕微鏡に戻るし、そうでなければネコといっしょに庭を散歩することもある。書斎の壁際にあるピアノを弾くこともある。極度の集中力が必要で、しかもそれを長時間にわたって維持しなければならない。意識の集中を途切れさせないことが何よりも大切になる。それができなければ、特定の場所の絵を正しく描く望みが尽きかねない。

気づかないうちに時間が過ぎていく。花粉粒の一本のトゲを構成している部分がまっすぐか斜めか、かすかな渦の模様がサンザシのものに近いかバラ科の別の植物のものに近いか、こうしたものを見極めようとして疲れ果ててしまう。それでも事件の解決に成功するか失敗するかは、このような見極めにかかっている。一人の人間の自由が、確認できたこととの違いで左右されるかもしれない。

私は多様な粒を次々に調べて数えながら、植物のイメージを組み立て、そこからその植物が生息している環境のイメージを組み立てる。顕微鏡にのせたスライドグラスから、やがていくつかの種類の花粉の集まりが浮かび上がり、それによって事件現場とその周辺の植生がわかってくる。そうすれば、あたりの土壌の酸性度と湿気、日当たりの具合、林の中かどうか、もしそうならどんな種類の林か、というヒントを得られる。それがわかるまでに何時間もかかることがあり、ときには何日も何週間も、あるいはもっと長くなるかもしれない。それでも、すべてがきれいに一体となる瞬間があり、そうなったときの満足感は何ものにも代えがたい。ジグソーパズルに最後の一ピースをはめるときの感覚と言えるかもしれない。もちろん、私が作り上げた絵ではピースが間違ってはまっていることも、ピースが抜けていることもあるだろう。別の場所にあった花粉粒が靴に付着しているかもしれず、事件現場にある植物の一部は見つかっていないかもしれない。でも、それほど心配はいらない。パズルに十分な数の正しいピースがはまっていれば、全体がどんな絵かわかるからだ。

ジョアン・ネルソン殺害事件は、そうした絵が短時間ではっきりと浮かび上がってきた稀な例だった。顕微鏡で何回か調べただけで、絵の本質的な部分が見えた。それほど細かく考える必要はなく、見えたのは証拠のかけらでしかなかったが、まぎれもない証拠だった。ポール・ダイソンは、ジョアン・ネルソンの死体を遺棄した晩にどこへ行ったか自分ではわかっていなかったかもしれないが、彼が身につけていたものがその場所を教えていた。

調べはじめてすぐ、私はジョアンが商業林の中または近くに捨てられたと確信できた。しかし長年の経験から、パズルのピース一個だけで十分な場合はほとんどないことも知っていた。もっと細かく見て、もう少し深く掘り下げて、花粉にさらに多くの秘密を明かしてもらう必要がある。また、事件現場から回収した試料が、完全に元のままの状態で、はっきりしたものであると思ってはいけない。

花粉は消失したり劣化したりする可能性がある。微小菌類、藻類、植物、動物の断片といった、ほかの微細な植物や動物の一部も混じるだろう。こうしたものが散らばって、私が決定的証拠を見つけ出そうとしている景色を混乱させてしまうのだ。花粉粒の確認は出発点にすぎない。サリーにあるブルーベルの茂った林は、エセックスにあるブルーベルの咲き誇る林と似ているだろう。森林委員会が管理する苗木畑はいたるところにあって、そのすべてに似たような種類の苗木が植えられている。さらに悪いことに、一つの試料の中では、たった一本生えているマツの木の花粉か、広大なマツ林の端に生えているマツの木の花粉かの区別はつかない。それでもここで目指すのは（あるいは必要になるのは）、こうした対照的で矛盾した印象をすべて取り込んで、一枚の絵を描くことだ。香水と同じで、一つの最も強い香りがあるかもしれないが、そのほかにもかすかな香りがたくさん混じり合っているから、そうしたものを頼りにしながら探し当てる地域を狭めていくことができる。最も強い香りからは、ヘザーに覆われた荒れ野《ムーア》、マツの茂る森、あるいは海岸地帯を思い浮かべるかもしれない。だが、ムーアはどこまでも続く野生の広がりで、森は国じゅうのいたるところで何マイルも続き、イギリスではどこに行っても海からそれほど遠くはない。そこで、求めるものは組み合わせになる。物証に含まれるものすべての特徴を合わせて、事件現場を絞り込むことができる。

　こうして作り上げた絵を心の中で思い浮かべながら、私は電話に手を伸ばした。相手はすぐに出て、優しいレイ・ヒギンズ警視の、ほっとするような物静かな声が電話口から響いてくる。部下の警官たちは必死に情報を探しまわり、女王バチを取り囲む雄バチのように騒然としていたが、レイだけは違った。だが、その柔らかな物腰の裏には、敏腕さと鋭い知性、そして両親のためにこの少女をなんとしても見つけ出すという固い決意が秘められていた。

「パット？」

スカイプで通話しなかったのは正解だ。私は目をつぶったまま話をしていたから、画面で見ればまるで頭のおかしな神秘主義者のように見えたに違いない。「そうよ、レイ。彼女がどんな場所にいるかわかるわ」

電話の向こうからほっとした空気が伝わってきた。「彼女は、森林委員会が管理しているような苗木畑にいるの」

レイは勢い込んだ。「パット――あいつは、クリスマスツリーがあったと言ってるんだ。つじつまが合うよ」

分析表にはトウヒの花粉粒が少しだけ含まれていた。トウヒは、冬の祝祭がやってくるたびに切られる運命にある。ただし、その場所はクリスマス専用の苗木畑ではないことは明白だ。クリスマスツリーには若い木だけが選ばれるからだ。花粉を作るトウヒは成熟したものに限られ、少なくとも樹齢四十年にはなっているから、樹高はとても高い。ダイソンがクリスマスツリーだと思ったのなら、それなりの数が揃っていたはずで、林の入り口に近い可能性がある。トウヒだけが植えられた林の真ん中で、あるいは林の近くであっても、トウヒの花粉がわずかしか見つからないのは不可解なことだが、よく知っている人にとって答えは明白だ。林業者は植えてから四十年くらいたったトウヒを好んで伐採し、それはちょうどトウヒが成熟しようという樹齢になる。若い盛りに切り倒されてしまうトウヒは、かつてその場所で威容を誇っていたとしても、花粉の証拠をほとんど残さない。トウヒの花粉が見つかるなら、その地域のどこかに必ず、成熟したトウヒの木がある。

私は気が散らないようにまだ目を閉じたまま、次のように続けた。「車から見つかったものを見ると、森に囲まれた山道を走ったようね。道は乾いた砂地だけれど、おそらく道の両端に湿った溝があった。あるいは轍《わだち》に湿気があったのかもしれない。とても見通しのよい場所で、木材用針葉樹の林が多くて、そのほかにもおもにオーク、ブナ、ハシバミが混じった落葉樹林がある。あと、スズカケノキとニレが少しだけ。ヤナギとハンノキが生えているから、じめじめした場所も混じっている。それに、ツタとイバラもあちこちに生えているようね」

私の描いた絵はまだ最終的なものではなかったが、それまでに実地調査をしながら、また顕微鏡を覗きながら、こうした植物群を何度も何度も目にしたことがある。だから私の検証結果は、「森林委員会」の林だと大声で主張していた。こうして該当する場所の植物群を簡単に見分けることができた一方、私はこの仕事についてすぐのころから、二つの場所がまったく同じ植生をもつことはないという事実を学んでいた。多様な植物の種の配置パターンと密度は場所によってそれぞれ異なっており、私はダイソンの行き先がどんなところかを説明できたものの、その場所を見つけるためには何か特別な、ほかとは違う特徴が必要だった。

試料をざっと見た結果からは、もっとたくさんのことがわかったのだが、場所を特定するにはまだ別の仕事が山ほどあった。一定の範囲内であれば、花粉が示す証拠から一つの場所の絵を描くのはとても簡単だ。ところがそのイメージの場所を特定するのは、そう簡単な話ではない。該当する地域についてなじみがない場合は、なおさら難しい。私は土壌の種類を予測できるし、たいていはその土台となる地質学的特徴もわかるが、概して今回のような事件では、地元の植物に詳しい人に頼んで、私の説明をもとに土台固めをしてもらうほうが効率的だ。

私はさらに続けた。「レイ、見通しのよい山道を進む必要があるわ。そうすればやがて、おそらく道のすぐそばに、大きなカバノキの木立が見えてくる。そこで彼女が見つかるはずよ。ああ、それから……」私はここで言い淀んだ。次の言葉は、何よりも信じられないことのように思われたからだ。それでも私には、それが真実だという確信があった。

「彼女は土に埋められていないの、まったく」

沈黙があり、私は相手の信じられないという思いをいくぶんか感じとったが、彼は黙ったまま私の話の続きを待っていた。「道路脇の窪みに投げ出され、上をカバノキの落ち枝で覆って隠してあるだけよ」

ジョアンが遺棄されている場所に関するこの考えを最後まで伝えなかったのは、それが最も鮮明に見えていたイメージだったからだ。

「どのくらい確実なのかね？」と、レイは尋ねた。

それはつねに自問しなければならない問いかけだ。だから、他人がそれを口にしたとしても、気を悪くしてはいけない。少なくとも、丁寧に尋ねてくれるならば。だが私が新米のころ何度も経験した、いかにも不審そうな、非難がましい口調の問いかけなら、話は別だ。

「ほぼ間違いなしよ、レイ」

かつて、自分が生み出せる証拠の特殊性に仰天していた時期がある。顕微鏡のレンズを覗いて見える像から、私が描き出せることの詳細がわかってきたころの話だ。だが、今ではもう驚きはしない。目撃者は無意識のうちに細部を改竄《かいざん》したり、間違えて記憶したりするから、二人いれば同じ瞬間に対する説明が一致することはめったにない。映像と写真は物語の一部しかとらえず、それより広い範囲の状況を除外するから、見る人の考え方が無意識のうちに誘導される。だが花粉の分析表なら、有能で幅広い実地経験を積んだ何人もの花粉学者に解明してもらえる。それでもつねに教科書では見つからない驚きがついてまわり、それもまた経験がものをいう場面だ。

私が手元に用意したすべての試料から、ジョアンのボーイフレンドが訪れた林には、トウヒのほかにマツやアメリカツガのような、木材用として重要な別の針葉樹も含まれていたのは確かだった。落葉樹もあり、分析表の中ではカバノキがことのほか際立っていた。樹木をはじめとする植物の興味深い組み合わせを見てとることができたが、それらがさまざまな証拠物にどのように分布しているかが重要になる。その場所には明らかに酸性の乾燥した土壌が広がっていたが、湿気のある地域も含まれているようだ。さらに車のスポイラーが、より幅広い視点からその場所を描いた絵を教えてくれるように思えた。車は最終的な死体遺棄地点まで行って帰ってきたのだから、森林地帯がはじまる場所からジョアンがいる場所までの広範な証拠を拾い上げてきているだろう。それに対してダイソンの足の付着物は彼が死体を捨てた実際の場所の証拠だけで、それは靴について車の中にも持ち込まれている。

分析表でとりわけ多かったのはカバノキだが、マツもそれなりに含まれていた。オーク、ハシバミ、ブナ、ヘザー、シダ、牧草といった森林地帯とその周辺に典型的な植物により、イメージのジグソーパズルはさらに形になっていった。私が見ていたのは残留している花粉と胞子で、前年の生育期、またはもっと前の年にできたものだ。ハシバミは十二月ごろに花をつけるが、分析表に含まれていたそのほかの花粉や胞子ができたのは、前年の晩春以降だろう。つまり、その証拠は前の年からずっと、地表、土の中、植物の表面に散らばっていた。もしかしたら、それより前からあったものかもしれない。一年のどの時期であっても、たとえ警察から見るとまったく役に立ちそうもない場所でも、私が分析して場所の絵を描くために使える何かが、ほとんどいつも存在している。

私はスライドグラスを調べ続けた。

ダイソンのジーンズからは何も見つけることはできず、ナイキの靴から見つかったのはほとんどが牧草の花粉だった。犯行時にこの靴を履いていなかったに違いない。ところが、リーボックの靴、車のペダルカバー、スポイラーから採取した試料のスライドグラスを見たとき、その場所の光景がはっきり目に浮かんだ。木材用に植えられた針葉樹が大半を占める林があったことはすでにわかっていたが、スライドグラスを次から次へと精査し続けるうちに、そのほかの種類の花粉が見えはじめた。そこに混じり合っていた花粉と胞子には完全に筋が通っていた。苗木畑の所有者は、その土地に自生するカバノキなどの落葉樹を苗木畑の周囲に植えて、単調に見える密生した針葉樹の単一栽培を覆い隠すことが多い。カバノキは日陰には耐えられないが、痩せた土地でもよく育ち、その平均寿命は針葉樹が伐採に適した大きさまで育つのにかかる年数とほぼ同じだ。こう考えると、この「売れない」木が苗木畑の所有者に気に入られている理由がわかるだろう。

車のスポイラーから集めた試料にはたくさんの花粉と胞子が含まれていたので、ダイソンがジョアンを埋められそうな場所を探して、森林地帯の奥深くへと車を走らせていたことがわかる。そして車の内部は、大きな謎の中に隠れた小さな謎を明かしてくれる場所だ。ダイソンが履いていたリーボックは林にあった花粉だらけの状態だったのに対し、運転席の足下に敷かれていたマットには、それが少しも落ちていないように見えた。そのマットは不自然なほどきれいな状態で、マッの花粉が数個とヘザーの花粉が一個見つかっただけだ。ダイソンが科学捜査の可能性を思い浮かべ、マットにブラシをかけたか、掃除機できれいに吸い取ったか、あるいはゴシゴシ洗ったのだろうか。確かにそうしたようだ。その反面、助手席の足下に敷かれていたマットからはリーボックと同じくらいたくさんの花粉が見つかり、私にはすぐ、どうしてそんなことになったかというイメージが浮かんだ。車から何か大きいものを運び出すとき、力を入れるために片足を座席の足下のスペースに入れ、踏ん張らなければならないことがある。ダイソンがジョアンを車から出そうとして、その重さと格闘し、やむなく助手席のマットを片足で踏んづけた格好でバランスをとりながら力を入れた様子が目に浮かんだ。

私たちが商業林を探す必要があることまでは確実になったが、ジョアンの遺体がある正確な位置、それが森林地帯の中のどんな場所かを特定するためには、さらになんらかの情報が必要だった。

ひらめきは、ガーデンフォークからやってきた。

ダイソンの靴と彼がその靴で踏んだ助手席のマットには、カバノキの花粉が大量についていた。ところがガーデンフォークからとった試料を調べてみて驚いた。持ち手とフォークの軸の部分にもカバノキの花粉はついていたが、何よりフォークの部分がほとんどすべてカバノキの花粉で占領されていたのだ。そのほかには、よくある園芸植物の花粉がほんの数個しか見えない。

突然、その場所のイメージが頭に浮かんだ。魔法のように思えるかもしれないが、そんなことはない。基本的な問題に取り組み、現場を歩きまわって作業をし、まわりにある自然界について大量の知識をつねに蓄積してきた長年の経験から、私の直観が磨かれてきたのだ。そのすべてが人間の脳という驚くべきスーパーコンピューターに保存され、処理される。

今回、私にははっきりしたイメージが見えた。ダイソンはジョアンが所有していたボクソールのステーションワゴンを運転して、森林委員会が管理する林のあいだを抜ける乾いた砂地の道を走った。行けども行けども周囲には殺風景な木材用針葉樹が立ち並んでいたが、やがて木がそれほど茂っていない場所を見つけ、最終的にカバノキの木立にたどり着いた。そこは完璧な場所のように思われた。死体を埋める穴を掘るのは大仕事で、それをガーデンフォークで掘るのは不可能だ。フォークは穴を掘るための道具ではなく、すくい取るのに適している。

ヘザーの茂るムーアに接している場所でよく見かける森や商業林を散策すると、落ち葉や落ち枝が厚く降り積もっている場所があるのに気づくことがある。窪みに降り積もっているから、表面が硬いと勘違いして踏みしめれば、足をとられて穴に落ちてしまう。商業林の林床は起伏だらけで、営林作業によってできた不規則な溝が窪地や小丘を形成し、過去の植林と伐採の跡を残している。好都合な窪みが見つかり、落ち葉や落ち枝をかき集めるだけで隠すことができるのに、穴を掘って死体を埋める理由があるだろうか?

私の推測では、彼はジョアンのぐったりした体を運び、道路からおよそ百メートル以内にあった適当な窪地におろした。行動科学捜査の専門家によれば、ずっしりと重い死体を運ぼうとして運べる距離の限界は約百メートルだ。リーボックを履いた足が降り積もった落ち葉に沈んでよろめき、うろたえると同時に、死体を埋めるのは難しいと気づいたのではないだろうか。だが隠すことはできた。おそらく死体を転がして窪地の一つに落とし、ガーデンフォークを使ってカバノキの落ち枝と落ち葉をかき集めてかぶせれば、上から見えないようになっただろう。もちろん、枝と落ち葉で見えなくなるまでしっかり覆うには、場所は窪地でなければならなかった。平らな場所では、落ち葉が体の形に盛り上がってしまい、目につきやすくなったはずだ。

彼は、こうしておけば死体は長いあいだ見つからないと思ったに違いない。バレンタインデーからまもない厳しい冬のあいだ、営林作業はそれほど盛んには行なわれない。アオバエが産卵場所を探すにはまだ寒すぎるし、死臭がするまでには時間もかかるだろう。そうすればキツネやアナグマが、真夏のようにすぐには埋まった死体を見つけることもないだろう。彼女が見つからないまま何年もの歳月が過ぎたかもしれず、もしかしたら永遠にそのままになっていたかもしれない。

ダイソンはガーデンフォークで落ち枝や落ち葉をかき集めながら、フォークの部分にカバノキの花粉も集めていたわけだが、幸いにもそのことには気づかず、のちにこの花粉がジョアン・ネルソンを両親のもとへ、また彼を裁判所へと導くのに役立つことになった。

「だが、その場所はいったいどこにあるのかね？ パット」

ハルの近くではない。それは確かだ。アメリカツガ、さまざまな種類の植物、そしてある特定のシダが生えている苗木畑であることも間違いない。はじめ私はこのシダをあまり気にとめていなかった。国の大半でよく見られる植物だからだ。ポリポディウムと呼ばれるウラボシ科エゾデンダ属のシダで、イギリスの南部と西部ではどこにでもあり、私が住んでいるサリーでもごく普通に生えている。ところがヨークシャーのこの地域ではめったに見られず、きわめて稀と言えるほどしか生えていないのだ。なんという幸運だろう。このシダの分布は、イギリスおよびアイルランド植物学会が作成する地図で確認できた。私はいつもこの地図を利用している。興味深いのは、このウラボシ科エゾデンダ属のシダはかつてこの地域にも自生していたのだが、そのころにはすっかり姿を消してしていたことだった。時代ごとの記録には以前に姿が見られたとされる場所が示されており、これによって広い地域を除外することができた。アメリカツガを含む森は三か所にあったが、当時までこの種類のシダが見られたのはそのうちの二か所だけだった。

ダイソンは金属でできた門があったのを覚えていると話しており、その門の片側には空き瓶がたくさん放置されていたという。この事件担当の巡査部長は熱血漢で、さまざまな分野の専門家に協力を依頼せずにはいられないらしく、私はときに不要だと感じ、イラつくこともあった。それでも、地元に詳しいハルの植物学者が記録地図を調べ、ウラボシ科エゾデンダ属のシダの分布の歴史を見つけてくれた。私もちょうど同じことを提言しようとしていた矢先だったが、そんなことは別にかまわない。私たちはただただ、この若い女性を両親のために見つけなければならなかった。ジョアン本人のためではない。彼女はもうこの世にはいなかったのだから。だが、涙にくれ悲惨な思いをしていた彼女の家族は、なんとしても彼女を取り戻したいと願い、レイ・ヒギンズはその家族のもとにジョアンを連れて帰る決意を固めていた。

警察はその新しい情報を手にするとがむしゃらに行動を開始した。手錠をかけた殺人犯をパトロールカーの後部座席に乗せたまま、該当する景観をもつ曲がりくねった道という道を走り、金属製の門と空き瓶を探しまわったのだ。気がはやって、ただ待っていることなどできなかった。こうして長時間のドライブを続けるうち、疲れ果てて意気消沈したころに、ようやく待ちに待った瞬間がやってきた。くすんだ色をした金属製の門、そして当時のままの空き瓶が、ついに発見された。彼らがどう感じたかを知りたいものだが、おそらく興奮と安堵の入り混じった気持ちだったことだろう。

ジョアンの死体はすぐに見つかった。あとから聞いた話では、一同はそのとき、私の説明の正確さに度肝を抜かれたそうだ。彼女は道路から少しだけ奥に入った斜面を下ったところで、カバノキの下の窪地に放置され、カバノキの枝で覆い隠されていた。こうして、長年にわたって基本的なテーマをコツコツ勉強し、現場を歩いて調べ、いくつかのものを組み合わせ、それらを常識で結びつけ、自分の予測を話す勇気をもつという努力が、実を結んだのだった。

ジョアン・ネルソンの死体を発見し、苦悩に満ちた彼女の家族のために事件の全容を裏づけることができた日、私はその場にはいなかったが、最初に私の見通しを疑っていた警官たちはどう感じたかを何度も想像してしまう。ダイソンが有罪判決を受けてからずいぶんあとになって、レイがその発見現場に案内してくれた。私は、自分がはじめて担当した事件で（それについてはあとの章で触れる）、生垣と牧草地について説明した内容がとても正確だったことにわれながら驚いたものだが、レイといっしょに決め手となったあの門をくぐりながら、それと同じような驚きを感じていた。そこは営林作業の車両が利用する砂地の道だった。道には深い轍が刻まれており、二本の轍の中央や土が削られた端に沿って、ヘザーがまばらに生えはじめていた。一般的なヘザーはじめじめした環境にも耐えるが、淀んだ水を嫌う。轍の窪みはかなり湿っていたが、道沿いにある淀んだ浅い側溝からは少し離れていた。左手の開けた土地にはワラビが群生し、道の右側と正面には見渡すかぎり密生した木々がある。植林は、私が顕微鏡を通してスライドグラスの上に見た光景そのままで、マツ、アメリカツガ、トウヒが多かった。

ジョアン・ネルソンの事件には、私が法生態学者の仕事を説明するときにいつも引き合いに出す、一つの重要な要素があった。私はそのときまでに、探している風景の種類がわかるようになっており、風景に含まれる木、その結果として土壌の性質、その地面でともに育つと考えられる草本植物も読めた。自分の心の目で、死体を隠した場所までポール・ダイソンのあとを追っていくことができたのだ。だが、ヨークシャーはとてつもなく広い。私が描き出した光景に一致する場所は山ほどあっただろう。私がどんな場面を描こうと、カバノキの木立がある森は国じゅうのいたるところで見つかる。警察は人手や時間が許すかぎり、該当する場所をしらみつぶしに探しまわるしか方法がなかったかもしれない。だがこのとき、自然は進むべき方向を示す決定的なヒントを与えてくれていた。回収した微小な残留物のなかに見つかった、アメリカツガの花粉とウラボシ科エゾデンダ属のシダの胞子がそれだ。

私は長い年月にわたって仕事をしてきた今でも、花粉の分析表がもたらしてくれる情報、思考、推測、ビジョンの膨大さに感嘆せずにはいられない。そのすべては微細な証拠の断片をよりどころとしたもので、私にとってはまぎれもない事実だが、ほかの人からは迷信か手品のように見えるに違いない。

近年、何人かの地質学者がこうした事件の解決に手を貸そうとしてきた。なかでもそのうちの一人は、二十年前にいくつかの事件に取り組み、土に含まれる鉱物粒子がもたらす物証は絶対的に信頼できるものだと警察官を説得した。彼はまた請求書の金額でも有名になったが、その金額はたいてい、彼が提供する情報量に反比例していた。各地の警察に多額の出費を強いた彼は、やがて信用を失っていった。比喩でなく、ほんとうに数千もの試料を用いて分析したが、そんな手順を経ても、二つか三つの試料、一台の顕微鏡、証拠物を洗浄する少量の薬用シャンプーを使うだけで植物が教えてくれる答えさえ得ることはできなかった。ある事件では私と同じ場所を見つけ出したものの、八十キロメートル以上の距離にわたる線を引き、そこから千を超える試料を採取して分析する手間をかけていた。それに対して私はシャベルから採取した四つの試料と何回かの現地調査での観察によって、同じ結論に達していた。もし植物の生態学を理解していれば、その植物がどんな種類の土壌で育つかを予想でき、それに伴ってその基盤となる地質学的特徴もわかる。

世の中には迷信があまりにも多いが、私は手品をしているわけではなく、これは純粋な科学だ。二十年近く前のあのとき、ジョアンの死体は見つからなかったかもしれず、そうすれば彼女の骨はやがてバラバラになり、それを営林作業員やイヌの散歩で通りかかった人が偶然見つけることになっただろう。だが私が切り拓いてきた科学的な手法を用いることによって、自然が残した微細な痕跡から、殺人犯が訪れた場所を特定することができた。殺人犯でも、そうでなくても、私たちはみな自分の痕跡を残しながら動いており、それぞれの場所の特性、花粉や胞子、菌類、土壌を理解している人は、その痕跡をたどることができる。

私のもとにジョアンの両親から、娘を家に連れて帰れたことに感謝する手紙が届いた。正直なところそのときまで、私はジョアンのことを謎解きの対象とばかり考えており、情報を見つけることに熱中するあまり、一人の人として思いを寄せる気持ちが足りていなかった。毎日のように人間が人間を相手にして行なう最悪のことに向き合わなければならない世界では、ついつい鈍感になり、知的な難題に没頭して犠牲者のことを忘れがちになる。愛猫を膝にのせて書斎の椅子に座り、ジョアンの母親の手紙を読むうちに、私の感じ方の何かが変わった。ジョアン・ネルソンは、解くべき謎というだけの存在ではなかった。彼女は、私が身につけた長年の経験を駆使して立ち向かうべき難題というだけの存在ではなかった。彼女は愛と希望と恐怖と野望を胸に秘めながら生きていた、生身の人間だ。彼女の母親の言葉によって、そのことが実感となって私の胸に響いた。それとともに私がめったに味わうことのない感情があふれた。そしてこれこそが、知的な難題よりも、法生態学という科学の進歩に対して私がつねに感じてきた誇りよりも、私がこの仕事を続ける理由になっている。何よりも大切なのは、人の気持ちなのだ。

第3章　過去の代理

そろそろ、出発地点まで戻ってみることにしよう。

私は、はじめから今のような仕事をしたいと思っていたわけではない（もちろん、とっておきの物語はいつもこんなふうにはじまるものだ）。人生の転機となる電話が鳴り、そこから科学捜査の世界に足を踏み入れることになった私は、そのときすでに五十代になっていた。ただし、それまでの経歴にしても、周囲から見れば十分に多彩で変化に富んだものだったに違いない。私が社会人として第一歩を踏み出したのはチャリングクロス病院で、医療検査技師の訓練を受けた。この病院ではイギリスで二番目に開始された腎臓透析にも関わった。もちろん血と排泄物を日常的に扱い、胸が悪くなるような臭いにも耐えなければならない。それも仕事の一部だった。やがて研究プロジェクトにも加わり、その結果、当然ながら実験動物も扱う立場になった。そして、ラットを大好きになった。真っ白で、ピンクの鼻をもち、ピクピク動くこの小さな動物は、好奇心旺盛で愛らしく、かわいがられたりくすぐられたりするのが大好きだ。だがこうしてラットに対する愛情が湧いたことで、研究プログラムに反感を抱くようになり、医学研究は私の進むべき道ではないと、きっぱり思いを定めたのだった。

のちに結婚することになる当時のボーイフレンドは、私がラットを相手にしたり排泄物や血液を分析したりする仕事ではなく、もっと「女らしい」仕事をすればいいと考えていた。でも、「女らしい」って、いったい何を意味するのだろうか。思いをめぐらせた私は、たまたまある学校の広告を目にし、そこに出ていたビジネス・秘書科の全日制課程で学ぶことが必要だと考えた。そこですぐに出願し、奨学金を得て入学することができた。いざはじめてみると、勉強はとても厳しいものだった。新設の課程ということもあって、法学、経済学、心理学、英語という主要科目を、第一線で働く専門家たちが非常勤講師として教えに来ていた。そのうえタイプライターとピットマン式速記の技術も必須とされた（非常に論理的だが融通もきくこの速記法は、私がこれまでに出会ったなかで最高のシステムだ）。優れたオフィスを運営するために必要な、ほとんどすべてについて学ぶ必要もあった。人生でさまざまな勉強を積み重ねてきた今、あらためて、あの課程がとびぬけてすばらしいものだったことに思いを馳せる。私は難題に直面したことでよけいにやる気を出し、優等で卒業証書を手にした。卒業生は全員がロンドン商工会議所主催の試験を受けることになっており、それは競争の激しい国際的な試験で、秘書とビジネスのスキルを精査される。私は一番になり、自分でも驚いたが、それで注目を浴びたことは嬉しい思い出で、ロンドン市長官邸（マンションハウス）での授賞式などの晴れがましい行事もあった。

卒業後、はじめて就職したのはナイツブリッジにあるコカ・コーラの本社だった。ここでは新入社員の体重がもれなく増加する。自社製品がいつでも飲める状態にあるからで、私がはじめて知った愛社精神は、グラスに注いだ砂糖たっぷりの炭酸飲料をつねにデスクの上に置いておくことだった。ほどなく、何もしなくても売れるものを売ることに必死な、ダークスーツを着込んで尊大な態度の人たちのために働くのはなんとも馬鹿らしく思えてきて、私はすぐに大手建築会社に転職した。新しい職場では責任を伴う厳しい仕事を任され、ロンドン橋やドラックス発電所のような歴史的建造物の技術的な側面に関する資料を読むのは楽しかったが、何年かたつとその仕事も退屈に思えてきた。私の満足のいくものではなく、うんざりしていた。毎日の決まりきった仕事が多すぎ、興味をかきたてられることを学ぶ機会が少なすぎたのだ。私には新たな挑戦が必要だった。必死になって牧場の柵に体を押しつけながら、向こう側に何があるかを知りたい、外にあるものの味見をしてみたいと思っているポニーのようなものだった。とにかく広い世の中がどんなものかを学びたかった。

次に飛び込んだ世界で、私は人生の中で最も幸せな時期の一つを過ごすことになる。キングス・カレッジ・ロンドンで植物学を学んだ学生時代だ。こうして自分のほんとうの居場所を見つけたとき、私は二十代後半で、あらゆることを試したあげくにようやく到達したと感じることができた。まわりの学部生の大半より十歳以上年上だったが、誰も気にする様子はない。私たちを隔てるものは何もなく、ただ自然に混じり合っていた。そのころすでに結婚をして家庭をもっていたものの、普通の学生の活動にはほとんど参加した。生物部の部長に選ばれたし、毎週土曜日の午前中には親友のマイラ・オドネル（動物学を学ぶ優秀で几帳面な学生）といっしょにジムでフェンシングの授業に出席していた。そのジムはストランド・キャンパスの校舎の奥にあった。

先生は年齢不詳の颯爽《さっそう》としたハンガリー人で、髪を派手になびかせながら私たちの肋骨を狙って剣を突き、否応なしに身を守って反撃する方法を覚えるように仕向けていた。息が切れるまでがんばっていた私を見て、先生は親切にも進級の銅メダルの試験を二回に分けて受けさせてくれたから、私はフェンシングの楽しさを感じ続けることができた。ジムの外の廊下にはとても古い敷石が敷き詰められており、壁にはジョージ王朝時代からそのまま残るロッカーが並び、扉の数字は金色に塗られた飾り文字だった。マイラと私はいつもその廊下でフェンシングの練習を続け、ジムから玄関ロビーに続く階段の下までを何度も往復した。ある土曜日に私は、「これって二人して振付を考えているようなもので、どっちも勝つことないいんじゃない？」と言ったことがある。いっしょに笑い転げたが、その儀式みたいな土曜日の習慣をやめることはなかった。

キングス・カレッジで学んだ日々を振り返ってみると、まるで魔法にでもかかったかのように夢中になって詰め込めるだけの予定を詰め込み、可能なかぎりたくさんの専門分野に首を突っ込んだ。専攻は植物学だったが、あらゆる機会を逃さずに生態学、地質学、微生物学、動物学、寄生虫学、生物地理学を学び、自然界をよりよく理解できるようになることならなんでも知りたいと思った。図書館の机の前に座ったまま、（電子情報に頼りっきりの）今の学生はきっと目にすることもない研究書を読んでドキドキしながら何時間も過ごすのは、ほんとうに楽しかった。私が受けたのは伝統的な教育で、少人数の授業に出席し、ノートをとり、小論文を書き、図書館で文献を読み、研究課題を実行に移し、多様な数多くの生息地で現地調査を楽しんだ。トカゲの神経系から牧草地の構造まで、自然界のさまざまな側面に隠された秘密を学び、そのすべてが私を成長させてくれ、私はそのすべてを楽しんだ。

やがて、私はキングス・カレッジの微生物生態学の講師になった。その仕事につくと、教わる側から教える側という、すっかり逆転した立場での難題に取り組む毎日がまた楽しかった。学生たちが自然界に関する知識を得ていく手助けをする仕事は、やりがいがある。私が伝えているのはとても特別なことで、けっして失われてはいけない知識なのだと感じていた。ところが、そうしているうちに教えることに疲れきってしまった。毎日のように講義の準備をして、教壇に立ち、論文の課題と試験の問題を作成し、採点し、会議にも出席しなければならない。教師の負担は大きかった。そこで、私の人生でも指折りの幸せかつ栄誉ある立場に十八年で区切りをつけ、ユニバーシティー・カレッジ・ロンドンの考古学研究所に職を求めることにした。自分の時間の大半を、教えることより研究することに費やしたいと考えた結果だった。

キングス・カレッジの植物学部は規模が小さく、スタッフは陽気で、みんなで楽しく過ごし、重要な節目ごとに学部の一年生から専門職のスタッフまで全員参加のパーティーで祝ったものだった。でもユニバーシティー・カレッジ・ロンドンでは勝手が違った。ここではときおり開かれるセミナーを除けば、朝から晩まで自分の研究に専念し、雰囲気もまったく異なっていた。さらに私の肩書も、ふさわしいかどうかはわからなかったが改められ、「環境考古学者」になった。キングス・カレッジではランチもお茶の時間も笑いと知的な議論にあふれ、正面玄関を通り抜けて学部に足を踏み入れるのが毎日の楽しみだった。一方のユニバーシティー・カレッジ・ロンドンでは、みんな付き合いを避け、それぞれの部屋から出てこなかったので、誰とも知り合いにはなれそうになかった。それでも研究の内容のおかげで社会生活の不足は十分に補われ、私はまもなくイギリスじゅうの環境考古学者たちと親しくなることができた。

遺跡発掘現場とその周辺で見つかった堆積物を分析し、古代の風景の変遷、穀物の種類、先史時代の人々が行なっていた耕作の内容を解明していくのは、何よりも魅力的な時間だった。そのために私は何週間もかけて全国の遺跡発掘現場を歩きまわり、地中に埋まっていた大昔の表土、穴、溝から土や堆積物の試料を採取し、研究室に持ち帰ると、長い時間のかかる危険な化学処理の工程を経て、さまざまな形状の堆積物試料から有機物の微粒子を取り出した。旧石器時代から中世までの発掘現場で得たいくつもの試料を次々に分析した結果、私は自分たちが用いている技術の可能性と限界を少しずつ理解していった。私は考古学的な試料から得た有機物粒子、花粉粒、胞子を用いて当時の環境を再構成しながら人生を過ごした。環境考古学者の役割は、遺跡を研究する考古学者が発掘した集落に、色、暮らし、そして意味を与えることにある。

私はこれまでに、ハドリアヌスの長城にあった要塞と、その北側にある深い湿地、ポンペイの火山灰から発掘された宿屋、さらにヒースロー空港ターミナル5の地下で見つかった多面的な遺跡まで、実に変化に富んだ現場を分析してきた。なかでもヒースローでの仕事では、とてもすばらしい青銅器時代の景観を再現することができた。四千年前、そこにはのどかな田園風景が広がっていたに違いなく、長くて美しい生垣が牧草地を区切り、それぞれの区画ではウシやヒツジが飼われていて、なかには穀物が栽培されていた畑地もあったはずだ。ただし、どうしても分厚いレンズを通して向こう側を眺めているように感じてしまうのは、過去の様子と土地の使われ方をかなりの精度で解明できる一方、その解釈を検証するには、現代の民族誌的実例に照らし合わせるしか方法がないからだ。私たちの解釈がほんとうに正確なものなのか、知る術《すべ》はない。それでもたくさんの恩恵を得ることができ、発掘現場でほかの環境考古学者といっしょに仕事をできることもその一つだった。私は花粉と胞子を分析した。イースト・アングリア大学に所属する大親友のピーター・マーフィーは、肉眼で見ることができる植物（大型化石）の一つである種子と、軟体動物の殻を専門としていた。動物の骨と人骨を分析する学者もいた。また別の親友で考古学研究所の同僚でもあったリチャード・マクフェイルは、土壌微細形態学者だった（今もそうだ）。彼は土を樹脂で固め、その塊を薄切りにして顕微鏡で覗くことによって、過去の人間活動にまつわる手がかりを見つけていた。私は自分の研究と同じくらい、彼の研究にも興味があった。地面の下に眠る土の断面を見ることができると、想像してみてほしい。まるでゼリー寄せのように鉱物や微生物が閉じ込められて浮かび、隠れた現実に潜む小宇宙を見ることができるのだ。それは大昔に植物、動物、人間を支えていた土で、学者たちが過去のリアルな絵を描き出すことで「生き返らせた」ものだった。

私たちは発掘現場や会議で何度も嬉しい再会を果たし、楽しい時間を過ごしながら力を結集して、過去に起きたことを描く絵を生み出してきた。そこには大昔の人々の暮らしや発展のさまざまな段階が関わっている。博物館で、再現されたローマ人の農場、サクソン人の村、石器時代の小屋などを見られるとしたら、それは細かい分析をして物語を作り上げた、たくさんの環境考古学者や他の分野の考古学専門家のおかげだ。私の考えでは、もし彼らがいなければ考古学は無味乾燥なものになっていただろう。ただのフリント石器、陶器、石、金属にすぎず、たまに骨、宝石、彫刻を施された石が加わる。つまり、考古学者は遺跡を発掘し、土の中から細かい手順ですばらしいものを掘り出すが、そのすべてに生命を吹き込むのは数多くの分野のスペシャリストたちなのだ。そうした分野には、地中から掘り出した古代の土を対象とする、冶金学、製陶術、昆虫学、植物学、骨学、微細形態学などがある。そのことを知っている人は多くない。

試料に含まれている花粉と胞子、そのほかの多くの微細な物質は、過去の代理だ。細菌と菌類の活動が酸素不足や高い酸性度によって抑えられると、花粉は何千年にもわたってそのまま変わらずに保存されることがある。たった一粒でも見逃したり無視したりすることはできなかった。取るに足りない小さな粒子であっても、さまざまな情報を伝えているかもしれないからだ。試料に処理をほどこしたあと、顕微鏡のスライドグラス上に恒久的に固定すると、いよいよそれから、ひどく大変な、ほんとうの作業がはじまるのだった。何時間でも顕微鏡の前に座って、スライドグラスを細かく区切った部分を一つ残らず、順序どおりに調べていく。大切なものを見逃すことがないよう、わずかな部分でも飛ばしてはいけない。私は遠い昔の環境を再現する仕事に魅了された。別の種類の証拠を調べる仲間たちといっしょに作業するのはすばらしい経験で、すべての人の作業が組み合わさって、最終的な報告書が過去の絵を描く。私はそうした自分の役割に心から満足していたので、その日に電話が鳴ったとき、それが私の人生の物語の新しい章のはじまりを告げる音だとは思ってもみなかった。

電話の向こうの声は強いグラスゴー訛りで、ハートフォードシャー警察の刑事だと名乗った。

「パット・ウィルトシャーさんですか？」と、相手は尋ねた。「あなたのお名前はキュー王立植物園で教えてもらいました。あそこでは解決に至らなかったのですが……」

ここで言葉を切ると、こちらが十分に理解するまで待つように少し時間をあけた。

「……でも、あなたなら解決できるかもしれないと言っていました」

電話がかかってくる少し前まで、私は新石器時代のどこかをさまよい、自然が作り上げた林のイメージを組み立てようとしていた。そこで最初に農耕をはじめた人たちによって切り倒され、焼かれた林だ。そんなときに現実に引き戻されたので、私は少し口ごもった。

「ああ……そうです、私です」

そう答えたものの、頭は困惑していた。これまで警察から連絡をもらったことなど一度もない。

「何かあったのですか?」

「あなたは……ポリオロジストですよね?」

「ちょっと違うのですが」と答えながら、よくあるこの間違いを、できるだけ丁寧に修正した。「私はパリノロジスト(花粉学者)です」

花粉学。文字どおり「花粉を研究する学問」だ。もう少しわかりやすく説明するなら、花粉、胞子、その他あらゆる微細な花粉・胞子類に加えて、空気や水や堆積物や土壌や植生から採集できる微粒子を研究する。私は最初から花粉学者になろうという大望をもってそうなったわけではなく、人生の成り行きでこの道を歩むことになったのだが、その結果にはとても満足していた。学生たちに責任をもたなければならなかった時期に比べて、はるかに自由があった。

電話の向こうでは、まだ刑事が私の返事を待っている。

「なぜ花粉学者が必要なのですか?」と、私は尋ねた。

すると相手はぶっきらぼうに答えた。「殺人があったんです」私はあやうく声を上げて笑いそうになった。スコットランド人らしくRをとても強く、舌を巻いて発音したので、「マーダー」が「マルダル」になっていたからだ。そのすべてが現実離れしていて、まるでウェストエンドで演劇でも見ているような気分になった。

「殺人？　私がどんなお力になれるのでしょう？」

「死体があって、車があります」

私は人生の分かれ道になったこのときの会話をよく思い出す。実を言うと、はじめて耳にする「殺人」という言葉に、ひどく興味をかきたてられたのだ。来る日も来る日も研究室で仕事をしている人間は、ときどき外の世界からやってくるものを大歓迎する。私はキングス・カレッジで死後の物質の腐敗と分解について教える立場にあったにもかかわらず、自分の家族以外の死体というものを見たことがなかった。腐敗と分解について教えるには、死んだものが鳥であっても樹木であっても、分解の過程で微小動物、細菌、菌類が果たす役割を理解する必要がある。死んだものが鳥や樹木ではなく人間なら、大きな違いがあるのだろうか？　学問的な意味では、おそらく違いはない。でもそのほかの面では、未知の世界に飛び込むようなもので、私にはまだ心構えができていなかった。

電話で話を続けると、刑事は私に知らせる必要があると思ったことのすべてを、かいつまんで説明してくれた。ハートフォードシャーの田園地帯のどこかで、畑の脇の水路から死体が見つかった。ただし計画的な殺人ではなく、犯人は誤って殺してしまったようだった。

「チャイニーズ・マフィアの犯罪捜査なんです」

テレビで耳にしたことがある言葉だが、実在すると聞いてもピンとこない。シャーロック・ホームズの世界だ。それでも、それが悪辣な犯罪集団で、その活動が深刻な結果をもたらしていることは誰もが知っている。今回の事件では、彼らは被害者を殺すつもりはなく、被害者の結婚式の日に誘拐しただけだった。ただし、花嫁とともにいるベッドからではなく、売春宿からではあった。私がこの断片的な情報を具体的に聞いただけで凍りついてしまったのは確かだ。そんなことは聞いたこともなかった。私の住んでいる地域には落書きさえなく、事件と言えば、たまに駅で自転車が盗まれるくらいなものだった。

犯罪グループは被害者の両手両足を縛り、バンの後ろに放り込んだ。それは荒っぽい見せしめのためだった。彼はチャイニーズ・マフィアに雇われてマネーロンダリングに手を染め、不動産の売買をしていたのだが、ついついその一部を使い込んでいたからだ。だがとても体格がよかったために、両手両足を縛られたまま顔を下にして放置されたことで心臓と肺が機能できなくなり、自らの重さで窒息死してしまった。

私がはじめてこの事件に関わったとき、警察が押収していたのは死体を遺棄した場所までバンに同行した車だけで、肝心のバンのほうはすばやく処分されていた。犯人たちは痛い目に遭わせようと思っただけの男が死んだとわかって、あわてふためいたに違いない。死体をウェールズのどこか遠い場所に捨てることに決めたものの、方向感覚がいささか怪しかった。ロンドンからウェールズに行くためには高速道路M4で西に進む必要があったのに、幹線道路A10を走って北に向かってしまい、気がつくとハートフォードシャーにいたのだ。暗いうえに方向がわからなかったのだから、A10から分かれる脇道を見つけ、そこから人気《ひとけ》のない畑地や牧草地に行けそうだとわかったときには、さぞかしほっとしたことだろう。

それから彼らは二つ目の間違いを犯した。死体を畑の脇の水路に落としたあと、被害者の身元がわからなくなるようにしようと思って、愚かにも死体に燃焼促進剤をかけて火をつけたのだ。もしそのまま放っておいたなら死体は誰にも見つからず、目をつけたのはせいぜいハエと野生の動物（ネズミ、鳥、キツネ、アナグマ）くらいだったに違いない。周囲には低木が茂り、丈の高い草が目隠しになっただろう。ミミズ、ナメクジ、カタツムリ、甲虫、アリがすぐ内部に入り込み、一つの季節が過ぎてしまわないうちに死体はほとんど残っていなかったはずだ。暖かい季節ならもっと短期間でそうなる。肉をすっかり剝ぎ取られた骨も、活発なミミズの力でいつかは土の中に埋められる運命にある。ミミズは土の表面に長く置かれているものならなんでも埋めてしまう。ダーウィンは自宅の芝生に敷石を放置して、このことを手際よく実証してみせた。だが死体に火をつけたために、殺人犯たちは暗闇に輝く合図ののろしを上げたことになり、火は翌日になってもくすぶっていた。立ちのぼる煙は近くの農家の人の注意を引き、さらに警察が注目することになった。

「犯人たちはすでに拘留ずみです」と、刑事は言った。もう自己紹介がすんで、彼の名はビル・ブライデンだ。「車も押収してあります。犯人は間違いないんですよ。でも……それを証明する必要があるんです」ここでいったん言葉を切ると、彼はさらに続けた。「それで、ウチのボスが考えたのは……トウモロコシの花粉です」

まもなく実際に対面することになる彼のボスは、若くて知性にあふれた本部長補のポール・ドックリー――私がこれまでに出会ったことのあるすべての人のなかで一、二を争う魅力的な人物だ。私はそのときまで警察に協力した経験は一度もなかったが、最初に出会ったビルとポールという二人の警察官はどちらもすばらしい人たちで、今でもまだ大切な友人のままでいる。二人は私の仕事の、そしてもちろん法生態学の、よき支援者だ。

「トウモロコシの花粉？」

「犯人たちがその水路に死体を遺棄するためには、あたりに広がる畑地に車で入らなければならなかったはずで、農場の人が言うには、そこはいつもトウモロコシが植えられている場所なんです。その畑地を横切ったのなら、車にはトウモロコシの花粉がついているはずだとボスは考えました。そこがご協力をお願いしたい部分です。私たちには確実に判断してくれる人が必要なんです。この車は畑地に入ったでしょうか？」

それは新しい考え方だと、彼は言った。それまでに警察がそんな考え方をしたことはなかったそうだ。まあ私としては、ぼんやりとではあったけれどそんなふうに考えたことはあった。大衆雑誌のちょっと変わった記事を読んだときに、同じようなことを思い浮かべたことがあったのだ。それでもまさか自分がこんな仕事を依頼されるとは、想像もしていなかった。なぜボスの頭にトウモロコシの花粉が浮かんだのか、彼にはよくわからなかった。私はその車を実際に見ていなかったが、話を聞くかぎり、うまくいく可能性は限りなく小さいと知っていた。そのときは五月で、イングランド南部でトウモロコシの花が咲くまでにはまだ少なくとも六週間はある。そのうえ農家は耕作地を耕して肥料を施し、土壌に栄養と空気をたっぷり含ませて微生物の活動を促進している。農地、なかでもイングランド南部の農地は、菌類、細菌、その他の微生物叢の楽園だから、有機物はすぐに分解されてしまう。だから典型的な方法で管理されている畑地に花粉と胞子は残されていないと、私は思っていた。それなのに……

「なんとも言えませんね」と、私は話しはじめた。「どこかにわずかなら、あるかもしれません。隅っこのほうに、何かが残されている場所が」

「それでは」と、相手が応じた。「何かをできるかもしれないということでしょうか？」

「そうですね、やってみることはできます。でも何も見つからないかもしれないことは、あらかじめお断りしておきますが」と私は答え、耕作地の土について考えられる問題点を説明した。

死体のことを思い浮かべても、それほど気にはならなかった。切断された脚を布に包み、両腕で抱えながらチャリングクロス病院の階段を下りた日のことは、ありありと思い出すことができた。それを使って研究室で点滴の実験をするためだ。死体はただ死体というだけで、肉と血と骨にすぎない。それよりも私を落ち着かない気分にさせたのは、それが未知の世界だということだった。警察の仕事はまったくの別世界であり、自分が足を踏み入れるなどと考えてみたこともなかった。科学捜査の手順など見当もつかない。「物証」という言葉も、まもなく出会うことになる別の用語も、略語も、言い回しも、何一つ聞いたことがなかった。私は毎日の暮らしの中で過去の光景を想像することには慣れていた。でも、現在の光景を想像すること、あとに残された何かを探すこと、まだ誰も生み出したことのない手順を考え出すことなど、できるのだろうか？　電話の向こうから響く刑事の言葉を聞いていると、そのすべてがまったくの新開地のように思えた。ちょっとだけ『スター・トレック』を思い浮かべた。あの冒頭のナレーションのように、「未知の世界を勇敢に突き進む！」

それから考えた。自分はいつも「なぜ？」と自問し続けている。それなら、なぜやらない？　以前はやっていたのに。まず病院と研究室で働き、それから自分を徹底的に変えようと試みて建築業界の野心的な秘書になり、再び自分を変えようとして微生物学を学び、さらに花粉学者になった。それこそが科学の一部ではないのか？　好奇心をもって、実際にやってみることこそが？　これまで自分の人生に計画を立てたことなど一度もなかった。なぜ今、好機をとらえようとしないのか？

うまくいかなければ、それまでだ。思いきって挑戦しなければ、得られるものはない。ただし私にとって、うまくいくかどうかはどうでもよかった。考古学にはつねにやることがあり、私はそれをほんとうに楽しんでいたからだ。過去の遺物がつねにそこにあり、掘り出され、再発見されるのを待っていた。だからその日、電話を切ってからは、殺された男のことも電話の向こうから聞こえてきたグラスゴー訛りのビルの声のことも、ほとんど考えずに過ごした。なんだか興味深い実習のように思え、実際にそんな位置づけをしていた。それが私の後半生の行く末を決定づけることになるなどとは、知る由もなかった。

畑の水路に被害者を捨てる際に現場まで同行していた車は、警察の車庫にあった。私には、ただの古い車にしか見えない。ホイールハウスには泥はねがたくさん残り、ドアの下側に沿っても、全体的に汚れが見える。車の表面に土がこびりついている箇所もいくつかあった。私を案内した車庫の担当者は天井の電気をつけ、そこで待っていた車がよく見えるようにしてくれたが、なんだか不服そうだ。

「何のために、わざわざあんたをここに呼んだりしたのか、まったくわからないよ」と言って、軽蔑の念を隠そうともしない。はじめの何年かで、私はこうした横柄な嫌味を言われることにもすっかり慣れてしまった。「いたるところ花粉だらけだよ。その車はあちこち走りまわってきたんだからね。とりあえず、どんな状態か見てみれば……」

私は車の片側にしゃがみ込み、次に反対側にまわった。外回りを見るかぎり、その車からは山ほどの情報を得られるはずだ。でも、どうすればその情報を取り出せるのか、どこからはじめたらよいのかは見当もつかなかった。

警察にはあらかじめ、死体が見つかった周辺の畑地と残された轍から、表土の試料を採取しておくよう頼んでおいた。その試料をいつものように処理して調べてみたものの、予想したとおり顕微鏡を通して見えたものはわずかで、サフラン染料で鮮やかな赤に染まったセルロースの断片ばかりだった。そのほかは私が背景の「くず」と呼ぶもので、ところどころに原形をとどめないほど傷んだ花粉粒の断片があるだけだ。表土では有機物の残りが完全に分解しているはずだという私の予想は正しかったことになる。さらに、タイヤの接地面にこびりついた泥、ホイールハウスに幾重にも重なってたまっている黒くてきめの細かい沈泥、そして車内のフロアマットにかすかに残された埃っぽい足跡を見ながら、ほんとうに何か見つかるのだろうかという不安がよぎった。それでも車庫の担当者がうさんくさそうな視線を私に投げかけながら、どうせ何も見つからないだろうとたかをくくっている様子が感じられ、そのことが私をかつてないほど奮い立たせた。ただ、そんな状況で何かをするのはとうてい無理だったし、担当者の態度にはすっかりうんざりしていたので、最も大きな成果が得られそうな車のパーツを選び、それらを私の研究室に送るよう頼んで帰ることにした。

私は多くのことを急速に学習していった。シャーシの構成部分はそれぞれ大きく異なっているが、今では最も証拠を集めやすいのはどの隅や隙間なのかを理解できている。だが当時は何も知らなかった。モーターで動く車両の床下に潜ってみたことなど一度もなく、まして煤《すす》や油にまみれた金属製のパイプや支柱を、五センチの距離に顔を近づけてじかに見るなど考えたこともなかったのだ。まもなく私は、自分はただ最善を尽くすだけでいい、そうすれば試行錯誤によって、こうしたものから試料を抽出する最も効率的な方法が見つかるに違いないと気づいた。最初は、ありとあらゆる部分から泥をこすり落とし、そこに何が含まれているかを見つけようと考えた。だが、それぞれのあいだに何か違いはあるのだろうか？　そこでごく常識的な判断を働かせ、最も簡単に取り外せる部分からはじめることに決め、それらを私のもとに届けてもらうようにしたわけだ。たとえば、足下に敷いてあるマット、ペダル類、バンパー、エアフィルター、ラジエーターなど。当初、タイヤは無視した。タイヤはあまりにも広い範囲から物質を拾い上げている可能性がある。一方の車の中で見つかる物質は、人の足や車内に運び込んだ物から落ちた場合がほとんどだろう。単純な理屈に従ったことになるが、どっちにしろそれで駄目なら車の残りの部分はまだ車庫にあるのだし、また試料を採取しなおせばいい。

車庫の担当者は嫌味な言葉を投げかけ、あからさまに不作法に振る舞ったので、私は彼から解放されて気分がよかった。届いた各部分を慎重にこすって洗い流し、泥を含んだ洗浄水をふるい分けて容器に移し、遠心分離器にかけて濃縮されたペレット（塊状の試料）を手にする。最悪なのはラジエーターで、昆虫の大きな塊ができた。こうして手にしたペレットを保存して、同僚の一人に顕微鏡で調べるよう頼んだが、残りの作業はすべて私の担当だ。

あらゆる場所から花粉が見つかった。苦労する私に冷笑を浴びせた車庫の担当者は、一つの点で正しかったことになる。車の車体にはまさしく植物園とでも言えるほど多様な花粉が付着しており、どう見ても異なる場所からやってきたものだった。私は遠心分離機にかけたペレットに、考古学試料とまったく同じ標準的な処理を施した。一連の非常に強力で有毒な酸を用い、背景にある不要な土壌の物質――石英（砂）、粘土、セルロース（繊維素）、リグニン（木質素）、フミン酸――を除去するという手順だ。起こりうる最高の状況では、各種の花粉と胞子だけが残ることになる。

説明どおりの驚くべき手法だ。こうした花粉粒、胞子、菌類の残骸、昆虫、甲殻類の動物の外皮は、どれも信じられないほど耐久性のある高分子物質を含んでいるので、この手法による荒っぽい扱いにも持ちこたえることができる。そのような高分子物質は、植物の場合はスポロポレニン、菌類と動物の場合はキチンだ。また、とても危険な手法のため、この作業を行なう人は研究室に一人だけでいてはいけないし、保護用の衣服、手袋、マスクを身につける必要がある。処理の途中での入室は誰にも許されず、浮遊花粉粒による汚染を排除するためにあらゆる予防措置が講じられる。研究室の周囲、窓枠、ヒュームフード（ドラフトチャンバーとも呼ばれる局所排気装置）内の表面、そのほかさまざまな場所に、スライドトラップを配置する。こうしておくと空気中に浮遊している汚染物質を確認することが可能だ。私は空試験《くうしけん》も行なって、使用する試薬が汚染されていないことを確かめる。

こうして背景にある不要な土壌の物質を除去したあと、ここまでの処理を経て奇跡的に残った花粉、胞子、その他の有機物の破片を着色し、ゼリーに埋め込む。それぞれの試料からこうして作り出したゼリーをスライドグラスの上に薄く広げると、ようやく顕微鏡にセットする準備の完了だ。だがほんとうに大変な仕事はここからはじまることになる。私には、車、衣類、靴といった現代の日常的なものを調べた経験がまったくなかったからだ。それでも私は夢中になった。車から採取したすべての試料に十分な数の花粉、胞子、昆虫の破片が含まれ、そのほかにもすぐには見分けのつかない微細な物質がたくさんあった。

車の前側についているラジエーターの網目は、その車が通ったすべての場所で、あらゆるものを吸い込んでいた。ここで見つかったものはまさに「ごちゃまぜ」と呼ぶにふさわしく、田園地帯と都会、農地と森林を通過したことを示す、さまざまな有機物が集まっている。網目の内側にどれだけ長い間こびりついていたのかは、まったくわからない。タイヤも同じことで、あまりにも多くの花粉が見つかったので、それらが二か所以上、おそらく何百もの場所から集まっていることは間違いなく、シャーシの場合も同様に、植物の断片や土くれや泥水などがすべてその痕跡を残していた。私は微小な物質が豊富に含まれた寄せ集めを取り出すことができ、それは多様性に富み、きれいに保存されていた……が、何一つ証明することはできなかった。情報は多様で、量も十分だったのだが、あまりにも支離滅裂でまったく役に立たなかったのだ。それでも仕事はゆっくりと前進していき、私は車のいくつかの部分が、もっと具体的な結果をもたらしてくれることに気づいた。タイヤの接地面は車が通ってきた場所すべてから泥を拾い上げているのだが、タイヤの内側のサイドウォール（側面）は、それとは異なる独自の光景を見せている。この隠れた場所にまで届く花粉ははるかに少ないからだ。こうして私には、車の異なる部分には異なる物質が付着していることがわかりはじめた。違いは大きいものではなかったが、もともと私たちは微視的な世界で仕事をしている。小さな違いが重要な意味をもつ。一点だけ、際立っていたことがあった。それは、車体の外面からとった試料の中で、予期しなかった木の胞子が優勢を誇っていたことだった。

次に車の内部の調査を開始すると、私は次第に本来の調子を取り戻しはじめ、すべてが変わっていった。

それまで予想がつかなかったのは、ただ、何を予想すればよいかがほとんどわからなかったせいだ。車の内部は外に比べてはるかにきれいで、少なくとも肉眼で見える泥のような汚れはない。座席の織物、エアフィルター、窓枠、車内の隅や窪みなどの細かい場所を調べても、とくに目立った結果は得られなかった。だが、運転席のペダルと、その下にあるマットの分析結果が一致した点に目がとまった。もちろん完全に一致したわけではなく、この種の調査で完全な一致などはありえない。だが、両方の分析表は同じ種類の場所を示していた。どちらにも、ミズキ、ヨーロッパノイバラ、オーク、サンザシ、イバラ、コブカエデ、アイビーの花粉があり、さらにサクラ属の花粉がたくさん見つかった。私は、この植物群落の構成を見て、そのサクラ属の植物はスピノサスモモに違いないと確信した。スピノサスモモはごく一般的な植物で、小さなプラムに似た実（スローベリー）をたくさんつけ、その実からはおいしいスロージンを作ることができる。もう一つ私の目を引いたのは、耕地の縁の部分によく見られる雑草の花粉が優位を占めている点だった。考古学の観点からは、それは過去に作物が生産されていたことを示す指標となる。一部を挙げただけでも、イヌホオズキ、ケシ、シロバナヒメオドリコソウ、イラクサ、イヌゴマ、ギシギシ、アカザ、イネ科の草などがある。さらに、穀草類の花粉もいくつか見つかった。もちろん穀草類はイネ科で、イネ科の花粉粒は互いにとてもよく似ていて、違いは大きさくらいしかない。見つかった花粉粒は明らかにほかのイネ科の草とは異なり、とても大きかった。だがトウモロコシにしては小さすぎるので、トウモロコシの花粉ではない。さらに先が細い長円ではなく円形なので、ライムギでもない。おそらくコムギかオオムギだろう。この場所の絵が私の頭に浮かびはじめていた。車はトウモロコシ畑として使われていた畑地を走ったという話は聞いていた。トウモロコシの花粉は見つからなかったが、そもそも見つかるとは思っていなかった。畑の土は耕されて空気をたっぷりと含んだため、花粉は晩冬から早春までには消えてしまったはずだ。畑の耕作は分解微生物の活動を促進するので、花粉は単純に消滅する。だが畑の縁のほうの土では、そこまで届く肥料と農薬の量も、また耕すことで混じる空気の量も減ってしまう。大切なのは、その結果として微生物の活動がはるかに減り、花粉と胞子が保存される可能性が高まるという点だ。いずれにせよ、それほどびっしり草が茂っている場所では、その上を踏まずに水路に近づくことはできない。その結果として、靴にはそれらの植物の花粉に加えて、生垣の樹木の花粉、さらに遠くから空中を漂って運ばれてきた花粉が付着する。前年の花粉と胞子も、草の葉や茎についたまま残っていたり、水路そのものに落ちていたりするかもしれない。

試料を丹念に調べて結果を記録するのは骨の折れる退屈な作業だが、こうした瞬間——目の前にイメージがゆっくりと浮かんでくる瞬間——に、大きく報われる気がする。それは私が以前に何度も見たことのある花粉の集まりだった。実際、それは考古学の調査で見る典型的な花粉の集まりで、イギリスではじめての農民が作物を育て、畑の区切りを設けるようになってから、何千年ものあいだ存在してきたものだった。

その畑地にはトウモロコシもトウモロコシの花粉もなかった。だが私には、それまでの年に作物の周辺で育ってきた植物が見えた。おそらくこれからも長年にわたって同じ光景が続いていくことだろう。これは、その車に乗っていた人物が、さまざまな種の植物が混じった生垣で区切られた耕地の縁に生えている植生を踏んだ証拠だった。私が見つけた樹木の花粉の種類が多かったことを考えると、生垣はとても古いもので、遠い昔に水路を掘ったときに積み上げられた土手の上に育ってきたものだろう。どう考えても、ここで見えてきたのは考古学的な特徴だった。こうして考えがまとまった。

私は電話をかけることにした。


ハートフォードシャーの木々の向こうに太陽が傾きはじめたころ、刑事の車が停まり、私はその後部座席から外に出た。現地の光景を自分の目で見られるというチャンスに飛びついた私の目の前に、耕地の縁に沿ってどこまでも続く生垣があった。道の反対側の二百メートル以上は離れた場所に、コムギの植わった畑がある。おそらくこれで、私が見つけた穀草類の花粉の説明がつくだろう。ただし、こんなに遠くまで花粉が届いているとは驚きだ。いくつかの実験では花粉が飛ぶのは穀物畑の端からせいぜい数メートルとされていたから、ここにも標準的な文献の例外が見つかったことになる。

生垣に沿った耕地の縁の部分は農民にとっては無駄な場所かもしれないが、野生生物にとってはそうではない。そこはたくさんの生き物の棲みかになっている。植物、昆虫、鳥、その他の動物をはじめとした数百もの異なる種が暮らす場所だ。そして私の目の前に長く続いているイバラ、イラクサ、ハーブの茂る土手から、男が捨てられ、いつまでも見つからないようにと火をつけられた。

生垣の高さは、そこに生えている樹木の種類によってさまざまに変化が見られる。たくさんの異なる種が集まり、それぞれが独特の花粉を生み出し、そこに触れた人に痕跡をしっかり残す。なんという気前のよい場所だろう。一方の耕された農地のむき出しの土には、花粉も胞子も見つからない。それは見事な対比だった。車が耕地に入ったとき、そこにトウモロコシ畑があったなら、証拠はすぐ見つかったことだろう。畑にトウモロコシがあれば、もちろん車とそれに乗っていた人たちはトウモロコシの花粉を浴びたはずだ。だがそうした証拠が得られることは稀で、今回の事件でも確かに無理だった。このように多様な植物が豊富にある場所はもっともっと多くの目印を残している。だが、もし私が古代の耕地に沿った水路を数多く分析してきていなければ、正しい結論を導くことはできず、その重要性にも気づいてはいなかっただろう。

私はこれまでの人生で、生垣についてさまざまな考えをめぐらせてきた。考古学では、生垣の存在を示す一定の花粉粒の集まりを見つけ、その結果を解釈することによって、その土地が遠い昔に耕地だったことを明らかにする。そのような方法で、かつての光景がどんなものだったかというイメージを描きはじめるのだ。だが今ここに立ってみて、別の考えが浮かんだ。この生垣と隣の生垣の違いは、どうやって生まれたのだろうか。イギリスには千年、二千年と続く生垣がある。最古の生垣は何千年もの昔にさかのぼり、ケルト人の鉄器時代も、ローマ人が去ったあとの暗黒時代も、初期の王や女王の時代も目にしながら、今の私たちの時代に続いている。生垣はさまざまな経緯で生み出されていくが、古代のものは、青銅器時代の祖先が農耕をはじめるための土地を確保しようとして切り倒した森の名残だ。それらは今も存在し、多くの場合は水路と土手も伴って、区画を仕切る柵のような役目を果たしており、おそらく所有権や境界線を示している。遠い昔には、そうした境界は部族の領地を示す目印だったかもしれない。今ではかつての姿をかろうじて残すだけで放置されているものも多いが、そこにある植物は健在だ。

遠くにはコブカエデが見え、近くにはサンザシとオークだけがあった。古生態学（過去の生態学を研究する分野）および考古学では土を掘り、深く掘れば掘るほど、時間をさかのぼっていく。残っている花粉粒を数え、植生の中での割合を把握することで、カバノキが風景を占領している状態から、やがて時とともにその数が減ってマツに場所を譲り、それからハンノキ、ニレ、ライムが茂る様子がよみがえる。さらにそれを人間が少しずつ切り倒して牧草地とハーブの草原に変え、高地ではヘザーの茂るムーアになった。考古学では時とともに変化してきたさまざまな植物の変遷を読み解いていくのだ。そうした植物群落は、地中から取り出したコアサンプルの中で堆積物に圧縮されて融合しており、そこには小さな相違も詰め込まれている。だが、今この場所にある耕地は、長い時間の中の一枚のスナップ写真だ。今回の任務が考古学や古生態学の研究と異なるのは、長い時間の変化は無関係という点だった。最も重要なのは、死体が捨てられた時点で、ここに何があったかということになる。考古学での分析は時間が含まれるために本質的に三次元で、時間の指標は堆積物の深さだ。今回の分析は二次元であり、縦と横しかない。私は時間による変化をまったく気にする必要がなかった。

もう一つ、ひらめいたことがあった。この場所にはオークがとても多いにもかかわらず、畑地の入り口では、なぜ採取した試料にオークの花粉がわずかしか見つからなかったのだろうか。さらに、スピノサスモモの仲間と、イヌホオズキ、オドリコソウの花粉がとても多かった理由は何だろうか。入り口の近くに、そうした植物はなかった。だが生垣は一つだけではなく、小さな生垣が数多く連なり、それぞれは隣のものとはっきり異なっていながら、互いにきれいに溶け込んでいる。今では疑いの余地なく明らかなことだが、そのときにははっきりわかっていなかった。このような筋書きの中で花粉の痕跡がどのように変化するのか、ほんとうに理解している人は誰もいなかったのだ。

まだ生垣をじっくり観察している私に、「死体が捨てられていた場所を見ますか?」と、現場担当の捜査官が声をかけてくれた。

「そうね……実は、自分で見つけてみたいんです」

一同が列を作って生垣に沿って歩いたが、私の頭の中にある絵と一致する場所はなかなか見つからない。私は犯人が触れたであろう木と草の両方に注意を払わなければならなかった。この生垣は違う、これも違う、違う……それからいきなり、これだという場所に出会った。

「ここが、その場所に間違いないわ」

刑事が私を見た。本部長補が満面の笑みを浮かべた。「どうやってわかったのかな、パット?」

「すでにこの風景が見えていたからで……すべては私の心の目でわかるんです」

私はすでに、スピノサスモモとコブカエデの葉が絡み合うように茂り、サンザシの高い枝には花をつけるアイビーがきれいに巻きついている情景を思い描いていた。さらに、土が露出した耕作地と水路の間の土手には、イネ科の草、オドリコソウ、イヌホオズキ、イヌゴマ、ギシギシ、アカザ、イラクサが、豊かに生い茂っているはずだ。こうした草木がどれも土手の草やハーブの葉に花粉を落としていた。加害者たちはそこに足を踏み入れ、花粉を車まで持ち帰っていた。その場所の生垣と土手は、犯人たちが死体に火をつけて逃げる姿を目撃した。そして今、そのことを知らせていた。

　初夏の日差しが照りつけ、茂みにスローベリーが実る土手に立ち、私は生垣を振り返った。私はどうやってここだと、まさにこの場所だと、わかったのだろうか。それは単純に、他の場所はありえないという事実からだった。生垣のその他の場所は……違った。他の場所では、私が車の中で見つけていた花粉粒の組み合わせとぴったり一致する組み合わせは生まれない。その瞬間、世界は実際には私が想像していたよりもはるかに異質なものの集まりで、はるかに変化に富んでいるのだと気づいた。もちろんそれは、もっと早くから気づくべきことではあった。この畑の縁で死体が捨てられていた場所は、一つだけだった。私が自分の研究室で見つけた花粉の集まり、私が心の中で描いていた絵が、この事件現場で私が目にしていた景色によく当てはまる場所は、一つだけだった。生垣に沿って一方に十メートル進めば、花粉の集まりはここことは異なり、さらに十メートル進めば違いはもっと大きくなるだろう。花粉記録には、そうした特殊性があった。

　私が驚いたのは、そして今では驚くにもあたらないと思えるのは、地上に落ちていた花粉が、犯人が車を停めたに違いない場所のすぐそばに生えている植物とほとんど一致していたことだった。大きな例外は穀草類で、広い道の反対側にある穀物畑の花粉が、穀物の育つ場所から少なくとも四百メートルは飛んできていたに違いない。その事実は、私にとってはとても意外なものだった。少し離れた場所に生えていた植物の種からは、大した影響を受けていなかったのだ。今では、花粉学の教科書や論文から得た知識の多くについて、少なくとも一部のものについては、修正が必要ではないかと考えている。

一つの畑の生垣が場所によって大きく異なるのなら、林、牧草地、私たちが毎日歩く道に沿った草地や庭に生える植物・菌類の集まりの場合はどうだろうか？　トウモロコシ畑の一方の端が、別の端と大きく異なっているのなら、一人ひとりの人が隣の人と異なっているように、地表も一平方メートルごとに異なっているのだろうか？　誰かが触れたもの、誰かがしたことを判断する際に、靴やホイールハウス、ドアマット、車のペダルから採取する花粉その他の微細な物質は、指紋と同じように独特で有用なものではないのか？　一人の男の死体が捨てられたハートフォードシャーの生垣のそばに立って、私はエドモン・ロカールの「すべての接触は痕跡を残す」というひらめきに匹敵するものを感じた。私は自然界のことをかなり知っていたつもりだったが、実際にはただ表面をかじっていただけだった。見過ごしていたことはあまりにも多く、すでに十分に奇妙で驚きに満ちていた世界が、さらに奇妙で、より驚くべきものになったように思えた。自分が提供できた情報によって、その車に乗っていた者たちが、その特定の水路の縁に触れたことを示す有力な証拠を示すことができたのだ。私がこの事件の結末を耳にしたのはかなりあとになってからだが、どうやら裁判では私の証拠が重要な要因となり、殺人犯たちの有罪判決につながったようだ。

第4章　表面からは見えない場所

幸先のよいスタートではなかった。そんなふうに言う人もいるだろう。私はウェールズにある炭鉱の村の、質素な家の正面の寝室で生を受けた。厳しい冬のさなか、しかも第二次世界大戦の真っ最中だった。

あのころ世の中は苦難に満ちていたが、すべては遠く離れた世界のことだった。私の生まれた村はリムニー川の東側、川岸からちょうど八百メートルのぼった場所にあり、川ではいつも石炭の粉を巻き込んだ真っ黒な水が、はるか遠くのセバーン河口に向かって勢いよく流れ下っていた。川向こうはグラモーガンの町で、そこで暮らす人たちは、緑豊かなグウェントに住む私たちとは少し違って見えた。北にはさほど遠くないところにブラック・マウンテンズとブレコン・ビーコンズ国立公園、南にはやはりさほど遠くないところに海、そして東には数キロの距離にワイ川のきらめく水の流れと青々とした渓谷がある。集落の後方にのびる急な坂道をのぼれば、すぐにはげ山がよく見渡せる場所に着く。あたりの庭に花がほとんど咲いていなかったのは、丘から下りてきたヒツジがいつもムシャムシャ食べてしまうせいだ。村の通りではいつも逃亡してきた雌ヒツジが子ヒツジをひきつれ、汚れた毛を落としながら、女王のように誇らしげに歩いていた。

だが冬と戦争を別にして、私にとって最も幸先が悪かったのは、自分の両親のもとに生まれてきたことだった。母はまだ若く、私を産んだ年にはまだ二十二歳になる少し前だったが、結婚して三年がたっていたので、まわりと同じようになるために子どもが欲しかったのだそうだ。父は母よりわずか四歳だけ年上で、炭坑で働いていたから、出征するよりはよく役に立っていた。二人はよく目立つ夫婦だった。母はとても小柄だが陽気な性格で、色白の肌に明るい色の髪をもち、驚くほど真っ青な目をしていた。一方の父はクラーク・ゲーブルかエロール・フリンかといった風貌で、漆黒の髪、弓なりの眉、ハリウッド式の黒い口ひげ、青い目、心地よく響く低い声が印象的だった。脂肪などこれっぽっちもなく、見事なシックスパックはジムでのトレーニングならぬ、石炭の切り出しで鍛えたものだ。人を惹きつける魅力を備えた父は、いつもちょっと色っぽい女たちに囲まれていた。そのせいで母はいつも不安に駆られていたのだが、母は母で、ちやほやする取り巻き連中にはこと欠かなかった。若いころの母を知る人たちは、その冴えない小さな村で、まるで映画スターのように見えたものだと話す。母は口紅をつけずに人前に出ることはけっしてなく、髪もつねにきっちり整えていたので、あくせく働くまわりの若い女性のなかではひと際目立つ存在だったのだ。女性たちはみな、目いっぱい美しく着飾った結婚式を終えると、炭鉱夫の妻という現実に直面する日々の中で少しずつ身なりにかまわなくなり、やがて野暮ったくなってしまうのが常だった。村で定番のスタイルと言えば、ターバン式の布で髪を隠し、ウェールズ伝統の大判ショールを肩からかけて体をすっぽり覆うとともに、それを抱っこ紐としても利用して赤ん坊を包み込み、両手を自由に使って働けるようにするというものだった。だが私の母はそんなものには縛られまいと心に決めていたらしく、その結果として私は、母の胸にぎゅっと抱きしめられているという安心感を一瞬たりとも得ないまま育つことになった。それでも、母のもつ独特の繊細な香りだけは今もはっきりと記憶している。両親の結婚生活は騒然としたもので、もし私が寛大な気持ちになれるとすれば、本人たちにはどうにもならない問題だったのだと言えるかもしれない。だが、いつも騒ぎに巻き込まれていた私には、平穏な家庭を築いてくれなかったことを許すのは難しい。

古いしきたりは今も少しだけ残っているとはいえ、当時の世界は現代とは大きく異なっていた。誰もがみんな他の人の暮らしの一部始終を知っているか、少なくとも知っていると思っていた。私の叔母も叔父もいとこも同じ通りで暮らし、父の両親は丘の上で小さな食料品店を営んでいた。私の記憶は色とりどりのガラスの破片のようで、一部は鮮明に、一部はぼんやりと見え、そのほかは歪んでいる。それでも最初のはっきりした記憶は、黒い車の革張りの後部座席に、両脚を伸ばしたまま座っている自分の姿だ。私の脚がいっしょにいた誰の脚よりも短かったのを不思議に思ったこと、そして自分の靴を好きではなかったことを、はっきりと覚えている。このことを母親に話しても、はじめは信じてくれなかったが、私が光沢のある小さな黄色いワンピースを着ていて、そのふくらんだ袖が窮屈すぎたこと、靴が緑色で爪先に黄色い縞模様があったことを覚えていると話して、ようやく信じてもらえた。それから私が子どものときに写真を撮ってもらったことを詳しく話したときにも、同じように母は啞然としていた。私はエヴァおばさんの家の居間にある椅子にのせてもらい、チクチクするオーガンザのワンピースを着ていた。ピンク色のその服は、私には少し大きすぎたが、オーストラリアに住む親戚から送られてきたもので、家族にとっては自慢の種だったのだ。母はただ、私がそれほど正確に覚えていたことを信じられなかった。「でもあなたが車に乗っていたのは、たった十八か月のときだし、写真を撮ったのはまだ二歳のときよ」と、母は不満そうに言い張った。それでも私は覚えていて、それらの瞬間は私の心に刻みつけられている。今でもそのときのことを振り返ると、幼い子どもにもきちんと分析力と判断力があることに驚いてしまう。幼児をあなどってはいけない。男の子でも女の子でも、忘れてほしいことをしっかり覚えているものだ。

もちろん人は両親の遺伝子の組み合わせでできていて、それらの遺伝子は私たちがもって生まれた脳の化学的性質に影響を与えている。でも「自分自身」は、子ども時代の過ごし方と人生経験によっても決まってくる。私はよく、両親に似て外交的で自信家で強情だと言われるが、周囲の人たちの行動から学んだことにも影響されてきたと思う。遺伝子の力はミームによって和らげられる。家に訪問客があると、子ども全員が何かを披露するのがしきたりだった。朗読でも、歌でも、たどたどしいピアノ演奏でもよかった。恥ずかしがることも断ることも許されない。おそらくそれがコミュニケーションのよい訓練になっていたのだろう。ウェールズ出身の教師は多く、ウェールズ人は少し大げさに振る舞うところがあるように思う。

今の若者たちとは違い、村の暮らしでは見知らぬ人がどれだけ危険か心配する必要はなかった。集落に部外者がやってくればすぐにわかったし、いずれにせよ、まったく知らない人を見かけることはほとんどなかった。私が生まれてはじめて黒人の姿を目にしたのは谷あいの村を離れてからだったし（カーディフの埠頭周辺には何人か住んでいたのだが）、イングランド人の英語はディーンの森からやってくるフレッドおじさんの異質な発音を除いて、耳にしたこともなかった。地域には露出狂の男が一人住んでいたものの、みんなが知っていて、誰も驚かなかった。その男は勉強をしすぎたせいで「頭がおかしくなった」という噂で、かわいそうに、いつも着古した軍人用のコートに身を包んであたりをうろついていた。みんなは彼を「股間《オーガン》の・モーガン」と呼んでいて、今なら私にもその理由がわかる。私は親友といっしょに「冒険」をしている最中に、ときどき彼を見かけた。私たちはイーニッド・ブライトンの『フェイマス・ファイブ』冒険物語シリーズを夢中で読み、自分たちでも謎を解けると思い込み、絶対に解くのだと心に決めていた。だから自分でジャムのサンドイッチを作り、食料品の棚からお菓子を持ち出しては山に出かけ、解決すべき問題を探した。でも問題が見つかったためしはなく、ブルーベリーの仲間のウィムベリーを摘んで口も手も膝もすっかり紫色に染まり、沼地の泥で足をぐっしょり濡らした姿で帰ってくるのが関の山だった。ときには、小さい手提げ袋の中身を目当てにした野生のポニーの群れに襲われて、肝をつぶすこともあった。谷の上の丘にはまだ野生のポニーがあちこちにいて、隙さえあればごちそう目当てに近づいてきたのだ。

あのころの自由な毎日を振り返ると、型にはめられて室内に閉じこもり、電子の画面の中で空想をめぐらすばかりの現代の子どもたちがかわいそうに思えてならない。私たちはまだまだ幼かったが、誰にも監視されずに遠くまで歩きまわっていたし、学校に大人の送り迎えが必要だなどと考える者さえいなかった。現代に比べてまったく自由で奔放な暮らしがごく普通だったことに、今となっては驚くばかりだ。

私はどちらかというと学校好きな子どもだった。広々とした傾斜地の校庭と高い鉄柵に囲まれ、ペナント砂岩で作られた頑丈でずんぐりした校舎は、私にとっては何よりも大切なものだった。勉強を楽しいものにしてくれる才能あふれる先生たちがたくさんいたし、私は校長のデイヴィズ先生がイエス・キリストに違いないと思っていた。ちなみに、私は先生がキリストだと「知っていた」。先生の鼻孔は少し変わった形をしていたし、両方の掌に傷もあったのだから。母から、あれは戦争で負った傷だといくら説明されても、私は一向に信じなかった。校長先生はイエス様のように振る舞った。ほんとうに思いやりがあって、児童の全員から慕われていた。そんな校長先生は、児童をぞっとさせるプロバート先生とは正反対だった。同じ学校で私の父にも教えていたというプロバート先生は、何年たっても毎日同じ、よく糊のきいたバタフライカラーのワイシャツと黒いジャケットを身につけていた。靴底には鋲がついていて、木の床の上を行ったり来たりしながら大声で授業をするとき、靴の鋲が木の床板をとめている釘に当たって火花を散らすのがつねだった。学校で一番乱暴な男の子たちも、プロバート先生がいるとおとなしくなった。私の父でさえ、先生の話をするときには気乗りしないながらも敬意を払う様子を見せた。

父親が炭鉱で働いていない児童、つまり私たちが知るかぎりで父親が定職についていない児童は、数えるほどしかいなかった。そのわずかな何人かを除いては、誰もが十分な栄養をとり、清潔な身なりをして、全体にお行儀がよかった。それでも、赤ちゃんが毎年生まれ、生まれてくる赤ちゃんが必ず前の年の子より小さくて華奢になっていくという家族が、一つだけあった。あんな小さな家で、どうやって全員が暮らしていたのだろうか。食べるものはいつもジャムを塗ったパンで、男の子たちはどんな天候の日にも染みだらけの長靴を履いていた。私がよく覚えているのは、その家の子どもたち全員が白癬《はくせん》にかかったときのことで、みんなの頭が丸坊主になり、当時は唯一の治療薬だったケンチアナバイオレットを塗られて真っ青になっていた。それでも笑いものになどせず、かわいそうだと思いながら、怖くてあまり近づくことはできなかった。念のために付け加えておくと、近所の人たちの助けでその一家が食べ物に困ることはなく、子どもたちにはみんなの古着が届けられていた。

長い年月がたった今でもまだ、私はあの村での生活に憧れを感じてしまう。毎日の暮らしは質素で、誰もが年長者を敬い、なかでも「メモ帳ダイイ」と呼ばれていた人物を恐れていた。彼は地元の警官だったが、何かが目につくと警告するかのようにメモ帳と鉛筆を取り出すので、そんなあだ名で呼ばれていたのだ。実際、ほとんどの人たちは悪いことなど絶対にしないようにと神経を使いながら暮らしていた。教会と仲間からの圧力がそうさせた。今はどれだけ変わってしまったことだろう。最近では子どもたちさえ、階級、肌の色に対する偏見、性的逸脱、レクリエーショナルドラッグのことを知っている。私たちが子どものころはどれも無縁で、私は自分が無邪気に育ったことを嬉しく思っている。これまで、どれにも染まらずに生きてくることができた。なかには周囲よりお上品な人もいたが、どの家庭にも大した違いはなく、自分が誰かより劣っていると感じる者は皆無だった。私は汚れた服を着ることなどめったになかったし、父はオートバイをもっていたから、村の中では周囲より「いい家」の子だと思われていたのだと思う。玩具も本も人並み以上に与えられ、母方の祖母の腕前のおかげで、村で一番しゃれた手作りの服ももっていた。私の人形にまで手作りの服があった。

最近の家系図のウェブサイトによれば、私の父方の祖先はペンブルックシャー、ラドナーシャー、グロスターシャーを離れた農家の弟息子《おとむすこ》たちだ。彼らはさわやかな農村の空気を捨てて、十九世紀の炭鉱に眠る富を求めたわけで、知らず知らずのうちにウェールズの美しい渓谷で自然破壊に手を貸していたことになる。母方の場合はまた違っていた。母の父親はウェールズで生まれたが、母親の祖先はスコットランドの農家と宿屋の息子たちだ。彼らは一八三〇年代に妻子とともに小さな船に乗り、窮屈な三か月の航海に耐えてオーストラリアのニューサウスウェールズに渡ると、小作農民になったり金鉱を探したりして暮らしを立てた。私は冒険家と働き者という不屈の家系に生まれたのだ。オーストラリア出身の私の祖母は、小柄な体に代々受け継がれた強靱な体力と精神力とをぎゅっと詰め込んだような人だった。私は、これまでの人生で出会ったすべての人々のなかで、この祖母から最も大きな影響を受けた。

父の思い出のなかで最も古いものの一つは、ベッドで震えながら汗をかき、ひどい咳に苦しんでいた姿だ。幼かった私はそんな父の隣に、そっと潜り込んだ。父は郷土防衛隊《ホームガード》の任務でケアフィリー山の濡れた草に伏せているうちに、肺炎にかかっていた。まだ国民保健サービスははじまっていなかったし、抗生物質の薬も簡単には手に入らない時代で、父が死んでしまうかもしれないというぞっとするような実感を、今でもはっきりと覚えている。父を助けられそうなものといえば熱いお湯に浸したレモンくらいしかなく、ベッドの脇に置かれていた水差しの記憶が鮮明だ。あのころは、よくなるか、さもなければ死ぬか、それしかなかった。咳はできるだけ我慢する必要があった。結核にかかっていると思われたくなかったからで、死病の結核は忌み嫌われた。その次の父の記憶はもっと強烈なものだ。今度は私のほうがベッドに横たわり、涙でぐしょぐしょに濡れた父の顔が、覆いかぶさるようにして私を見下ろしていた。私は、どうしてだろうと、とても奇妙に感じていたのだが、今度はまだ幼かった私のほうが同じ肺炎にかかり、みるみるうちに衰えていたからだった。

それまでにわずかながら時代は進んでいて、医師は当時の唯一の治療薬とされたM&Bの錠剤を処方した。M&Bは製薬会社“May & Baker”の頭文字をとったもので、この会社は一九三七年にスルファピリジンを世に送り出していたのだ。これはサルファ剤と呼ばれる合成抗菌剤の一つだが、皮肉なことに、この合成物質は一九〇六年という遠い昔にドイツで最初に研究されたものだった。M&Bの粉末剤と錠剤は、ハンセン病から淋病までの幅広い細菌性疾患を治療する特効薬となり、ウィンストン・チャーチルも肺炎にかかったとき、この薬のおかげで一命をとりとめたという。その結果として、チャーチルは戦争遂行の指揮を執り続けることができたわけだ。現在では副作用のせいでサルファ剤が人間に用いられることはほとんどないが、一九四〇年代には悲惨な敗血症と死から多くの人々を救い出した。それまでは、ごく軽い細菌感染でも命取りになる可能性があったのだ。七歳になっていた私はすでに「虚弱児」の烙印をおされており、M&Bには何度もお世話になった。

もう一つ、私の心に焼きついてけっして離れない日がある。それは暑くてよく晴れた金曜日だった。金曜日と言えば……フィッシュ&チップスの日。その日、午前の授業の終わりを告げる学校のベルが鳴り響くと、私は誰よりも早く学校の門を飛び出し、息を切らしながら緑地を駆け抜けて家に向かった。学校と家は数百メートルしか離れていなかったが、七歳の子どもには何キロもの道のりに思えた。

それでも私は無我夢中で走り続けた。毎週金曜日の昼食には、母が私のためにフライドポテトを揚げてくれる。もうできあがるころだった。

家に着くと、正面の扉は開いていた。どの家も同じだ。そこで私は母に気づかれないようにそっと玄関ホールに忍び込むと、台所と食堂を区切る壁のかげに隠れた。当時の家の設計はちょっと変わっていて、食料庫が台所ではなく食堂の隣にあった。今でもまだその理由はわからないけれど、とにかく私はそこで息を潜め、母が近づいてくるのを待った。母が私に気づいている様子はなかった。

私は待ち続けた。辛抱強く。とにかくギリギリまで。そしてようやく母が私の目の前に来たとき、狙いを定めて……「バーーー!!」

母は予想どおりに驚き、思わず後ずさった。私の狙いどおりに。でも、おふざけは長続きしなかった。母が手にした鍋には、揚げ物に使ったばかりの熱い油がたっぷり入っていたからだ。母は油を鍋ごと食料庫に運んで冷やそうと考え、その途中で私の待ち伏せにあった。

母が驚いて後方によろめいたとき、揚げ物の鍋はその手を離れた。そして熱々の揚げ油が弧を描いて空中に飛び出した。私にはそれがよく見えた。私の頭上で、まるで空中に浮かんだまま、動きを止めたかのようだった。だが油はすぐに落下をはじめ、襲いかかる大波のように私の髪と頭に、首と顔に、容赦なく降り注いだ。私は大声で、力のかぎり、何度も、ただ叫び続けた。

その痛みは今でもはっきり覚えている。どこか別の場所から聞こえてきたかのような叫び声も記憶にある。でもその声は、実際には私の口から出たもので、いつまでもいつまでも、ずっと続いていた。そして私の悲鳴に驚いた近所の人たちが、次から次へと走り寄ってきた様子も思い出すことができる。

でもそのあとのことはすっぽりと記憶から抜けていて、次に覚えているのは、少したってから父が部屋に駆け込んできたときの様子だ。目と口だけをかろうじて残して包帯でぐるぐる巻きにされた小さな子どもが自分の娘だとわかったとき、父の目に浮かんだ恐怖の色を、私は今でも忘れることはできない。母はドアに寄りかかったまま、その様子を部屋の隅でじっと見つめていた。父が私に近づいてひざまずいたときにも、母はただじっと見つめていた。父がその日の出来事について、母を心から許したことがあるとは思えない。私の頭にはそれから二年間というもの、ずっと包帯が巻かれたままになった。今ならばすぐに救急車がやってくるだろうし、皮膚移植の技術もあり、最高の治療を受けられるに違いないが、それはまだ国民保健サービスができて二年しかたっていない時代だ。私を診てくれたのは地元の医師だけで、その医師にできる治療がすべてだった。私の傷跡が消えていないのは、おそらくそのせいで、七十年が過ぎた今でもまだ、髪の毛を丁寧に整えなければ傷跡を隠すことができないでいる。

まもなく、私は病気を繰り返すようになった。偶然の一致なのか、それとも火傷によって私の体質に取り返しのつかない影響が及び、体が弱くなってしまったのかはわからない。百日咳と麻疹がいっぺんに襲いかかってきた。気管支炎と肺炎と肋膜炎は、片時も私のそばを離れない仲間になった。肺がすっかり元どおりになる様子はなく、少したつと気管支拡張症と診断された。この病気では気道の一部が広がったまま元に戻らなくなり、粘液が過剰に作られてしまう。咳が止まらず、いつも息を切らし、咳といっしょに血が出た。胸が痛み、痛みが消えることはなかった。そのときから私は、毎朝起きると緑地を横切って学校に行くという、ごく普通の子どもの暮らしとは無縁になった。ずっと家にいて、日がな一日暖炉のそばの椅子に座って過ごす。先生たちが訪ねてきてくれたとはいえ、そのころには学校に行けない子どもを助ける仕組みなどなく、私の教育はいいかげんで無計画なものになった。なにしろ監督する人など誰もいないのだ。それでもありがたいことに、私は本を読むのが得意な子どもだったから、学校から送られてくる本と、自分でもっていたアーサー・ミーの『児童百科事典』が頼りになった。M&Bが私の体を救ってくれたように、アーサー・ミーは私の心を救ってくれた。さまざまな物語を心から楽しんだ。イーストエンドの工房で彫刻家グリンリング・ギボンズの才能をはじめて見つけたエヴリン、アキレスの弱みだった踵《かかと》、電気の発見、そして琥珀の特性。私は百科事典の助けを借りながら、編み物で正方形のパターンを編めるようになり、音楽理論を学び、世界中の旗を覚え、イソップ物語、ローマ神話、ギリシャ神話、古代スカンジナビアの神話に親しんだ。私が「発明」したフェルトのスリッパは、甲の部分を編み物で作り、ゴムを使って脱げないようにしたもので、私はそれ以外のものをいっさい履かなくなった。これらの本はまるで魔法のような不思議な力をもっていたから、ときおり学校に行くことを許されれば、私はいつも一冊を脇に抱えて出かけた。

私は次々と病気に襲われて苦しい年月を過ごしたが、回復するまでの長い期間を支えてくれた人がいた。彼女はいつでも私のベッドのそばに腰をかけ、二人でいっしょにいろいろなものを読んだ。ピーター・ラビットのおはなし、グレー・ラビットのおはなし、雑誌「ウーマン&ホーム」、新聞、そして私の好きな百科事典。彼女は私をよく散歩に連れ出して、生垣で育っている植物を見せ、鳥の巣を探し、野生で食べられるものと食べられないものを教えてくれた。それは、オーストラリア出身の母方の祖母だ。祖母はそれまで自分の子どもたちの家を定期的にめぐりながら、順番にその家族といっしょに暮らすという、ちょっと変わった生活をしていたのだが、私たちの願いに応えて、わが家にずっといてくれるようになった。私はこの祖母のことが世界で一番、地球上にいるほかの誰よりも、大好きだった。

一九五〇年、まだ火傷の後遺症が癒えないなかで、ある決断が下された。そのころ、大英帝国から独立したばかりのビルマとインドで暮らしていた祖母のいとこ、グウェンとウォルターが、ウェールズ北部のリルに移り住んでいた。私の肺はまだ苦しい状態が続き、息をするだけでも大変だった。気道から出る粘液が多く、頻繁に咳き込んでしまい、学校にはほとんど行けていなかった。療養所に入った時期もあったが、私は二度とそこに戻りたくはなかった。青白く光沢のある壁に囲まれた部屋、ピカピカに磨き上げられた床、そして病院の隅々まで行き渡った、清潔さを象徴するようなかすかな消毒の臭い。食事を運んでくる人は無表情で口もきかず、朝食のニシンの燻製はいつも骨だらけで、いつだって全部食べ切れないうちにお皿を下げられてしまう。子どもたちは毎日、朝と夕方、痰をとるために別室に連れていかれる。そこではクッションを巻いた横棒にもたれかかって背中を叩かれ、呼吸の訓練をさせられるのだ。そこに来ていた小さな女の子の一人には、肩甲骨から胸にまで伸びた青黒い大きな傷跡があり、私ももしかしたらあんなふうになるかもしれないと、すっかり怯えてしまった。また療養所に戻ってはどうかという話が聞こえてきたとき、私はかんしゃくを起こして嫌がったので、代わりに祖母といっしょにリルに行かされることになった。海辺のきれいな空気が、私の肺を生き返らせてくれるかもしれないという希望があったからだ。これは、本を最良の友とする私のような小さな女の子にとっては、夢のようなすばらしい冒険だった。しかも祖母がいっしょに来てくれるとは！　楽しい毎日を想像して胸が躍った。

祖母のヴェラ・メイは、実に並はずれた女性だった。祖母は誰の記憶のなかでも小柄でほっそりした、皺だらけのおばあちゃんだ。髪は白く、お気に入りのキャンディ「ミント・インペリアル」を噛むと、入れ歯がカタカタと音を立てた。それでも、相手に畏敬の念を起こさせるものを備え、敏腕で、手際がよく、効率的で、厳格で、圧倒的に優しかった。祖母は私の心のよりどころとなり、両親が目の前で言い争い、仲直りをし、また喧嘩を繰り返すとき、私はいつでも祖母にしがみついて過ごした。

彼女は一八九〇年に、ニューサウスウェールズ州シドニーの北にある海辺の町で生まれた。一八三〇年代に開拓者としてオーストラリアに渡った小作農民の子孫だ。私の祖父エドムンドはウェールズ南部の炭鉱夫だったが、肺を悪くしたことで一九〇九年に新天地を求めて海を渡った。彼が祖母のヴェラと出会ったのは第一次世界大戦がはじまった年で、二人は恋に落ちて結婚した。ところが、彼らがはじめての子どもの誕生を心待ちにしているときに、祖父の母親が病気に苦しんでいるという便りを受け取る。ウェールズに残されていたその年老いた女性は、人生の終わりが近づいたことを知って恐れ、この世を去るときにはせめて自分の子どもたちに囲まれていたいと願うようになったのだ。彼女は力のある支配的な女性だったために、私の祖父は自分の母親の願いをかなえないわけにはいかないと感じた。そこで一九一六年、折しもソンムの戦いが勃発し、戦争が世界を荒廃させていたその年に、祖父は身重の祖母を船に乗せ、インド洋と大西洋を越えて自分の母親のもとに戻ることにしたのだった。

不思議な幸運に恵まれて、祖父と祖母は地球の裏側から無傷で帰還することができた。ところがウェールズに帰ってきてみると、手紙ではじきにこの世を去ると訴えていた曾祖母は、死ななかった。それどころが、私が生まれた年になっても、年老いて弱ってはいたものの、まだ存命だった。私はその曾祖母のことを、子どもがはじめて見る夢をかすかに、ぼんやりと覚えているように、おぼろげに記憶している。だが私の祖父は、自分の母親が何ごともなく生きていたにもかかわらず、当初の約束どおり妻のヴェラ・メイを連れてオーストラリアに戻ることはなかった。故郷の呼び声は強いとよく言われるが、ウェールズという土地はたびたび子どもたちを呼び戻すのだ。いずれにせよ、祖母はウェールズで長男を産むと、続いて次男も誕生した。そして三人目の子となる私の母と、次の四人目の子も、時を置かずに続いた。

一九三一年、予想外の無慈悲な展開は予想より頻繁に起きるもので、祖父がウェールズを離れて療養しようとしていた肺の病気が急激に悪化した。そしてその年のうちに祖父は天に召され、祖母は育ち盛りの四人の子どもを抱えて、一人で戦わねばならなくなった。ほかに頼れる人も、頼れるものもなかった。祖父は年金も残してはいなかったのだ。炭鉱の所有者は、祖父の死の原因となったじん肺に対する責任を否定し、病気は祖父の体質の問題だと主張した。そのために祖母は文字どおり無一文の状態で、四人の子どもに食べるものと住む家とを与え、世話をしなければならないという現実に直面していた。

そこで祖母は、自分にできることなら何でもやった。頼まれれば誰のためにでも縫物をし、服を作った。洗濯を引き受け、裏庭でウサギを飼って肉にし、小屋では鶏を飼って卵をとった。雄鶏は大きくなるまで待ち、自分で絞めた。家のまわりの空き地を耕して、ジャガイモ、ニンジン、リーキ、キャベツを育てた。冷蔵庫も冷凍庫もない時代に、食べきれないものは塩漬けか酢漬けにし、できるかぎりを保存した。誰も、何も、無駄にすることは許されなかった。野生のウィムベリーやブラックベリーが実る季節には、家族総出で林の周辺にベリー摘みに出かける。紫色に染まった手と痛くなった背中は冬のあいだのごちそうで報われた。

何より、祖母は自然界を知り尽くしていた。どの植物が食用になり、どれを食べると体に毒かを理解していた。食べられるキノコと毒キノコを見分けられた。サンザシの若葉、生垣の植物、ベリー類の味を知っていた。だから世界のすべてが自然の食料庫になった。祖母は不屈の精神と重労働、そして深い知識によって暮らしを支え、子どもたちを誰一人として空腹にさせず、全員をグラマースクールに通わせて自分では教えられないことを学ばせた。どこからどう見ても、驚くべき離れ業だった。そして何年もたってから、今度は火傷を負った幼い女の子に必要とされ、その子の肺がかつて自分の夫の肺がそうだったようにひどく傷んでいることを知って、再び戻ってきた。祖母は寝室から離れられない私に寄り添い、自分が知っているすばらしいことを、なんでも教えてくれた。

祖母はそれまで、自分の子どもたちの家を順番にまわって暮らしていた。息子たちと娘が独立したあと、それまで子どもたちを育てるために懸命に働いてきた祖母は、もう家を維持する必要はなくなったのだと感じた。大人になった息子と娘は国のあちこちに散らばり、それぞれに妻と夫を見つけ、自分たちの生活を築いていた。そこで祖母は全員の家を訪ね歩いては、ここで何か月、次に何か月と、決まった期間を過ごすことにした。祖母はあるときそっと、内緒で、私が孫たちのなかで一番のお気に入りだと教えてくれた。たぶん私が初孫だったから、そしてたぶん、祖母は私の中に自分に似たものを見ていたからだと思う。私は祖母に、そして祖母が注いでくれる愛情に頼りきった。丸二年という、リルでともに暮らした日々は、私の人生で最も幸せなものになった。

リルでは、広々とした寝室を祖母と私が共同で使った。家はとても立派で、清潔で、あらゆる場所に東洋の宝物が飾られていた。美しくて大きな仏像、象牙の彫刻、東洋のカーペットもあった。裏のポーチにはヒヤシンスが美しく並んでいた。祖母のいとこたちは古い植民地の習慣をもつ昔気質の老人だったから、朝食、お茶の時間、夕食と、それぞれ多彩な料理が並び、その一風変わった暮らしぶりを私は大好きになった。ウォルターとグウェンははじめ、豪邸に小さな女の子を住まわせることに神経をとがらせていたが、私の行儀がよく、与えられたものをなんでも丁寧に扱う様子を見て、喜んでくれるようになった。

これら三人の年長者との暮らしは、とてものどかなものだった。ときにはみんなでマージャンを楽しみ、またときには一人静かな図書室で「ナショナル・ジオグラフィック」に読みふけって、何時間も幸せな時間を過ごした。

ある日、ヴェラ・メイが嬉しそうにやってきて、ローズガーデンの小道にかかった生垣のアーチを見に行こうとささやいた。そしてその場所に着くと私を抱き上げ、アーチに作られたクロウタドリの巣を見せてくれた。巣の中には空色の卵が三つ、きれいに並んでいた。私はこうやって、自然の不思議を見るワクワクした気持ちを祖母から教わっていた。

祖母が家に戻ったあと、私はカリフォルニアポピーのつぼみが開いて黄色い花びらが出てきたかどうかを見に行ったが、目にしたばかりの鳥の巣をどうしても忘れることができなかった。そして何分もしないうちにあることを思いついていた。どうしてそんな考えが浮かんだのかはわからない。子どもはいつでも頭の片隅で、「もしもこうしたら、どうなる?」と考えているものだから、そうした他愛ない疑問だったのかもしれない。いずれにせよ、一つの疑問が浮かび、それを打ち消すことができなくなった。あの鳥の巣をめがけてボールを投げたら、何が起きるだろうか? そしてそのままのことを実行に移した。今思い返してみれば、好奇心に駆られた無情なやんちゃ娘が、無益なことをやったのだとわかる。私はつのるばかりの好奇心を胸に、取り乱した鳥が混乱して羽根をバタつかせ、巣から飛び立つ様子を見守った。

次の日の朝、ローズガーデンの向こうに、地面に散らばった巣の破片を見下ろす祖母の姿があった。母鳥が巣を破壊していたのだ。細かく砕けた卵の殻は、母鳥が自分の産んだ卵を小道に投げ捨てたことを示していた。私の祖母、あの小柄で白髪の女性が、激しい怒りをなんとか抑えながら身を固くしていた。その怒りのすべては私に向けられていた。祖母は生き物を殺す行為に反対していたわけではなく、必要とあらば殺した。十九世紀のオーストラリアの子どもたちは誰もが、野生には自分を傷つける生き物、ときには命を奪う生き物がたくさんいると教わりながら育っていたからだ。サソリもヘビもクモもいる。彼女は行く先々で必ず洗面台の後ろと椅子の下を調べるので、みんなは笑っていたが、それは毒をもつセアカゴケグモが好んで隠れる場所だからだった。祖母のクモ嫌いは確かに私の母に受け継がれ、それは私にも伝わっている。だが、祖母の野生生物に対する心構えはヴィクトリア時代そのままで、教育によるものではない。見た目の醜いもの、あるいは毒をもっていそうなものは、殺してもよかった。だが鳥は別だった。鳥はまったく別の範疇にあって、けっして傷つけてはいけないものだったのだ。

このときになってようやく、自分がどうなるかという察しがついた。私はうつむいたまま、祖母の目を見ることができなかった。そして祖母は、過ちを犯した子どもの扱い方を知っていた。なんといっても彼女には、三人の男の子と一人の女の子を自分の手で育てた経験があったのだから。子どもたちを養うために昼夜を問わず村人たちのための縫物を続け、家事をこなし、食べ物を手に入れることに必死だった祖母には、手に負えない子どもたちが悪さをしないように見張っている余裕はなかった。だから私の母はだいぶ年をとってから私に、「あなたは私の母親から、私が受けるべきだった愛情のすべてを受けていたのよ」と、言ったことがある。自分の子ども時代の気まぐれな行動は、私のせいだと言わんばかりの口調だった。冷静に振り返ってみると、母の言うとおりだったのかもしれない。祖母はいつも楽しそうで優しかった半面、私にはめったに見せなかったものの、とても厳格な部分ももちあわせていた。

鳥の一件で私が罰を受けることは避けられなかったが、その方法は巧みなものだった。祖母は私に目を見るよう命じると、私がしたのは悪いことで、罰を受けるのは当然であることを認めさせた。そして、「叩かれるのと、お楽しみ抜きと、働くのと、どれがいい?」と尋ねた。叩かれればすぐにすんだが、体面を保てない気がした。近くの映画館で土曜日に映画を見られないのは問題外だった。だからどちらも選ばずに、働くことを選んだ。働くという罰は、私をうんざりさせて、みじめな思いにさせるためのものだったが、実を言えば私はそれを楽しんだ。私の悪さが公表され、私はウォルターおじさんの手に引き渡されると、おじさんは私に見慣れた爪切りばさみを手渡し、「芝生が待っているよ」と言った。私はおじさんのあとについて裏庭に向かった。そこには遠くの東屋まで、何キロも続く芝生が待っていた。もちろん実際の広さは、長さ十五メートル、幅十メートルといったところだったが、私には広大な牧草地のように見えた。昔の芝刈り機では、柔らかい葉は切れても、ホソムギの花をつけた硬い茎は刈られずにすっかり残っていたのを覚えているだろうか。

私はそれ以前にも同じ仕事を命じられたことがあり、先端を切られた芝草のあいだに、小さくて、なんだかよくわからない、見慣れないものがとてもたくさんあるのを見つけて驚き、ワクワクしたことがあった。昆虫、カタツムリの殻、脚がいっぱいある動物たち、そして今では鉱物だとわかる色とりどりの小さな破片がたくさん見つかるのは、芝生の端の部分だった。切らなければならないひょろ長い茎は、うんざりするほどあったが、はさみを使って土をつつくこともできた。するとすぐ、たとえ近くても場所によって、土は無限の多様性をもっていることに気づいた。土はただの茶色いものではなく、さまざまな生命が暮らす場所なのだ。そこは脚をもった、たくさんの小さな生き物たちの棲みかだった。私は昼ごはんも芝生で食べるよう命じられたが、それも罰とは思えず、なかでもコップに入っていた水を芝と土にかけてみると、様子がすっかり変わることに気づいたときは楽しかった。飲み物が熱ければ、変化はもっと大きくなった。

おわかりのように、学校にきちんと通えない子ども、病気のために家にいられず、ほかの子どもたちがしているごく普通のことをできない子どもには、こんなことも起きるのだ。自分の力だけで考え、誰にも知られないところで実験することができる。そして私がいつも思っているように、そこに魅力が潜んでいる。自然の魅力だけではなく、表面からは見えない場所にあるものの魅力だ。七十年たった今もまだ、私はその魅力に心を奪われてやまない。

第5章 対立、そして解決

窓の外を眺めてみてほしい。何が見えるだろうか。

私は今、人生の半分以上にわたって「わが家」と呼んできた家で、この文章を書いている。サリーの緑豊かな地域にある静かな一戸建て家屋だ。私はこの場所で暮らし、眠り、仕事の大半をこなす。窓の外には芝生の庭が広がり、バラとフジが絡んだトレリス、石の壺、バードバスと日時計、生垣が見える。その向こうには野菜畑、果樹園、もう少し華やかな花壇もある。家の正面に続く広い道の両側には、花の咲く低木、樹木、それから何年も全滅させようと苦心してきた手強いスパニッシュブルーベルが続く。それを知ると、この家の庭には一つの「花粉の模様」があって、その模様からこの庭を特定できるように思えるかもしれない。でもその考えは間違っている。この庭からはいくつもの花粉分析表を作ることができるからだ。庭、生垣、道端の草地、田舎の小道、それぞれをよく見てほしい。慣れない目には多様な自然の色彩——緑、茶、白、青、黄、そしてその中間の無数の色——が混じり合って、一つに見えるだろう。自然は、自分が立っている場所の向こう側の、別のところにあると考えがちだ。そしてすべてを一つの「自然」という範疇にまとめてしまう。けれども事実ははるかに複雑で、私がわが家の窓から外を見るとき、花粉学的に言うと庭の一つの隅は別の隅とは大きく異なっている。

実際のところこの庭でも、これまでの教え子で洞察力のある学生たちは、一つの花壇の片側の花粉分析表で描く絵は、花壇の反対側のほんの数メートル離れた場所の絵とはまったく異なることを実証してきた。大昔の生垣がわが家の裏庭の境界になっており、その生垣の根元から採取した数多くの試料は、パティオに続く芝生と野菜畑とを区切る生垣の根元から採取した試料とは、まったく異なるだろう。一方の試料の特徴をなしているのはサンザシ、コブカエデ、スピノサスモモ、イチイ、イバラ、ヤブジラミ、イラクサの花粉で、もう一方の試料ではイネ科の草、イボタノキ、ライラック、スイカズラ、キングサリの花粉がほとんどを占めているかもしれない。さらに、一つの隅にはシダの胞子、オーク、ブナの花粉がたくさんあり、別の隅ではイネ科の草に加えてデイジー、ケシ、ヤグルマソウ、タマネギ、ニンジン、豆、さまざまな雑草の花粉が勢力をふるっているだろう。

このような試料が、さまざまな種類の植林、放置された区域、そして庭園の多様性を教えてくれる。ただし、こうした一連の試料は、実際にその場所に生えている植物とは一致しない場合もあり、奇妙に思えることがあるかもしれない。その理由は、物理的な壁や障害物がないかぎり、近隣の庭や、ときには村はずれの森林にある植物の花粉も、そこに混じっている可能性があるからだ。なんといっても花粉は遠くまでばらまかれるように進化してきている。さらに、昆虫の助けを借りて受粉するたくさんの植物（虫媒花）も頭に入れておく必要がある。虫媒花が生み出す花粉はほんのわずかで、空中には飛び散らない。そのような植物が、科学捜査のうえではとりわけ重要になる。こうした「稀少な」種類の花粉が靴やズボンの脚の部分、あるいは自動車のペダルで見つかったなら、その植物に直接触れたことを示しているからだ。キツネノテブクロ（ジギタリス）について考えてみよう。この花は指先にすっぽりとはまるような形をしていて、キツネノテブクロとは言い得て妙だと感心する。昆虫がこの花の花粉と花蜜を手に入れるためには、花のずっと奥まで潜り込まなければならないほどだから、誰かにキツネノテブクロの花粉が、たとえ数粒でも付着していれば、その人物はキツネノテブクロが生えている場所のすぐ近くにいた、もしかしたらその根元の土を踏んだ、あるいは真夏に葯《やく》から花粉が放出されたあとで花にぶつかったと、ある程度の自信をもって言うことができる。キツネノテブクロやパンジーのような植物の花粉が最も付着しやすいのは、その植物に直接触れた場合か、しおれた花が落ちた場所の土に触れた場合だ。そのような土を踏むと花粉が靴にしっかりと絡みつき、簡単にはとれなくなる。

花粉と胞子が接触のはっきりした経緯を教えてくれることに気づくと、実に胸躍る思いがするが、これから明らかにしていくように、単にそれだけではない。靴についてくる花粉は、ただの寄せ集めではないのだ。生物はそれぞれ自分がうまく生きられる場所で生きており、異なる植物が同じ種類の生息環境を好むとしても、その環境の異なる側面に対応していることがある。そのためにブルーベルは、オークの森、ハシバミの小さな林、小道に沿って剪定された低木の生垣でも見られるが、マツの生い茂る森林では見つからないし、湿り気の多い土壌やヘザーの生い茂るムーアには生えない。

ほどほどの観察眼をもっている人なら、自分では気づかないうちにかなりの生態学的情報を手にしているはずだ。フトイはどんな場所で見つかるだろうか？　ギシギシ、イラクサ、ハナウドが生えている場所、そしてスイカズラやタンポポが生えている場所はどうだろう？　どこにでもあるわけではない。法廷では多くの弁護士が、そんな雑草はどこでだって見つかるものだと反論しようとするが、そんなことはない。植物は特定の種類の土壌と環境で、似通ったものを必要とするほかの植物といっしょに育つ傾向がある。ツツジ属の植物は石灰質の土壌では育たず、その他の多くの「嫌石灰植物」（カルシウム分を多く含んだ土壌を避ける植物）といっしょに生えているので、そうした群生ははっきりと見分けがつく。それに対してクレマチスは「好石灰植物」で、石灰質の土壌を好むから、同じくたくさんのカルシウムを必要とする植物や、少なくともそうした土壌に耐えられる植物といっしょに育つ。こうして、靴にツツジ属の花粉がついているのが見つかれば、その靴がどんな種類の場所に接触したかをすぐに思い浮かべることができ、それとともにそれが生えている土壌に関する情報ももたらしてくれる。

特定の生息環境に対する好みを共有しているのは植物ばかりではない。同じ生息環境に頼って暮らしている動物と菌類も、花粉といっしょに見つかる。そのため、特定の菌類の胞子を確認できれば、そこでいっしょに育っている植物を知るために花粉を見つける必要がないことさえある。この二次的物証の格好の例として、サクラソウ（*Primula vulgaris*）を挙げることができる。サクラソウが生み出す花粉はとても少ないので（そのためにハナバチは花の奥深くまで潜り込まないと褒美を手にすることができない）、物証としてこの花粉が見つかることはあまりない。だが、さび病菌の一種（*Puc-*

cinia primulae）は大量の胞子を作るだけでなく、サクラソウの葉にのみ発生する。だからこの胞子が一個でも見つかれば、近くにサクラソウが生えていると断言できるのだ。さらに、菌類はどこにでもいると思われがちだ。パンのケースにはカビがつき、リンゴは腐り、林の地面にはキノコが生える。ところがほとんどの種の胞子はあまり遠くまで飛ばず、ときには二、三センチ以内にとどまることさえある。私たちが身近でよく見かけるカビは、カビのなかでも「雑草」のような種なのだが、菌類の大半はこの「雑草」の部類には含まれていない。なかには数年に一度、条件が整ったときにしか胞子を作らない種もあり、一部の菌類はとりわけ稀少だ。そのため、それらは特定の条件と場所とを示す、非常に明確な指標となる。そしてそのすべては、犯行現場、死体が隠された場所、あるいは容疑者が身を隠している場所などの絵を描こうとする私を助けてくれる。

窓の外の景色に戻ろう。あなたの目には何が見えるだろうか？　ここまでの私の説明がうまくいっているなら、たぶんこれまでは小ぢんまりとして取るに足りないと感じていたものが、何か広大な未知のものになっているはずだ。あなたの家の庭は、ほんの小さなものであっても、自分で考えつくよりはるかに豊かな情報をもたらしてくれる。

小さな花粉粒の視点で見れば、どんなに狭い庭もさまざまな地形をもつ広大な風景だ。そしてもちろん、そのすべてが生態系のように、互いにつながりあっている。すべてが影響を与え、影響を受けながら、それでも各々は固有の、識別できる特性を備えている。そして小さな庭がそれだけ広大ならば、牧場や畑はどれだけ大きいことだろう。生垣、ムーア、森林は、どれだけ壮大で複雑なことだろう。迷子になりそうだと思うかもしれず、その感覚はある意味正しい。観察をはじめると、見るべきものがあまりにもたくさんあるからだ。だがすぐに気づくように、土地が一平方メートルごとに異なっているならば、複雑さと変化がきわめて役に立つ。生物学的物証の分析表を完成させていくことによって、いつどこで犯罪が起きたのかを見極められるとともに、ある人物がいた場所、そこにいた時期を特定し、さらにその衣服に残された痕跡から、何をしていたのかまでわかる可能性がある。

そしてそれはまさに、ハートフォードシャーでのチャイニーズ・マフィアの事件から数週間後に起きたことだった。私が研究室にいると、またまた電話が鳴り、電話口からは再びあのグラスゴー訛りのぶっきらぼうな声が響いた。でも今度ははじめから名前がわかっている。電話の向こうで挨拶したのはビル・ブライデンだ。「パット、もしまたわれわれといっしょにやってもらえるなら、ちょっとした問題が起きたんですがね……」

いつも殺人事件とは限らない。殺人事件は新聞の見出しを飾るが、毎日どこかで誰かが身勝手な悪事を働いては、ほかの人の人生を台無しにしているのだ。そしてその年の七月の、ある曇った日、私はウェリン・ガーデンシティの手入れの行き届いた小ぢんまりした広場に立ち、敷石のあいだに組み込まれたささやかな花壇を見つめていた。その四角い広場は店に囲まれていて、建物の二階以上はマンション、花壇は市の管理下にある。花壇には地面を覆うようにピンクのバラが植えられ、よい香りを放っていたが、侵入はけっして許さないとでもいうかのように鋭いトゲがびっしり並んでいた。まだ若木のライムの木がバラと同じ花壇に植えられていて、かわいらしい印象を受けたが、少し見慣れない感じがした。奇妙な組み合わせだ。実際には、たくさんのバラの花粉が含まれている試料で、同時にたくさんのライムの花粉が見つかることはめったにない。一般的に見てバラ科の植物の花粉はどこにでもあるというものではなく、それが人工的な環境であると簡単に結論づけることができるだろう。ショッピングセンターはすぐには思い浮かばないが、庭園または公園ということになる。

一人の少女が、少年からセックスさせなければ殺すと脅されたと訴えていた。二人は同じユースクラブに参加する間柄だったが、よくあるように、少年は若い体の男性ホルモンの激流に屈したということだ。少女の皮膚には深いひっかき傷が痛々しく刻まれ、バラの花壇には人の形に押しつぶされた大きな跡が残されていたから、ほとんどの人は少女の言うことを信じようとしていた。正気の人間なら、トゲだらけのベッドに進んで横たわろうとするはずがない。だが少年は断固として少女の主張を否定し、私は彼の言うことが正しいかどうかの分析を依頼されたわけだ。

この前の事件では、生垣を見て「これだ！」と感じた瞬間に、花粉学の進むべき新しい道に目覚めた思いがしたものだが、その後は研究室に戻り、実際にそれを活用する展望もないまま、毎日の仕事をこなしていた。大学での仕事は、未経験のまわり道をしたり、知らないうちに横道にそれたりしながら、実地調査、学科のセミナー、毎日の地道な作業に精を出し、ローマ時代に穴や溝に落ちたと思われる花粉と胞子を毎日コツコツ数えたり、沼沢地の墓所から掘り出された青銅器に残る花粉粒の集まりを解析したり、といったものだ。

それでもあれから何週間かのあいだ、私は何度も殺人事件に思いをめぐらせていた。国際犯罪組織とマネーロンダリング、そして死体を隠そうとするなんとも不幸な試みは、どれも日常からかけ離れた、波乱に富んだ出来事だった。けれども、私が今掘り下げようとしている事件は、それほどありえないものではなく、人々が日々の暮らしの中で互いに犯しがちな悪事だった。私はこのレイプ疑惑に意識を集中させ、店舗とマンションに囲まれた小さな四角い広場で起きた事態を想像してみた。とても開放的で、見通しのよい場所だ。その日の夕刻、少年と少女は地元のユースクラブでいっしょに過ごしていた。日が暮れたあと、歩いて家に帰ろうと連れ立ってクラブを出たカップルは、途中でこの広場にとどまり、仲間たちが帰宅していくなかで笑いながら楽しく過ごしているうちに、夜になった。少女の話では、二人は手をつなぎ、キスをしたという。おそらく感情がさらに高ぶっていったのだろう。だが少年が性的関係を求めたとき、少女は拒絶した。双方の主張が一致するのはここまでだ。

その後は二つの異なる出来事が語られている。一方では、少年と少女はこの場所で別れ、それぞれの家に帰っていった。もう一方では、少年が少女を後方に押し倒し、トゲだらけで意地の悪い花壇のバラの上に力づくで抑えつけると、衣服の一部を剝ぎ取り、のしかかった。

どちらの話が真実なのだろうか?

この種のレイプ事件を証明するのは、とりわけ難しい。DNAの証拠が決定的ではないか、現場に残されていない場合、また目撃証言で裏づけることができず、監視カメラの映像も残っていない場合、警察は双方の主張に沿って捜査を続けるしかなく、互いが争うことになる。怯えているのか、嘘をついているのか? 悪意ある加害者なのか……それとも被害者なのか? どちらか一方に動かぬ証拠を突きつけるのはほとんど不可能に思われた。こうして私は、警察への協力で二回目となるこの不確かな「事件」に関わることになった。

一回目の事件で、私はいくつかの(あくまで自分が感じたかぎりでは)非常に印象的な事実を学んでいた。花粉粒の集まりには、それを収集した場所を予測できるほどの特殊性があるということだ。

もちろんこれは私が長年にわたり考古学の分野で実際にやってきたことではあるが、自分の予想を裏づける方法はまだ見つかっていなかった。古代の物質に取り組む花粉学者は、自分の心の目に見えているものが正しいかどうかを実際に確認することはできない。過去は過去であり、文字どおり、もう過ぎ去っているのだから確かめようがない。そして今、私はようやく自分の解釈の妥当性を確かめられることに気づいてワクワクしていた。それに加えて景色をこれだけ正確に、しかもこれだけ細かい尺度で再現できれば、科学捜査で果たす役割は計り知れない。こう思うと、言葉では言い尽くせない胸の高鳴りを感じた。ハートフォードシャーでは組織犯罪グループが、靴につけたまま知らずに車の中に運び込んだ花粉によって有罪判決を下された。そして今ここで花壇を見下ろしている私の使命は、とても明白のようだ。少年は少女といっしょに広場にいたことは認めているが、彼女をレイプしようとしたことを否定し、花壇にはまったく触れていないと明言していた。おそらく彼の靴と衣服は、また別の話をするだろう。

バラとライムはどちらも昆虫に頼って受粉するので、どちらも生み出す花粉の数は比較的少ない。この些細な事実が、私のそれからの仕事に非常に重要な役割を果たすことになった。もしもバラの花粉が衣服についているなら、それはその衣服がバラそのものに触れたか、すぐ下の土に触れた可能性が高いと言えた。どこにでもある植物で、しかも風媒花なら、花粉は遠くまで漂っていくので、広場のどこで見つかってもおかしくない。そうなると少年が花壇の中に入ったのか、あるいはただ何気なく近くを通っただけなのか、自信をもって主張するのは難しくなっていたことだろう。無実なのだろうか？　真実を突き止めるための分析が必要だった。

今回のような事件で仮説を立てるのは、ごく単純な作業と思えるかもしれない。もしその花壇に由来する花粉が彼の衣服に付着しているなら、その量に応じて花壇に触れた可能性が高まるのではないか、というものだ。だが実際にはそれよりずっと微妙な問題で、明確な答えを得られるかどうかは花粉の性質によって異なってくる。

バラの花粉の形態は近縁の植物のものととてもよく似ているため、もし付近にイバラ、リンゴ、サンザシなどがあれば、それぞれの花粉をはっきり区別することは難しかっただろう。古代の堆積物でバラの花粉が見つかることは、ほかの植物に比べると少ない。だからこの場所と少年の衣服の両方にバラの花粉があれば、それらは同じ場所に由来すると仮定できるかもしれない。ライムの花粉も、たとえばオーク、ハシバミ、マツの花粉とは違って、どこにでもあるというものではない。私が見たかぎりでは、その周辺にはほかにライムの木は一本もなかったから、もし少年の衣服にライムの花粉が見つかれば、この広場で付着した確率が高かった。バラが作る花粉の数は少なく、また花粉分析表に含まれることは稀なため、バラは花粉学的には稀少な存在だと考えることができる。バラそのものはよく植えられているのだが、花粉は昆虫によって集められて運ばれるために、めったに見つからないのだ。花の部分が小さいクローバーも同じ部類に入る。これはそれぞれの植物が進化してきた結果で、法花粉学はこの都合のよい特性を大いに利用できる。

これは私が関わった二つ目の事件だったので、学習曲線はまだまだ急勾配だった。私は警察と協力して花壇を碁盤の目のように区切り、それぞれの区画から一貫した方法でバラの葉と土を採取することにした。こうすることによって、バラとライムが事件現場とされているこの場所をどれだけ正確に表わしているかを知ることができるだろう。一つひとつの試料に番号、日付、時刻を明記してから、警察の整理番号が印刷された紙袋にまとめる。現場捜査官が詳細な記録を残す一方で、私は花壇の略図を描き、試料採取に関する自分なりのメモを作成した。裁判となると、どんな小さなメモでも、たとえ走り書きであっても残しておく必要があると言われたことがあるので、関連するものは何一つ捨てないよう、私はいつも注意を払っている。

壁や別の種類の低木といった物理的障壁は何もなかったから、広場での試料採取は簡単に進み、作業がすべて終わると必要な「比較用」試料が手に入った。これがあれば、少年の衣服から採取した試料との類似性を調べることができる。だが容疑者は、そんな花粉と胞子は別の場所でついたものに決まっていると主張するに違いない。いわゆる「アリバイ」となる場所だ。そうなると、その場所に出向いて「アリバイ」の試料を採取し、現場の試料や警察が押収した証拠物の試料と比較しなければならない。私の手元にあった証拠物は、容疑者が身につけていたボンバージャケットと靴だけだ。そのとき本人が着ていたものであることに疑いの余地はなく、少なくともその点については少年も少女も認めていた。広場で収集した土から花粉を取り出すのは比較的単純な作業になる。私はそれまでに何度も同じことをしており、考古学の研究で、陶器や青銅の遺物から分析に適した素材を取り出していた。ただし今回は、新鮮な葉っぱ、靴、そして合成繊維とビニールの塊のようなボンバージャケットから、同じことをする方法を考える必要があった。創意工夫が求められる。でもそれなら生態学と考古学のどちらの研究でも身につけていた。

まず、レイプの場面で何があったかを思い描いてみなければならない。少女の話では、少年が彼女を押し倒して体の上にのしかかった。それならば、少年のジャケットの肘と胸の部分が証拠を探すべき場所ということになる。それに彼はひざまずく必要もあっただろうから、洋服の膝の部分も葉っぱと土に直接触れたに違いない。容疑者が想定される行動をとったときの姿勢では、彼の膝、胸、肘、爪先が地面に触れる部分だと推測できる。そのうちの胸、肘、爪先はジャケットと靴で確認できるから、容疑者の主張を受け入れるか否定するかを判断できる可能性は十分にあるだろう。

もし弁護人がジャケットで見つかった花粉は空中から偶然に付着したものだと言い出した場合についても、筋道を立てて考えておいた。もしそうならジャケットの肩、背中、胸の部分からすべて同じような分析結果が得られるはずだ。言い換えるなら、ジャケットの背中側から採取される試料は、胸側から採取される花粉が花壇から付着したものであるという仮定を検証するための比較対象になるだろう。胸側の花粉が花壇の花粉とよく似ていて、背中側とはほとんど似ていなければ、胸側が花壇に触れた適切な証拠とみなされるはずだ。私は最終的な成り行きを予想しないように努め、ただ目の前の結果だけを見たいと思った。研究室に戻ると、ジャケットの異なる部分が互いに触れてしまわないよう、まず両袖を切り落とし、それから背中側も切り取った。すると胸側の左右二枚が残り、それを合わせて一つの試料とした。

この事件当時の私は科学捜査の世界におずおずと足を踏み入れたばかりで、まだ科学捜査の手順をほとんど知らなかった。証拠が誰にも改竄されないように、あるいは警察での取り扱いによって証拠が損なわれたり信頼できないものになったりしないように、一定の規則や規範があるのだ。私はそれまで科学捜査研究所に足を踏み入れたこともなかった。それでももちろん検査方法については十分に鍛えられていたし、微生物学を勉強していたから汚染や異物混入を防止する基本原則もしっかり理解していた。それは私にとっては常識になっていて、特別な指導は必要なかった。

厳しい現実として、証拠類の取り扱い方をきちんと理解していない警察官もまだいる。どの警察官も、DNA試料のとり方や二次汚染防止の方法は教わっているし、ロカールの「すべての接触は痕跡を残す」という考えを理解し、二つの証拠を接触させれば、その証拠は法廷でまったく役に立たなくなることも知っている。ところが長年にわたって教育がなされてきた今でも、環境サンプリングの制約と要件については理解できていないように思える。

法科学や科学捜査と呼ばれているフォレンジック・サイエンスについては誤った概念をもっている人が多く、この言葉はとてもずさんに、不正確に用いられている。「フォレンジック（法廷で用いる）」という語は、単に「とても注意深く実行される」という意味だと思えるかもしれないが、ほんとうの意味は、もっとずっと具体的なものだ。古代ローマの訴訟は都市中央にあった公共広場（フォーラム＝Forum）で裁かれたことから、「フォレンジック（forensic）」はラテン語のforensis（公開法廷、あるいは公開の意味をもつ語）に由来している。そこで「フォレンジック」とは、実際には、「得られた証拠はすべて訴訟に関係がある」ということを意味する。つまり、訴訟に関係することを前提として実行されたものではない仕事は、フォレンジックではないのだ。そうした理由から、少年のジャケットの取り扱いには細心の注意を払うことが絶対条件だった。私が発見したものが損なわれたり汚染されたりしてはならない。私は長年にわたって研究室で訓練と経験を積んできたので、この考えはしっかりと身についていた。わが家の台所でも同じ原則を貫いているから、私は自分が調理した食べ物で食中毒になる人は一人もいないという自信をもっている。

今回の捜査では場所の絵を描く必要はなく、想定される事件現場の様子はあらかじめわかっていた。最良の取り組み方を決めるには広場で起きたことを心の中で思い描くことは不可欠だったが、さほどの想像力を必要とするものでもなかった。ジャケットと靴のどの部分を処理して精査すればよいかも、もう考え出していた。だが、ジャケットの繊維から花粉類を取り出すにはどうすればよいのだろうか。私にはまだ経験がなかった。何年もあとのことだが、ある会議で製品の売り込みに来ていた販売員が、自社製品を試してほしいと周囲に熱心に勧めていた。その製品の一つが、特殊な付属品つきの顕微鏡だった。長いアンテナのようなものがついていて、立ち入ることのできない場所にも差し込むことができる。アンテナには高倍率のレンズがついているので、スライドグラスにのせなくても、花粉を直接観察することができる。

私はすぐに会議場を飛び出して、庭で花粉を探し、すっかり成熟したチューリップの葯を手にして戻った。すると販売員は花粉を小さな布きれに軽くこすりつけ、高倍率レンズのついたアンテナに近づける。興味を惹かれて集まっていた多くの人たちが見守るなか、映し出された花粉粒は、誰もが驚いたことに、まるで生きているみたいに動いていた。花粉はクネクネとうねり、まるで踊っているかのように、布の繊維が交差する網目模様のあいだに潜っていったのだ。私は驚くと同時に、織物から花粉という物証を手に入れることがいつも難しい理由を実感した。念のために付け加えておくが、この難しさは一方で、花粉と胞子が優秀な物証になることも意味している。繊維の断片や鉱物の粒子とは異なり、花粉と胞子は深く埋め込まれるために、簡単には失われない。私のその後の仕事で、それらはあらゆる種類の織物や編み物に何年ものあいだ残ることが明らかになってきた。犯罪が起きてから長い時間が過ぎたあとで分析が必要になることがある「未解決事件」の鑑定で、花粉学が優れた力を発揮するのはそのためだ。

そのことがあってから私はさまざまな文献をくまなく探し、ようやく花粉が踊るように動く理由を理解した。すべては電気の力だ。花粉は負の電荷をもっているため、正の電荷をもつものに引きつけられる。ハナバチは正の電荷をもっているので、(ここがすばらしいところだが)非常に強い負の電荷をもつ花に引きつけられる。私はそれまで、花粉がハナバチの体に付着するのはハナバチにたくさんの毛があるため、そして花粉がネバネバしているためだと思っていた。それらも要因ではあるだろうが、花粉が花からハナバチに移動するうえで静電気も重要な要因であることに、ほとんど疑いの余地はない。負の電荷を帯びた花粉が正の電荷を帯びたハナバチに、電気のもたらす引力によって飛び移るのだ。

こうした未知の事実に出会って以来、私が担当している理学修士課程の学生たちが行なった事例研究と実験から、さまざまな物体、織物、物質が花粉を強く引き寄せることがわかってきた。人間の毛髪、毛皮、羽毛、ナイロンなどの合成繊維、羊毛、フリース(リサイクルされたペットボトルで作られたもの)、プラスチックなどが花粉を引き寄せる。何もついていないように見える証拠物に花粉がたくさん付着していることもあり、もちろん肉眼には見えないが私は敏感に感じとる。このように、刑事事件で無視できるものは何一つない。かつて、殺人犯が被害者を埋める際に使っていた懐中電灯から、わずか数個の胞子を回収したことがある。その懐中電灯がもたらしたものは数個の花粉粒と胞子にすぎなかったが、それは犯人が遺体をある休閑地の隅に埋めたことを伝えるのに十分なものだった。ほかにあまり多くの証拠はなかったが、優秀な捜査官にはそれで十分で、最終的に犯人を逮捕できた。花粉学の情報は、こうして強い力を発揮することができる。

だがそれはすべて、ずっとあとで得た知識だ。この事件の時点で何も知らなかった私は、ジャケットから証拠を見つける方法をなんとか考え出さなければならなかった。どこから手をつければよいかもわからなかったが、少なくともこれから見つけられそうなものについては、しっかりした基礎知識をもっていた。花粉粒と植物の胞子は驚くほど頑丈だ。それぞれがスポロポレニンと呼ばれる複雑な高分子物質でできた外壁をもち、その化学的性質の詳細は今もまだ解明されずにいる。一部の古植物学者と地質学者が断言するように、適切な条件の下では数百万年ものあいだ持ちこたえる。私の友人マーガレット・コリンソン教授が白亜紀の堆積物から無傷のハナバチを取り出すと、その足に花粉嚢がついていて、花粉粒が美しく保存されているのがはっきり見えた。その花粉はおよそ一億年前のものだが、固まって岩となった堆積物の中で保存されていたのだ。昆虫を保存できるのは琥珀だけではないことがわかる。

こうした花粉粒の丈夫さは、織物から花粉を取り出そうという私の試みにとっては有利な点に違いなかった。一つには、強い酸で服を溶かし、それよりも丈夫な花粉粒と植物の胞子を残すという方法がある。これは綿、麻、その他の天然植物繊維ではうまくいくはずだし、レーヨンやビスコースなど、植物繊維を原料とした再生繊維でも大丈夫だが、石油・石炭産業の副産物から作られるアクリル、ナイロン、ポリエステルといった合成繊維では役に立たないだろう。少年のジャケットはフリース素材で作られており、事実上はリサイクルされたペットボトルだから、溶かせるとは考えられなかった。いずれにせよ、それは大変な作業になるはずで、これほどの量の繊維ならほぼ不可能だし、法外な費用がかかるだろう。今回は却下して、別の方法を考えなければならない。

ようやく思いついた答えは、わかってみれば当たり前のことだった。私は研究室で長い時間仕事をしてきていたが、そこでは見つからなかった答えだ。私はこれまでずっと科学者であると同時に主婦でもあり、はるか昔には母親でもあった。だからもちろん、衣服から汚れをとる方法を知っていた。合成洗剤のような界面活性剤を用い、それによって水の表面張力を低下させて繊維の中に染み込ませ、埋め込まれている汚れや微粒子を洗い流せばいい。今回すべきことに、何か違いがあるだろうか？信じられないくらい明白なことに思われた。これは私が洗濯機を使うたびに、その中で起きていることだった。

「オッカムの剃刀」という原則を聞いたことがあるだろうか。これはその原則が本領を発揮する完璧な例だった。オッカムのウィリアム（一二八七―一三四七年）はフランシスコ修道会に所属した学者で、「節約の原理」を好んだ。私たちが問題を解決するときには、最も簡潔な解決策が正しいことが多いという考えだ。アリストテレスも、それより何世紀も前に同じ考えをもっていた。この原理は、科学ではとくに役立つもので、なかでも複雑な状況と複数の可能性に取り組む場合には有用だ。

合成洗剤が最も簡潔な解決策だと思われたので、私はそれを採用した。ただし、濡れることによって織物の中で微生物の活動が刺激され、花粉が分解しはじめるかもしれないので、なんらかの殺菌剤も必要だった。家庭で使っているような殺菌剤は花粉類に影響を与える可能性があるので、もっと弱くて花粉類を酸化させないものが求められた。それなら薬用シャンプーはどうだろう？　まずは、薬用シャンプーに花粉粒が含まれていないことを確認する必要があった。可能性はとても低かったものの、それまでに確かめたことはなかったし、これまでそんなことを確かめた人はいないだろうと思ったからだ。調べた結果、薬用シャンプーには花粉も胞子も含まれないことを確認できたので、私は界面活性剤と殺菌剤が配合されている薬用シャンプーを手に入れた。あとでわかったことだが、腐乱死体からとった試料を扱う場合には、薬用シャンプーを使うとさらに思いがけない利点がある。細菌で汚染された試料を殺菌し、その過程で不快な臭いもとってくれるのだ。法花粉学者にとっては、なんともすばらしい製品だ。

新しいステンレス製の深皿を購入し、まず漂白剤の原液で殺菌した。こうすれば多くの有機分子を酸化させて取り除きながら、細菌と菌類も同様に除去できる。ついでにティーポットの茶渋も退治できる方法だ。次に、非常に高温の脱イオン水（純水）をごく少量使用する。この水は無菌だと思われるが、念のために無関係の花粉が混入していないか検査しておかなければならない。こうした準備をすませたあと、ようやく私は薄めたシャンプーを用い、まるで自分が洗濯機になったかのようにせっせと働いた。服のそれぞれの部分を、かきまぜ、こすり、すすいで、最後に脱イオン水で洗い流す。難しいことは何もないが、それよりよい方法は思いつかなかった。

それぞれの試料からは、灰色のどんより濁った懸濁液が生まれた。きれいに見えるジャケットが実際にはどれだけ汚れているかを見るのは、興味深くもあった。作業を終えた結果、私は五つの試料

（ジャケットの胸側が二つ、袖が二つ、背中側が一つ）を手にし、それを花壇から採取した十の試料と比較する。葉っぱの試料が五つ、土の試料が五つで、葉っぱはジャケットの織物と同じようによく洗った。処理をすべてすませてから顕微鏡用の標本（プレパラート）を準備したが、一刻も早く一つひとつを調べ、どんなものが見えるかを確かめたい気持ちでいっぱいだった。私が選んだ洗濯による抽出方法はとてもうまくいき、プレパラートには花粉と胞子がたっぷり含まれていた。大まかに見渡していると、私は二分か三分のうちにこの事件の結末を知ることができた。だが標本をざっと眺めた結果では法廷のための準備には妥当とは言えず、私が目にしたすべてを確認し、細かく数えるという単調な作業を欠かすことはできなかった。

スライドグラスの分析をはじめるとき、私は必ずスライドグラスの一番左のトランセクト（プレパラートを帯状に区切った一つの区画）の上端からはじめ、ここをスタートとしてゆっくり左下隅まで進みながら顕微鏡を覗き続ける。目の動きを止めるのは、もっとはっきりと見極めるために倍率を上げるときだけだ。この作業には、油浸対物レンズ（試料とレンズのあいだをオイルで満たして観察するタイプの対物レンズ）と位相差観察の調整が必要になる。花粉粒を簡単に同定できない場合は、スライドグラス上の座標位置を記録し、あとから私がもっている豊富な参照用花粉スライドコレクションの助けを借りて、さらに精査できるようにしておく。このようにして一番上の端から一番下の端まで少しずつ移動したら、また一番上に戻って次の列のトランセクトの精査を開始する。これを何度も何度も繰り返し、スライドグラスのできるかぎりすべての部分をきちんと調べて、サンプリングバイアス（標本抽出が偏っているせいで生じるバイアス）を避ける。

科学捜査と同様に考古学でも、これは骨の折れる作業だ。私は何時間も、何日も、何週間も、顕微鏡にかじりついて過ごさなければならない。とてつもない集中力が求められ、目に入ったあらゆるものについて考え、目録を作り、それが花粉粒か、菌類の胞子か、胞子化石か、その他の微細な生命体かを区別する。それほど小さいものに一心に集中するのは、また独自の洗練された拷問とさえ言える。ときには、一つの場所のイメージを構成する作業をはじめる前に、おびただしい時間がかかってしまうこともある。探すのはパターンで、一つの植物の花粉に集中し、それから次の花粉に集中する、という具合だ。だが今回はスライドグラスをざっと見渡しただけで、実際に花粉を数えはじめる前から、私が探していた花粉の集まりがあるのがはっきり見てとれた。花粉粒の極から赤道に向かって湾曲した三本の深い溝があり、赤道にあたる部分にふくれた孔をもつバラの花粉、そして簡単に見分けのつくライムの花粉だ。ライムの花粉は極の部分が平らで、赤道をめぐる位置に周囲が盛り上がった孔が三個あり、外壁一面に細かい穴の模様がついている。この花粉粒は花粉学の勉強をはじめたばかりの学生たちに人気があり、それはとても簡単に見分けがつくからだ。

別の花粉学者が私のスライドグラスにあったライムとバラの花粉の量を見たなら、なんらかの結論を下すには数が足りないと考えたかもしれない。でも私は、それは「花粉の雨」（空から舞い落ちてくる花粉と胞子を私たちはそう呼んでいる）に含まれるバラとライムの花粉がどれだけ少ないかを際立たせていると考えた。

見つかったバラの花粉の割合は、花壇では十パーセント、ジャケットの胸側では七パーセント、ライムの場合はこれが十八パーセントと十五パーセントだった。どちらの割合も、十分に納得できる値だ。少年が地面に触れることなしに、これらの花粉がこの割合までジャケットにつく可能性は限りなく小さい。花壇に落ちていたバラとライムの花粉がとても少ないという事実は、それぞれの花からこぼれ落ちた花粉がわずかしかないことを意味している。衣服と花壇から得られたそのほかの植物の花粉は多様性に富んでいたが、興味深いことに、衣服でも花壇でも同じ種類の集まりが見つかった。

少年の靴の爪先からバラの花粉もライムの花粉も見つからなかったことは少し不思議で、実のところ、他のものもほとんど見つからなかった。そこで私は現地の様子を思い返してみた。花壇はとても小さいので、彼の足は花壇を囲む舗装部分の敷石の上に残り、敷石で付着したものはあまりなかったのだろう。

ジャケットの背中側からもほとんど花粉粒は見つからず、バラとライムは皆無だった。そこで私には、ジャケットの胸側は花壇と接触したが、背中側は接触しなかったことがはっきりしたように思えた。背中側の試料は、とてもよい比較対象となっていた。というのも、空中やそのほかの場所からやってくる花粉はきわめて少なく、実際、花壇にある花粉の数とは比べものにならないことを明確に実証しているからだ。私の見解では、ジャケットの胸側と肘の部分が花壇の葉っぱと土に接触していた可能性は非常に高かった。

少年は嘘をついていた。少女はレイプに見せかけるために自分の皮膚をひっかくようなことなど、確かにしていなかったのだ。レイプされたと偽って訴える事件もときどき起きていて、私はこの事件と類似した分析方法によって、若者を刑務所から救い出したことも何度かある。

花粉学を学びはじめたころ、参照用のスライドコレクションを増やしていくのがとても楽しかった。

野外で花を集め、正確な同定の作業を進め、標本から少し葯を分けてもらえると聞けば植物標本館や博物館を訪ねた。私が作り上げた参照用のコレクションはとても貴重なもので、それがなければ不安でたまらなくなるだろう。実際には、収集と比較の作業が終わることはない。それぞれの試料に含まれている花粉の種類を同定して数える過程は、頭がぼうっとしてしまうほど退屈なものだが、見慣れない花粉や胞子が見つかったとたんに刺激的な瞬間が訪れる。私が最も嫌いな花粉の形状は、小さい卵形で三つの溝をもち、表面が細かい網目模様で覆われているものだ。自信をもって正確な名前を言いきれるのは、一握りの専門家しかいない。ブラックベリーやタンポポの仲間のような、分類が難しい植物の花粉版といったところだ。あるいはＬＢＪの花粉版とも言えるだろう。私の夫がＬＢＪ（Little Brown Jobs　小さくて茶色いもの）と呼んでいる小さくて茶色いキノコには、見分けられる特徴がほとんどない。

さらに、証拠として主張するためには何個の花粉を数えればよいかも難しい問題だ。ときには比較的少ない数の花粉が証拠になることもあれば、何千個も必要になることもある。この問題については説明する教科書が必要で、いつかは登場することだろう。いつになるかはわからない。

この少年の衣類からとった試料に関しては、数をきちんと数えるよう求められ（実際のところ、それは不要だったのだが）、私はさまざまな花粉と胞子の分類群の相対出現頻度を計算し、私が言いたいことを警察に理解してもらえるよう棒グラフをいくつか作成し、警察はそれを検察庁（ＣＰＳ）および少年の被告側弁護人に渡した。

被告側弁護人は、少年をその両親と弁護士とともに呼び出して私が作った図表を見せながら、資料に添えた説明を読んで聞かせたに違いない。彼は自分のジャケットから彼女を襲ったときの真実が明らかになったことに愕然としながら、しぶしぶ自白した。少女は法廷の証言台に立たずにすみ、陪審員、傍聴人、報道関係者の詮索するような目にさらされながらその晩の出来事を思い出さなければならない苦痛を免れることができた。広場にあったトゲだらけのバラとライムの木が示した証拠が、彼女を厳しい試練から救った。

私がしたことはとても単純で、登場したのは土、服の汚れ、わずかな量の薬用シャンプー、いくつかの創意、もちろん長年の研究に裏づけられた十分な常識、そして苦心して手に入れた知識と経験だった。こうして最初の二つの事件は貴重な情報をもたらし、それらは私に大きな影響を与えた。法花粉学は前途有望なものに思えた。

第6章「あなたはその場所にいましたね」

植物学が科学捜査の世界に役立つかもしれないと気づいたのは、私がはじめてではなかった。一九三二年には、手作りの梯子《はしご》の材料に使われた木材の鑑定結果が、リチャード・ハウプトマンに対する有罪判決の決め手となっている。ハウプトマンは、大西洋単独無着陸飛行で知られたチャールズ・リンドバーグの幼い息子を誘拐して殺害した罪に問われ、その裁判は「世紀の裁判」と呼ばれて、当時としてはまだ珍しかった報道合戦となった。彼の有罪判決は、ウィスコンシン州の木材解剖学者アーサー・ケーラーによる鑑定の結果に基づいたものだ。ケーラーは材料になった木の種類、木材加工のパターン、木の成長の方向を確認することによって、誘拐犯が子供部屋に忍び込むのに用いた梯子に使われていた木材は、ハウプトマンの自宅の屋根裏のものと同一であると証明した。ハウプトマンは一九三六年四月に電気椅子に送られ、死刑が執行された。それを可能にしたのは一片の木材によって残された証拠だった。

また、殺人事件や行方不明事件を解決するために花粉粒を確認したのも、私がはじめてではない。はじめて花粉類を利用した警察捜査の記録は、一九五九年のオーストリアの事件までさかのぼる。ヨットでドナウ川を下っていた男性が行方不明になった事件だ。この事件では死体が見つかっていなかったために警察はほとんど何もできず、やがてウィーン大学の高名な花粉学者ヴィルヘルム・クラウスに調査を依頼することになった。クラウスが、行方不明になっていた男性の親しい友人の靴を入手して顕微鏡で分析すると、その当時のトウヒ、ヤナギ、ハンノキの花粉が入り混じって残っているのが見つかった。だがその靴には、化石化したヒッコリーの花粉粒もついていた。化石になったこの花粉が含まれた堆積物がある場所は限られていて、ウィーンの北方二十キロほどに位置する狭い地域に特有のものだった。クラウスが警察に捜索すべき場所を伝えると、被疑者は証拠が見つかったことに動揺して自供をはじめ、捜査官に遺体のある場所を教えた。クラウスは植物学および周辺地域の地質に関する知識を駆使して、その場所を予測したのだった。

こうした人々が先駆者として私よりずっと前に法生態学への進出を果たしていたが、イギリスではあのハートフォードシャーでの事件まで、植物学の潜在力が犯罪捜査に活かされたことはほとんどなかった。そして世界の大半の国ではまだ、これまでにどのような成果が出ているか知られていない。私が長年にわたって取り組んできた課題は、広範囲の各種専門分野をまとめて法生態学の基本的な考え方を固め、この知識をできるだけ包括的に共有していくことだ。

花粉学は、私がためらいがちに足を踏み入れたころにはすでに確立された専門分野になっていたのだが、学問的な研究分野を犯罪捜査の世界に移すとなると、他に類を見ない難題に次々とぶつかることになった。ほんとうのところ、そうした難題は今なお起き続けており、これからもなくなることはないだろう。どんな環境であってもさまざまな不確定要素があるので、新たに起きた殺人事件、行方不明事件、暴力事件、レイプ事件には、それぞれ異なった独自の状況が付随する。花粉学のような研究分野はだんだんと、わずかずつの蓄積によって進歩していくものだ。自然界は相互に影響を及ぼし合う異なるシステムの複雑な集まりだから、法生態学者が最高の力を発揮するためには、生態学に関するきちんとした訓練を受け、生物と環境との相互作用を、物理的なものも生物学的なものも含めて理解していなければならない。法生態学者は、一つか二つの重要な専門分野、たとえば植物学、花粉学、土壌学などを基盤としながら、同時に昆虫学、細菌学、菌学、寄生虫学、動物学、化学、統計学にもある程度の知識と正しい理解をもっているのが普通だ。

　私は試行錯誤を繰り返しながら、これまで四半世紀をかけて一定の手順を作り出してきた。今ではその手順に従うべきと規定されているが、実際には二つとして同じ状況はなく、あらゆる事例に当てはまる決まった規則と手順はほとんどない。たいていの場合、私は「勘と経験」を頼りにして、事件現場や遺体安置所でさまざまな物と素材から花粉類を回収する方法を、なんとか考え出さなければならなかった。そしてようやく、骨の折れる経験のみを通して、法花粉学の手順を正式に発表することができた。そこに空想上のものは何一つないし、私が得た成果が示しているのは、多くの場合、古典的な花粉学で当然のものとされてきた知識を捨て去らなければ、現実に対処することはできないということだった。

　植物界の広大さは、ほとんどの人の想像を超えている。藻類とコケ類およびその仲間を除いて、植物には約四十万の種があると考えられており、そのうちおよそ三十七万種は花と花粉を作る。残りは胞子を作る。新種も絶えず発見され、二〇一五年には二千を超える新種が同定された。菌類になると話はまったく違い、数百万種あると推定されている。毎年、科学の世界には膨大な数の新種が紹介されているが、その数は有能な菌学者の数が少ないせいで抑えられているように思える。私自身が加わった事件の科学捜査でも、いくつかの新種を同定したことがあるほどだ。

この地球上にはいったいどれだけの数の動物、植物、菌類、その他の生物がいるのか、これからもはっきりわかることはないだろう。そして、これまでに進化して地球上で暮らした生物の大半はすでに絶滅したことを考えると、謙虚な気持ちになる。現在の生物学的世界は巨大ではあるが、それは過去に地球が支えてきた世界のわずかな残りものにすぎない。それでも一人の人間の一生では、そのうちのわずかな部分を識別するのに必要なスキルを得るにも不十分なのだ。だが生物を、またはその一部分を正確に識別できる力は、優れた生物学者にとって重要なもので、犯罪科学捜査の仕事には絶対不可欠だ。科、属、種を正確に識別することで、誰かが終身刑になるか自由の身になるかが決まる。

人が環境に接触したときに付着したその環境の破片や断片は、衣類、履物、毛髪、シャベル、自動車のどれに付着した場合でも、その環境の代理指標となる。その人を特定の場所と特定の時刻とに結びつける物証だ。それは一連の植生全体のこともあれば、一つの植物全体、またはその一部、つまり、根、幹、樹皮、小枝、葉、茎、果実のこともある。それどころかもっと小さくて、針葉樹や開花した植物の花粉、コケ、シダ、菌類の胞子のこともある。花粉や胞子のような微細で目に見えない代理指標は、目に見えないからこそ、とりわけ貴重なものだ。見えないから取り除くことができない。自分についていることに気づかず、もし気づいたとしてもすっかり払い落とすことは難しいだろう。その人がどこにいて何をしていたかを示す秘密の記録となりうる。

菌類は二次的な代理指標として役立つ場合があるので、とりわけ興味深い。菌類は植物の表面で育ち、その植物の花粉が付着していなくても、そこに寄生する菌類の胞子が見つかる場合があるからだ。そしてその胞子は、前の章に登場したサクラソウの例のように、必ず特定の植物と関連している。原則として、被疑者や被害者の衣類に付着している花粉類、場合によっては移動に利用した車、使用した道具、ときにはその人物の体内に残された花粉類の集まりを見つけることにより、被疑者や被害者がどのような場所を移動したのか、またその身に何が起きたのかのイメージを描くことができる。単純に思えるかもしれないが、いくつもの点をつなぎ、想像した一つの光景を別の光景と結びつけて事件を組み立てているとき、真実は手の届かないほど遠くにある。実際のところ、私たちが一人の人物の衣類から集めるさまざまな破片は、さまざまな微細な粒子が混ざった混沌とした集まりで、その多くは最後まで正体不明だ。それらは、必要な光景を描き出すうえでまったく役に立たない。

私がはじめて捜査に加わったハートフォードシャーの事件の場合、車の外回りに付着していた粒子は、過去何か月という期間にその車が通過した数多くの多様な光景を示すものだった。定期的に着替えたり洗濯したりしていないジャケット、コート、ジーンズ、また靴などでも、同じことが言える。正しい光景を見つけて想像する作業、袋小路に誘い込もうとするデータから有用なデータを選び出す作業では、微妙な差異を感じとる必要があり、私がそれを理解するまでには数十年もの歳月がかかってしまった。それぞれの花粉類の違いを知っているだけでなく（その違いからして、すでにとてつもなく微細な場合もある）、花粉類の組み合わせによっては間違った結論に至る可能性があることも熟知していなければならない。花粉と胞子が親の植物や菌類から放出される方法、それぞれの開花期、最もよく繁殖する土壌と条件、さらに、同じ種類の条件を好むためにいっしょに育つ傾向がある植物と菌類まで覚えておくことが不可欠だ。

よく似た条件で繁殖する植物は、同じ生息環境で見つかる。そうした植物ははっきり見分けのつく群生を作ることがあり、そうした群生から多くのことを推定できるのだ。もし、フトイ、アシ、スゲ、ヒメサルダヒコ、エゾミソハギといった花粉類の集まりを渡されたら、私は池、湖畔、水路を思い浮かべる。フトイは、水中の流れの速ささえ教えてくれるかもしれない。オーク、ハシバミ、トネリコ、ブルーベル、アネモネの仲間が見つかった場合は、イギリスの風景としてとりわけ特徴的な美しいブルーベルの森のイメージが湧くだろう。要するに、植物はどこでも育つわけではないということだ。北極圏にサボテンはなく、ジャングルにホッキョクグマはいないのと同様に、ノルウェーでは野生のバナナの木が育たないことは誰でも知っている。それぞれが固有の必要条件をもっており、当然ながら、その条件が満たされなければしっかり成長することはできない。それなのに、私がこれまで法廷で出会ってきた多くの弁護士は共通して、このことを誤解している。弁護士たちは植物学や生態学の知識をほとんどもたず、「タンポポなんてどこにでもありますよ、そうじゃないですか？」と、私に何度となく食ってかかってきたものだ。やれやれ、もちろんそんなことはない。ちなみに、タンポポの花粉はとても具体的な情報をもたらしてくれる。

私はそれぞれの種の特性をよく知っているので、土の試料から得られた花粉粒の組み合わせを、その生息環境と生態系という観点で理解することができる。そうした知識によって、花粉と胞子がどんな場所を表しているかがわかり、組み合わせに含まれた異なる分類群の数が多ければ多いほど、描くイメージは鮮明になる。だがその行程は単純なものではなく、混沌とした未加工のデータから確固たる回答を得られる決まった手順など存在しない。優れた法生態学者は、数多くの多様な解釈を念頭に置きながら、一種の「情報に基づいた直観」を駆使しなければならない。

二〇〇九年にヨークで開催された環境考古学会の創立三十周年記念会議では、まるでこの点を証明するために参加したような成り行きになった。そこには世界中から環境考古学者が集まり、この種の学会で科学者がやること、つまり専門知識の共有と蓄積にいそしんでいた。当時、私はすでに考古学の研究から遠ざかって何年かたっていたのだが、論文を提出することに決め、討論に加わるとともに、ある事件の科学捜査で見つかったさまざまな花粉の分類群を紹介した。それはアナグマ狩りに反対する王立動物虐待防止協会から依頼された事例だった。アナグマ狩りに興ずる、残酷な殺し屋にしか見えない男たちは、飼っているイヌを巣穴の入り口にけしかけてアナグマを探し出す。イヌもアナグマも争いによって間違いなく恐ろしい傷を負い、たいていの場合はイヌのほうがみじめな有様になる。ただし、いったん見つかってしまえば、あとはただ男たちが哀れなアナグマを巣穴から引きずり出して殺し、一件落着だ。なんという楽しみ方だろうか。もちろんイギリスでは法律で禁じられており、この事件の場合、動物虐待防止協会が再発を防止するために有罪判決を勝ち取りたかった。

私の手元に、土がついたままのシャベルとアナグマの巣穴の上部および中央部から採取された試料が届いたので、シャベルに残った花粉類の種類を、アナグマの棲みかのものと比較する必要があった。

分析の結果では両者はとてもよく似ており、なかでも犯行現場の土とシャベルに残された土の両方から、めったに見られない胞子が見つかった点が重要だった。この胞子は非常に珍しく、私はそれまで一度も目にしたことがなかったし、花粉やハエや、その他さまざまなものを見事に見極める力をもった同僚のジュディ・ウェブも、まだ見たことがなかった。その胞子はこの事件に重要な転機をもたらしたが、実のところ、私自身の人生にも転機をもたらした。起訴にあたって重要な物証となっただけではなく、私が新しい夫と知り合うきっかけにもなったからだ。彼にはそれまで一度も会ったことはなかったのだが、この事件の解明に苦しんでいるときにキングス・カレッジ・ロンドン時代の植物学の恩師だった高名なフランシス・ローズの追悼式があり、そこで幸運にも、この素敵な男性と偶然に出会ったのだった。追悼式の会場はキュー王立植物園の分園、ウェイクハースト・プレイスで、定番の植樹式のあと、私はたまたま隣にいたこの立派な身なりの男性といっしょにお茶会の会場に向かって歩き出した。木漏れ日のなか、林の小道を歩きながら木々の向こうにかわいらしい真っ赤なキノコを見つけたので、思わずドクベニタケがあると声に出して言った。

「ああ、そうですね」と、隣を歩いていた男性は言った。「ベニタケ属です。でも、ドクベニタケではないと思いますよ」

「あら、キノコのこと、よくご存知なのですか？」と、私は尋ねた。

「ええ、少しは」と、彼は謙遜して答えた。

私にとってそれは差し迫った関心事で、まぎらわしい菌類の胞子を見極めてくれる人を、喉から手が出るほど欲しいと思っていた。

「お名前は？」と尋ねたのは、ほんの軽い気持ちだった。

「デイヴィッド・ホークスワースです」

その名前が私の頭の中をゆっくりめぐっていった。「あのデイヴィッド・ホークスワースさん？」私は衝撃を受けた。私は勝手に想像して、ホークスワースは九十歳近い人物に違いないと思い込んでいたからだ。この世界的に有名な菌学者の業績は長年にわたってさまざまな文献に掲載され、キングス・カレッジで教えている学生たちに渡す参考文献リストには必ず入れていたし、その著書が少なくとも二冊は私の本棚にもあった。でも目の前にいる人物は私と同年代で、キラキラ輝く目と少年のような笑顔をもち、とてもおもしろそうな男性ではないか。私は仕事に戻るとすぐ、彼との偶然の出会いをジュディ・ウェブに伝えた。すると彼女は興奮を隠さず、「あらー、パット、絶対、絶対に、彼と親しくするべきよ。彼ならきっと私たちの大きな助けになるわ」と言った。その後のことは細かく説明する必要もなく、私はこの有能で博識の男性と、三年後に結婚した。


アナグマの巣穴から見つかった珍しい胞子は稀少なトリュフのもので、そのトリュフはオークの木の根に生えるものだと教えてくれたのは、デイヴィッドだった。イヌとブタだけでなくアナグマも明らかにトリュフを好むことを、私たちはこの事件で学んだ。アナグマたちは百メートルほど離れたオークの木の根を探しまわり、見つかったトリュフを巣穴に持ち帰ったと推定できた。証拠物として胞子が加わり、驚いたことにその胞子が花粉類の分析表に、とても稀少で説得力のある要素を与えてくれたのだ。同じ胞子はほかのどの試料にも見つからず、トリュフが事件現場の分析表に際立った独自性をもたらした。同じ胞子がシャベルでも検出されたので、最終的に花粉だけで得られるよりもはるかに大きな説得力をもつ証拠を提出することができたのだった。

考古学会で、私はこの事件で検出された花粉の集まりを出席者に公開した。そのなかで多数を占めていた花粉はオークで、それにニレ、カエデ、ライム、サンザシ、アイビー、スイカズラが少しずつ加わり、さらに、キンポウゲ、キツネノテブクロ、イネ科の草、ギシギシ、シダもあった。そしてこの一覧を見て、どのような種類の場所だと思うかを尋ねた。何人かがためらいがちに手を挙げたが（みんな間違えて恥ずかしい思いをしたくないらしい）、私が指名すると、誰もがだいたい同じことを言った。「それは森林地帯で、森と森が途切れて樹木がない場所との境目でしょう」

それはまったく理にかなった想定だったが、一方でまったくの間違いでもあった。実際には森林地帯とはほど遠く、これらの試料を得た場所は開けた牧草地で、およそ十メートル離れた場所にとても古い生垣があり、百メートル離れた場所に一本のオークの木があった。あたり一帯は開けた場所だが、全体が多彩な生垣によって区切られ、それぞれの区画が手入れの行き届いた牧草地になっていた。このとき私は、長いあいだ疑っていたことがほんとうだったことを悟った。大半の生息環境で花粉が実際にどのように飛散するかについて、それに関する大量の文献があるにもかかわらず、多くの花粉学者はまだほとんど知らないのだ。

イギリスでは、場所によって田園地帯が異なる方法で開発されてきた歴史があり、二つのタイプをはっきり区別できる。エセックス、サセックス、サフォークのような州には、森林と牧草地や畑地が入り混じった田園地帯（ボカージュ）が広がる。それぞれの耕作地や牧草地が生垣できれいに区切られ、その生垣には実に多彩な植物が育ち、あちこちに自然木が点在する美しく典型的なイングランドの田園風景だ。それに対するもう一方の種類は、産業化された農地で、歴史的には単に広々とした見晴らしのよい畑地が続く光景を意味し、そこでは土地を帯状に区切って作物を育てる農業が営まれている。リンカーンシャー、レスターシャー、ウィルトシャーなどの多くの州で特徴的な風景になる。

あの日、会議室で勇気を出して質問に答えた人たちは、誰もがこの点を正しく把握していなかった。彼らは森林地帯を想定したが、実際の場所は「ボカージュ」と呼ばれる田園地帯で、「森林地帯のもの」とみなされた花粉と胞子は、牧草地を取り囲む生垣から飛んできた。ハーブ類は放牧地で食べ残されたもの、または境界の生垣を隠れがにして育っているものだ。もちろんこれは私がはじめて警察に協力した事件で学んだ教訓だ。こうしたことのせいで、場所を想定するのはいつもややこしいことになる。会議室にいた花粉学者たちは一様に、自分たちの解釈があまりにも大きくはずれていたことにショックを受けていた。それはまた、認知バイアスが及ぼす影響も示していた。環境を解釈しようとする際、私たちの考えはごく当たり前に、そうした認識の偏りに左右されるのだ。

会議室にいた花粉学者は一人残らず誤った結論に飛びついてしまったが、それは私が携わる科学捜査では、被害者にとって、あるいは訴えられている人にとって、深刻な結果をもたらすことになる。人々の命と自由に関わる科学捜査の世界では、かかっている責任が通常とは大きく異なる。そのために、衣服や靴に付着した花粉類から可能性の高い風景を再現する作業は、さまざまな分類群の花粉、胞子、その他の残された微粒子をただ集計するというだけの単純なものではない。花粉学の既存の文献を読んだだけで、ある花粉類の集まりが一つの具体的な風景を表すと決めてかかってはいけない。

ほかの人が発表した解釈をそのまま採用して、ロボットのように行動してはいけない。そんなことをすれば花粉と胞子の分析は、「ペイント・バイ・ナンバー」〔訳注　指定された番号の色を塗ると完成する、塗り絵のような油絵キット〕と同じものになってしまうだろう。自信をもって真実に近づこうとするなら、自分の身のまわりの自然界をミクロとマクロの両方のスケールで深く知るしか方法はないのだ。

　この種の知識を得るための近道はない。何年もかけ、苦労して手に入れる必要がある。集中力が長く続かない人、すぐに気が散ってしまう人には向かない仕事だ。すでに話したとおり、衣類や道具から採取した花粉類を一つひとつ数えて目録を作っていく作業には、何時間も何日もかかり、ときには何週間という時間がかかることもある。さらに、複数の学問分野にまたがる幅広い知識を自分のものにするには、さらに長い年月がかかるだろう。できあがった目録を調べ、事件が起きた場所や一連の出来事の経緯についての最も高い可能性を感じとれるようになるには、そうした知識が不可欠だ。生涯にわたって努力が続く。それでも、パズルのピースがピタリとはまり、出来事の推移が明確に浮かび上がったとき、その発見の喜び、パズルを完成させた達成感は、とてつもなく大きい。

　ノースウェセックスダウンズの町はずれにある警察署によろめきながら入ってきた若い女性が、窮地に陥っていたのは一目瞭然だった。泥で汚れた顔は涙で赤く腫れ、目にはパニックの表情がありありと浮かんでいる。当番だった巡査が問題をよく聞こうと女性を取調室に招き入れると、彼女は堰《せき》を切ったように話しはじめた。自宅からほんの百メートルほどの場所に、二列に並んだ家々に挟まれた細長い区画があって、立ち木や灌木が茂っている。「彼がそこで私を地面に押し倒したの。あたりにはウッドチップがちらばっていたわ。彼はスヌーピーの模様がついたパジャマのズボンを履いていた。ジーンズの上から」

それからしばらくして、私は警察からの電話で事件の捜査に加わるよう依頼され、すでにわかっていることをできるだけ詳しく聞いた。それによると、若い二人はその日いっしょに出かけ、暗くなってから男性が女性を家まで送ったという。だが、男性は家の前で女性を解放しようとせず、さらに百メートルほど無理やり歩かせて、樹木の生い茂った細長い区画まで連れていったようだ。ところが男性のほうは、女性と性的関係をもったことを否定しなかったが、女性の主張する場所には行っていないと述べた。被疑者の主張によれば、二人ははやる思いに駆られていっしょに芝生に寝転んだのであり、その位置は彼女の家より百メートルほど「手前」にある公園の暗がりだった。そしてその場所で、合意に基づく性行為をしたにすぎないと言った。つまり、彼がアリバイを主張している場所と推定上の事件現場は、およそ二百メートル離れているわけだ。

私が呼ばれる前に両者の身体検査は完了していた。警察医が被害者とされる女性と訴えられている男性の両方から検体を採取し、両者の性器でDNAの証拠を探したのだ。だが、この事件ではDNAが見つかったところで役には立たなかった。男性は被害者とされる女性と性行為をしたことをすでに認めていたからだ。このような事件にこそ私の出番があり、初期のころにウェリン・ガーデンシティの「どっちがほんとうのことを言っているか」を判別した事件以来、本業と言えるものになっている。

法生態学者の守備範囲は広い。草に覆われた用水路で死体が発見された場合には、現場を調べ、殺人犯がその犯行現場にどのように近づいてどのように離れたかについて、さまざまな可能性を示すことができる。発見された死体が見分けのつかないほど腐敗していた場合には、被害者が殺されてから発見されるまでにどれだけ時間が経過したかを、ときには驚くほどの正確さで推定することができる。巧みに隠された大小さまざまな死体遺棄現場を探し当て、胃の内容物を調べて死に至るまでの出来事を読み取り、コップなどに残された毒物や向精神作用のある植物の成分を識別することができる。ただし、私たちの仕事の中心は、人と場所を結びつけることだ。

このノースウェセックスの事件の場合、性行為が合意の上だったかどうかを私が確認することはできそうもなかったが、二人の衣服と靴に残された生物学的な物証を調べることによって、推定上のレイプが起きた場所を解明することはできそうだった。そうすればどちらの言い分が嘘で、どちらの話が真実に近いかを判断できるかもしれない。

市場が開かれるノースウェセックスの町で現場責任者の車を降り、女性がレイプされたと主張していた場所までいっしょに歩いたのは、六月の美しい日のことだった。木の茂るその場所は、女性が警察で供述していた内容とだいたい一致していた。脇を走る道路に沿って幅の広い芝生が続き、美しく刈り取られたその芝生にはハーブが混じるとともに、点々と樹木が植えられていた。私たちが現場とされる細長い林地に入ると、すぐに大きなオークの木が目に入り、女性が襲われたと話していた場所のすぐ近くにはシダレカンバの木とニワトコの茂みもあった。オークの下には、両側の家の列をつなぐ小道に沿って、何かに削られたように土が露出した部分があり、ウッドチップが散らばっている。樹木のあいだで日光が十分に当たる場所では、ハーブ類が空に向かって元気に伸びていた。小道への入り口の横にある家々の庭は手入れが行き届き、美しい黄色のキングサリ、早咲きのバラ、変わった外来種の樹木、果樹、イトスギ、アイビーなどが植えられている。

私はまたブラブラしながら犯行現場とされる場所まで戻っていった。樹木を除いてはあまり期待できそうもなかったが、ひと目見たときの印象より、物証がたくさん見つかるかもしれないと思えた。なにしろあたりは雑然としていて、落ちた小枝の破片がたくさん散らばり、そこにはコケと地衣類がついていたし、オークの根元近くには黄色くなった雄株のイラクサもあった。女性が話したとおりに二人がここに来ていたなら、二人とも多様で明確な物証を身につけて帰った可能性があり、それには今年の花粉だけでなく、去年までに残された花粉類も含まれているはずだ。

生物学に絶対はほとんどない。人間の健康に関することも、豊かな牧草地の植物相の構成も、池で見つかる動植物の種も、芝生に生えているデイジーの成長パターンも、すべては確率の問題だ。試料に含まれる多彩な花粉と胞子の種類も量も、山ほどの変数に左右されており、私たちはそれをタフォノミック・ファクター（生物が死後に腐敗して化石になる過程で影響を受けるさまざまな要因）と呼ぶ。私の定義による花粉類のタフォノミック・ファクターは、「花粉や胞子が特定の時と場所で見つかるかどうかを決定する、あらゆる要因」というものだ。それは誰もが少しずつ学んでいくことで、けっしておろそかにしてはならない。状況次第で絶えず変化するから、見つかったものを解釈するときはつねにその複雑さを考慮する必要がある。誤った結論に至るのはいとも簡単であり、そのせいで有罪が確定するかもしれないからだ。

室内に差し込んだ太陽光線の中に見えるものを考えてみよう。光に照らされた微細な粒子は、自分の皮膚片か、ダニ、昆虫のかけら、植物、菌類かもしれず、鉱物質の土のかけらの可能性もある。これらのすべてが「飛散胞子」に含まれる。これは空気中に浮遊するあらゆる花粉、胞子、その他の微細なものを説明する便利な用語だ。やがてそれらは「花粉の雨」として降り注ぎ、家の炉棚や食器棚に積もる埃になる。

植物には、風に頼って花粉や胞子をまき散らすもの（風媒花）と、昆虫（またはコウモリや鳥）を引きつけて受粉を助けてもらうよう進化したもの（虫媒花）がある。動物を引きつける花には色、香り、蜜をもつものが多く、なかには糞の臭いを出してハエを引きつける花まである。風に飛ばされた花粉は、親植物からある程度離れた場所まで移動することがあり、風に頼る受粉は行き当たりばったりの方法なので、種によっては大量の花粉を作るものもある（そのどれもが花粉症の原因になる）。イネ科の草、スゲ、オーク、ハシバミをはじめとした多くの植物はこのグループに属している。この種類の花はたいてい緑色、黄色、茶色がかった色で、あまり見栄えがせず、必ず茎の先端にまとまってついており、子ヒツジのしっぽのように絶えず揺れることによって、花粉をそよ風にのせて飛ばす。たとえば殺人の被疑者から風媒花の花粉が見つかったからといって、必ずしも該当する植物が犯行現場にあったとは限らない。一方で、そうした花粉はかなりの距離を移動できるものの、土地の形状や、建物と植栽などの障害物によっては、犯行現場までたどり着けないこともある。壁や木の幹は花粉の飛散にとって手ごわい障害となる。

ハシバミの円筒形に垂れ下がった尾状花序が風に踊る様子を考えてみよう。それらは美しく、早春のシンボルではあるが、それぞれの花序は雄花の集まりで、微風でもうまく揺れて、花粉をできるだけ遠くまで飛ばせるような構造になっている。ただしそれでも、花粉の大半は親木を中心にした円の中のどこかに着地する。満開の桜の花が散る様子を思い浮かべればいい。花びらは幹を中心にして美しいピンクの輪を描き、その輪は樹冠の一番外の位置まで広がる。ほとんどの植物の花粉もまた、親植物の周囲にさまざまな距離の円を描いて落ち、ほんの一部がもっと激しい気流にのって、飛散胞子とともに運ばれていく。

科学捜査の観点からすると、風媒花の花粉は事件現場から採取した試料に非常に多く含まれ、虫媒花の花粉は少なすぎることがある。虫媒花の花粉は空気中に飛散しない、つまり親植物の直下の地面よりあまり遠くには落ちないため、被疑者や被害者の靴からその痕跡が見つかるのははるかに稀で、かつ非常に重要な証拠になりうる。マツ、イネ科の草、ハシバミの花粉はどれも飛散胞子に加わって広がり、多く見えすぎる可能性があるのに対し、デイジー、クローバー、キンポウゲ、スピノサスモモ、バラはいずれも実際より少なく見える可能性がある。

風媒受粉をする植物のなかには、花粉が作られる量があまり多くないために重要な意味をもつものもある。イラクサとギシギシはどこにでもある植物だが、科学捜査の目印としてはイネ科の草より一般的に有用だ。それらの花粉粒は風にのって飛散するが、一般的に数が少なく、それほど手際よくまき散らされない。こうして少しずつ、さまざまな種の飛散特性がわかってくる。

ただし例外と言えるものは必ずある（それこそまさに生態学の本質なのだ）。それが際立ったのは、普通はあまり役に立たないイネ科の草の存在が決め手になった事件だ。ニュージーランドで暮らす仲間の一人、ダグラス・ミルデンホールが担当していた殺人事件では、犯人が被害者を川に遺棄し、死体が川岸の殺害現場から下流へと流されており、なんとかして被害者が殺された場所を見つけ出す必要があった。腐敗した死体からカーディガンを脱がせ、そこから苦労して収集できたのはイネ科の草の葉と花粉だった。ただし奇妙なことに、見つかったイネ科の草の花粉粒には孔が二個あり、大多数のイネ科および穀草類の花粉のように単孔型ではなかった。実に稀な例だ。ときには、発生の過程で奇形になった異常な形態の花粉が見つかることもあるが、この場合は被害者に付着していたすべての花粉粒に同じ特徴が見られた。

やがて殺害現場が特定され、草の正体はその葉から明らかになった。地球の裏側で活躍する私の仲間の花粉学者は、現場に生えていたさまざまなイネ科の草を調べたところ、すべての花粉に孔が二つあるものが、少なくとも二種類あることを発見した。それまでこの現象を発見した学者は誰もいなかったが、世界中の花粉学者の数はとても多いのだから、今ではきっとこのような事実も文献で報告されていることだろう。二孔の花粉をもつこれらのイネ科の草は、なんらかの突然変異を経てそうした珍しい型の花粉を生成するようになった。可能性としては、どこかの時期に突然変異の発生率を高める化学物質、たとえば除草剤などを散布され、その影響を受けたことが考えられる。実に恐ろしいことだと思う。そのような物質は他の動植物の生殖細胞にも、もしかしたら人間の精子にだって、突然変異を誘発するかもしれない。奇妙に思えるかもしれないが、結局のところ私たちは（たとえ遠い関係であっても）イネ科の草とつながりをもっており、花粉形成の過程の一部は精子の生成とも共通している。いずれにせよ、これらの変異したイネ科の草の花粉粒は場所を特定する見事な決定打となった。さらに、もし被疑者からこの二孔の花粉粒が見つかったなら、犯行現場に行ったことがないと警察を納得させるにはどれだけの説明が必要になったことだろう。ただし、多くの事件と同様、この場合も被疑者が逮捕されることはなかった。

犯行現場は時間とともに変化する。ある印象的な事件では、娼婦の惨殺事件の犯行現場をどうしても評価してほしいと、イングランド北部の上級捜査官から依頼された。ちょうど週末で飛行機の便がなく、緊急の事案だったので、はるか北の町まで車を運転していくのでは時間がかかりすぎた。そこで型破りなその上級捜査官はサリー警察に連絡をとり、ヘリコプターで私を連れていくよう頼んだのだった。ヘリコプターの旅は驚くほど短時間で終わり、そればかりか道路を走っていくよりずっと興味深く、はるかに楽しいものではあったが、安全確保のために着用を義務づけられた巨大なヘルメットだけは例外だ。目的地に着くと、私がヘリコプターから降りるときに写真まで撮ってくれた。まあ、その姿が颯爽とした飛行士のように見えれば最高だったのだが、残念ながら、強風にさらされた着陸場に降り立つ球根頭の小人に見えた。

待機していた車でまたたく間に死体遺棄現場に到着すると、そこでは何人もの警官が集まって地面を蹴る姿が見えた。たぶんタバコを吸いたくてたまらなかったのだろう。一人の現場捜査官がニコニコしながら私に挨拶し、力を込めて宣言した。

「あなたのために牧草も茂みも、残らず刈り取っておきましたよ、パットさん」

私は防護服を着るのに苦労しながら、思わず笑った。

「冗談でしょ?」

だが、彼は冗談を言っていたわけではない。その顔から一瞬で笑みが消え、ぽかんとした様子で私を見つめるばかりだ。彼は現場全域の植物を刈り込んで、あらゆるものを汚染し、死体が置かれていた場所で私が見つけたかもしれない証拠物件を根こそぎなくしてしまった。あらゆる植物がきれいさっぱり刈り込まれていたばかりか、犯人が通ったかもしれない唯一の小道の上に、ごちゃまぜにして捨てられていた。近づいてきた上級捜査官も腹を立て、いかめしい顔をするばかりだ。私と同じように、信じられないという様子だった。

その逆に、ここノースウェセックスでは申し立てられた事件が起きてからほぼ一か月が過ぎており、そのこと自体が難題をもたらす可能性があった。自然は、何はともあれ絶え間なく奮闘を続けている。植物はつねに成長し、広がり、その場所の景観をすっかり見違えるほどまで変化させてしまう。ミミズはコツコツと地面に土を積もらせる。植物は死ぬこともあれば、すっかり姿を消すこともある。

ありがたいことに季節は真夏で、この事件ではまあまあ早い時点で私が呼ばれたため、事件現場とされる細長い林地が大きく変化するほどの時間はたっていなかった。だが残念ながら、女性が乗り気で足を踏み入れたと男性側が主張した、二百メートルほど離れた公園の場合は、そうはいかなかった。公園を管理する自治体が芝刈りをしていたのだ。それでも切り落とされた葉はそのまま地面に散らばっていて、そこにはかなりの量のクローバーと、クローバーの近縁で小さな黄色い花のつくホップクローバーもまじっていた。男性のアリバイを示せる場所を表すものは、刈られた芝の葉のみだった。ただ、切り落とされてはいても、それはカップルが横たわったとされる場所の表面を表すものに変わりはなかったし、被疑者の言い分はとても明確で、二人で楽しんだとする地点をはっきりと特定していたのだ。そのために私は、彼らの体が地面と接触したとみなせる正確な場所から、比較用の試料を採取することができた。

　これら二つの場所を、被疑者の男性と告発側の女性の衣類から作成した分析表と比較してみれば、理屈のうえでは、重大な疑問の答えを得られるはずだった。公園に二人で横たわったという男性の話が真実なのか、あるいは二列に並んだ家のあいだの木の茂る区画に連れていかれたという女性側の話を信じるべきなのか？　だが、世の中で物事の白黒がはっきりしていることは珍しく、この場合もそうだった。男性は（理由は誰にもわからなかったが）ジーンズの上から「スヌーピー」のパジャマを履いていたとされ、それが捨てられてしまったことで問題は複雑になっていたのだ。そのパジャマはのちに、近くの庭の端に茂るコトネアスターの枝にひっかかっているのが見つかった。何か証拠が得られるかもしれなかったが、たぶん使いものにはならないだろう。さらに状況を複雑にしていたのは、被害者と被疑者の両方が、事件の起きたあと女性の自宅の敷地の縁にいっしょに座ったと認めた事実だった。そこで多くの混雑物が物証に加わってしまった可能性がある。こうした場所からは一つ残らず、試料を採取する必要があった。捜査の対象から除外できる見込みがあるからだ。こうして私は、二か所の「現場」と二人が足を運んだ、あるいは触れたと話したすべての場所について、科学捜査の物証として役立つ可能性があるすべての植物の種の一覧表を作成した。

　まず、二つの現場があった。一方を代表するのは刈られた芝の葉で、もう一方はウッドチップの混じった土だ。ある場所の実際の光景にできるだけ近い絵を描くためには、同じ場所から複数の試料を採取することが不可欠になる。土の表面と土の中に含まれている生物学的な物質は、ほんの少ししか離れていなくても、場所ごとに大きく異なっているからだ。一つの試料からは、情報全体のほんの一部しか得られない。私は経験でそのことを学んできた。この事件では幸運なことに、最も重要な二つの場所が狭くて境界もはっきりしていたので、私は地表の試料を思う存分採取して、補足の材料を揃えることができた。それぞれを慎重に記録し、採取した試料の分析を進めながら、すべての写真を撮影する作業の繰り返しだ。該当する区域をきちんと分析すればするほど、どんどん真実に近づくことができる。

気温も湿度もいやになるほど高く、仕事はとてつもなく単調だったが、科学捜査とはほとんどの場合、まさにそういうものなのだ。そのうえ、つねに集中を切らさず、何一つ忘れないことも求められる。何かを見落としたり無視したりすれば、法廷で指摘され、攻撃され、細かく分析され、異議が申し立てられて、軽蔑したように跳ねつけられるのが落ちだ。

事件の試料はすべて期日どおりに研究室に届けられ、衣類から、そして比較用の試料から、花粉粒を取り出す作業がはじまった。花粉粒を回収するには、とても強いアルカリと酸を用いて試料を処理するため、大きな危険が伴う。利用するのは、苛性ソーダ、無水酢酸、氷酢酸、塩酸、硫酸、フッ化水素酸といった薬品だ。なかでもフッ化水素酸はとびきり危険で、気化したフッ化水素ガスが肺を侵すうえ、液体は皮膚に浸透して骨を溶かしてしまう。これはガラスエッチング（ガラスの表面を薬剤で溶かして模様を描く技法）に使われる薬品で、私たちの作業では土に混じっている石英を溶かすのに必要となる。フッ化水素酸はガラスと金属を溶かして通過できるから、私は映画『エイリアン』でジョン・ハートに張りついた怪物から滑り落ちて床を溶かした、ドロドロしたものを連想してしまう。フッ化水素酸を用いれば、現実的にホラーストーリーが生まれる可能性がある。これを利用する際には高度な防護服とマスクの着用が必須で、作業のすべてをヒュームフード（ドラフトチャンバー）の中ですませなければならない。シャワー、特殊な軟膏、地元の病院の救急処置室につながるホットラインを、すぐ使えるように用意しておく。この種の作業を進めるには体力が求められるから、一般に広まっている植物学者のイメージと比べると笑ってしまう。ツイードのスカート、頑丈な靴、手にはいつも虫めがね、そして温和で優しい人物は、どこの世界にいるのだろうか。映画『ジュラシック・パーク』の主人公の「恋人役」は古植物学者、小さなE.T.は宇宙からやってきた植物学者だったが、どちらも機知に富み、温厚な性格の持ち主として描かれていた。私も、かわいらしくて、穏やかで、おとなしくて、優しい人物だと思われてみたい。だが、優しいとは思うものの、あとはまったく当てはまらないのは自分でわかっている。こうした性格をすべて備えた人は友達をたくさん作れるが、法廷ではうまくいかない。なにしろそこで対峙する相手は、判で押したように情け容赦のない輩ばかりなのだ。

化学的な処理は問題なく進み、やがて作業台に顕微鏡用スライドグラスの長い列が並んだ。ここからは、顕微鏡を覗いて花粉と胞子を数えるという、長くて骨の折れる集計が続く。顕微鏡の視野に入っているあらゆるものを見極めて数える作業だ。ときには花粉粒を識別できず、その場合は「未確認」と記録して、最後まで数えたあとでまた戻る。それが重要なものと判断されれば、わかるまで長い時間をかけることもある。また、別の花粉学者がその正体を知っていると思われる場合には、未確認の花粉粒の画像を送ることもある。なかでもテキサスにいるヴォーン・ブライアントとニュージーランドにいるダラス・ミルデンホールに送ることが多く、彼らのほうも行き詰まると同じことをする。

だがそうやっても誰も識別できないことがたまにはあり、その場合は「未知」と記録するしかない。それが信頼できるデータを提供する唯一の方法なのだ。結果が誰かの人生に大きな影響を与えることもあるから、推測で物事を進めるわけにはいかない。両者の衣服と靴の分析表が、林地より公園のものに似ているなら、男性のほうがほんとうのことを話していたと考えるのが妥当だった。その逆に林地の分析表のほうによく似ていれば、証拠は女性の証言を裏づけることになるだろう。

私はまず比較用に現地で採取した試料を調べ、それぞれの場所でどのような分類群の植物が生えていると予想できるか、そしてそれは私がじかに見て作成した植物の種の一覧と一致するかどうかを検討した。この作業はいつも非常に興味深く、それによって理解が深まる。すると驚いたことに、周辺を成長した樹木で囲まれ、花粉の飛散を食い止める障壁などほとんどない開けた公園の分析表には、樹木の花粉はほとんど見られず、大半を占めていたのはイネ科の草、イラクサ、ヘラオオバコ、その他のハーブ、シダ、コケだった。意外なほど大きいクローバーの花粉粒が数多くはっきり見えたが、それが芝生でふんだんに育っているのをすでに確認ずみだ。そのほかのハーブ類が生えているのは目にしていなかったので、その花粉は公園の端のほうから中心部分に飛んできたに違いない。現場で実際に生えているのを見た植物は、イネ科の草、ホップクローバー、オオバコ、クローバーのみだった。

一方、推定上の犯行現場とされる林地は家々のあいだにあり、周囲を立ち木と低木の茂みで囲まれていた。そのような植生はほとんどの場合、外部からの花粉の飛来を防ぐ障壁となるものだが、この場所の地表の土と落ち葉や落ち枝からは、二十八もの異なる樹木の花粉類が見つかった。道路の片側に並ぶ庭の花粉がここまでたどり着いており、ソリチャの花粉がどれだけ遠くまで届くか、どれだけ多くのイトスギの花粉が地面や落ち葉に降り注ぐかがわかり、興味深かった。ここで注目すべき草本植物はシャクとキンポウゲのみで、それらは確かに私が現地で見て作成した一覧に含まれていた。

両方の場所の花粉分析表が大幅に異なっていたことには助けられた。だが、花粉の結果が驚くほど良好であったとはいえ、菌類の胞子の集まりが示した驚くほどはっきりした相違は、さらに印象的だ。犯行現場とされた場所では広範囲にわたる菌類の胞子が見つかり、その大半は積もった枯れ枝や腐った葉などが菌類に絶好の条件を提供している森の地面に生息する菌類のものだったのだ。二十一種の異なる菌類を識別することができ、そこには、カバノキ、モチノキ、オークといった落葉樹の腐った破片でよく見られるカンポスポリウム属の菌（*Camposporium cambrense*）の円筒形で薄茶色をした胞子、トネリコ、ブナ、カバノキ、クリ、オークの樹皮に生息するブラキスポリウム属の菌（*Brachysporium britannicum*）の滑らかな表面をした胞子が含まれていた。そして何より興味をそそったのは、イギリスではまだわずか六回しか報告されたことがない、外来種のイトスギの腐りかけた葉につくクラステロスポリウム属の菌（*Clasterosporium flexum*）の胞子だった。

これほど珍しい菌類がこの場所で見つかるのは、別に驚くべきことではなかった。推定上の犯行現場のすぐ隣にある庭には、一本のイトスギが生えていたからだ。それでも、このめったに見られない胞子は科学捜査の世界ではとてつもなく強力な物証となり、私たちが示す明確な相互関係の有効性を高めるのに役立ってくれる。さらに、この場所で確認された珍しい胞子はこれだけではなく、イトスギの木に寄生するペスタロチオプシス属の菌（*Pestalotiopsis funereal*）も一覧に含まれていたし、土の中だけで見つかるグロムス属の菌（*Glomus fasciculatum*）もあった。この菌が確認された場所はヨーロッパの森林に限られているだけでなく、グロムス属のなかでもこの種がイギリスで見つかった記録はまだ四回しか残されていない。その稀少さは、私たちにとってきわめて重要な指標となった。もし、実質的には木の有機堆積物と森にしか存在しないこうした胞子が男女両方の衣類に付着していたのであれば、この二人がいたのは女性がレイプされたと証言した場所だったと、さらに自信をもって主張できることになる。

重要な点は、これらの菌類の胞子が公園の試料にはほとんど含まれていなかったことで、公園で採取した比較用の試料で優位を占めていたのは、はるかに一般的な菌類の胞子だった。たとえば、刈り取られた芝の葉に多く生息するエピコッカム属の菌（*Epicoccum nigrum*）、クローバーに固有のシマドセア属の菌（*Cymadothea trifolii*）、草本植物に生えた他の菌類に寄生するメラノスポラ属（*Melanospora*）の菌類だ。二つの現場では、花粉の分析表には重複部分が少しあったが、菌類ははっきりと区別され、異なっているように思われた。

比較用の試料でしっかりした分析表が得られたので、私たちは捜査の次の段階に移行することができた。どちらの花粉類が衣類に付着しているかを判断し、二人がどちらの場所にいたのか、説得力のある形で決定する段階だ。私は、女性と男性の衣類のできるだけ多くの部分を分析する必要があると判断した。手元には二人の靴、ジーンズ、シャツ、フリースのジャケット、奇妙なパジャマのズボンがあった。もしも二人の衣類と靴の分析表が林地より公園のものに似ていれば、男性が真実を語っているとみなすのが妥当だ。一方、もしそれらが林地の分析表のほうによく似ていれば、証拠は被害者とされる女性の証言を支持することになる。

どちらの衣類にもおびただしい量の花粉類が付着していた。それでも数えはじめてみると明確な像が浮かび上がり、男性のジーンズ、パジャマのズボン、靴からは、私たちがすでに犯行現場とされた林地で確認していた花粉類が大量に見つかった。そしてまもなく、女性の衣類からも同じ種類の集まりが見つかりはじめた。

両者の花粉の分析表はワクワクするほどよく似ていた。異なる試料が完全に一致することは絶対にないが、科学捜査の手法としての花粉学の強みは、解明するための材料となる目印がとても多い点にある。たとえば、繊維や銃弾の破片など、一つの証拠だけに目を向けるのではない。それぞれの花粉分析表には、二百から三百、あるいはもっと多くの異なる証拠が含まれることもある。データを一個ずつ数えた結果を照合して集計するときが、私にとっては捜査全体で最もワクワクする、興味深い段階だ。

最終的な絵ができあがると、すべてが価値あるものとなる。この事件の場合、結果は目を見張るものだった。「スヌーピー」のパジャマからはバラ科の花粉が大量に見つかり、これはそのころ満開を迎えていたコトネアスターの茂みに捨てられていたことから説明できた。林地で見つかったすべての樹木と低木の花粉も、男女両方の衣類から検出された。顕著なものはオーク、カバノキ、マツ、ニワトコで、それらは林地の地面で見つかった四つの主要な花粉の種類だった。

さらに林地の地面と接触したことを証明したのが菌類の胞子だった。これには私もびっくりした。それぞれの試料から花粉だけでなく菌類の胞子も見つかったため、異なる二種類の法的証拠が手に入ったことになり、非常に強力なデータセットとなった。菌類の胞子の結果は、花粉と植物胞子から得られるものと同様に壮観なものだった。植物の証拠と菌類の証拠が互いを補強し合っていた。

ある花粉群が存在しないことが、存在することと同じくらい重要だったのは興味深い。エピコッカム属の胞子は刈り取られた芝の葉では圧倒的な数を誇ったが、林地の試料ではわずか一個しか見つからなかった。林地にはその胞子がほとんどなかったこと、そして衣類でもほんのわずかしか見つからなかったことが重要だった。刈り取られた芝の葉にエピコッカム属の胞子がそれほど大量にあるのだから、女性も男性も実際にその芝生の上に横になったのであれば、衣類に数多く付着しなかったはずがない。クローバーの花粉でも同じことが言えた。それも刈り取られた芝の葉でたくさん見つかっていたにもかかわらず、二人の衣類と靴には一粒しか見つかっていない。クローバーの花粉のこの大きな違いは、エピコッカム属の胞子の場合と同じくらい重要だった。

林地の木の下には公園に比べて大量の枯れ枝が落ちている。この場所の証となるのは各種の枯れ木で育つ多様な菌類だ。さらに、菌類そのものは微小であるにもかかわらず、それらが作る胞子の大半は大きく、空気中にまき散らされることはない。そのため、もし衣類に菌類の胞子が付着しているなら、その場にいたことを示す優れた指標になる。男女が身につけていたものはともに、公園の芝生では見つからなかった菌類の胞子をたくさん付着させており、なかでもめったに見つからないクラステロスポリウム属の菌は枯れ木に生息するので、重要な発見になった。その数が男性より女性に多かったのは、おそらく女性の体のほうが地面に多く接触したからだろう。こうした菌類の胞子が衣類に付着したということは、犯行現場とされる地面にそれが直接触れたに違いなかった。

それ以外の場所から飛散した花粉類や、両方の場所に共通する花粉類もいくらかあったが、女性の証言を立証する花粉や胞子の種類の数は百十五にのぼった。二十五年にわたって法花粉学に携わってきた私の経験上、二つの異なる場所からまったく同じ花粉分析表ができあがることはないから、二人の人物が無作為に選ばれた場所から偶然にこれらの分析表の花粉類を付着させてきた可能性を検討する必要がある。女性の衣類から得られた花粉と菌類の胞子の分析表は、男性の衣類と靴から得られたものと非常によく似ていた。そして両方の衣類の分析表は、公園よりも林地の分析表に非常に近かった。このことは、二人がいっしょに林地の細長い区画に横たわったという証言を裏づけるもので、推定上の犯行現場は、実際の犯行現場だったことになる。

私たちが発見に自信をもつためには、完璧を求める必要はない。自然は混沌とした不完全な世界だから、物事が完全に一致することなどほとんどないのだ。それでもなお、私たちがここで明らかにしてきた相関関係の強さを否定することはできない。被疑者と被害を申し立てた女性の衣類に付着していた花粉類が互いにとてもよく似ており、さらにその両者が林地から採取した試料にとてもよく似ていた。その林地は、女性がレイプされたと証言した場所だった。

私は木々に囲まれたその場所を思い起こしてみた。手入れの行き届いた中流家庭の庭から見渡せる場所にあり、それらの庭では外来種の樹木と低木の花々が満開を迎えていた。二つの場所のうち、二人が地面の上で格闘した場所はここに違いないという確信をもてた。二人は木々の陰に隠れて人知れず争いながら、地面に散らばっていた落ち枝と落ち葉から花粉と胞子を付着させていた。目撃者はいなかったかもしれない。頼りになる証言は得られなかったかもしれない。時代が違えば、これは月並みな「男女間」の問題で、法廷では何より重要な「立証責任」を果たすことは、まずできないだろう。

だが私たちが花粉と胞子から作り上げた絵は、二人の若者がいた場所、そしてその服と体が接触した場所の目に見えない微妙な差違を描き出していた。自然が彼らに残した痕跡は、「合理的な疑いの余地なく」女性の話を裏づけるに十分なものであると法の目に認められた。その痕跡が被害者を守ると同時に、被疑者の男性が婦女暴行犯であることを裏づけたのだ。

ここで一つ述べておきたいのは、この事件の捜査にあたっての最初の対応は、当事者二人の性器から綿棒で採取した試料の分析だったことだ。男性側からは花粉粒は見つからなかったが、女性の膣内の試料からはオークの花粉粒が二個と、イネ科の草の花粉粒が一個、検出された。誰もが想像できるように、男性の手から陰茎へと花粉が移り、それがさらに女性に移ったに違いない。あるいはもちろん、彼の陰茎が地面にじかに触れて、そのまま花粉が移行したのかもしれない。男性が女性に襲いかかった場所はオークの木の下で、そのオークとイネ科の草の花粉が女性の体の奥まで届いたとすれば、何かに押し込まれたと考えざるを得ないだろう。

若者の弁護士が私たちの提示した証拠を検討した結果、若者はすぐに自白し、それによって国は経費を節減できた。なにしろ裁判には莫大な費用がかかる。嬉しいことに、私たちが担当してきたかなり多くの事件で自白に至っているから、大いに納税者の役に立ってきたわけだ。強制やその他の非合法的な手段で自白が得られたのではないか、つねに注意を払うことが大切ではあるが、この推定レイプは実際に起きた事件として記録され、若い男性には自分が犯した罪にふさわしい懲役刑が下された。

第7章　クモの巣

花粉と胞子は頑丈で細菌も菌類も寄せつけず、数千年、一部の岩の中では数百万年ものあいだ、持ちこたえることができる。そのような性質があるため、これらは考古学と生態学の分野で活用され、過去の環境を再現するとともに風景の変化を実証するうえで非常に有効である。植物はまた人類の歴史上でもきわめて重要な存在で、その残存物は、人々が千年以上ものあいだ植物を利用してきた方法を教えてくれる。

私はかつて、ヨークシャーの鉱山の町の警察から依頼された事件で、少しのあいだ途方にくれたことがあった。その事件では二人の少年が、道に落ちている重い新品のスポーツバッグを見つけていた。とても重いバッグだったので、スポーツ用品がたくさん詰まっているに違いないと思った二人はワクワクしながら家に持ち帰り、中を見るのが待ちきれなかった。そこで少年たちを襲った恐怖は、自業自得と言えるかもしれない。ファスナーを開けて現れたものを見れば、どんなに屈強な男性でもギョッとせずにはいられなかっただろう。バッグの中には、ホラー映画で見た光景そのままの、ミイラ化した死体が入っていたのだ。少年たちの悲鳴と泣き声を耳にした両親が駆けつけ、すぐさま警察に通報した。この死体の身元に心当たりのある者は、誰一人いなかった。

膝から下と足の部分だけをビニールのゴミ袋でぞんざいに覆ってあったのに対し、それ以外の死体全体には食品用ラップがきつく巻かれていた。また、腿《もも》の部分に黄色いスズカケノキの葉が一枚張りついており、脛《すね》から下の皮膚は黒い煤《すす》のような物質に覆われていた。私に試料をもってきてくれた二人の警官は、死体は悪臭を放ち、その臭いは黒い物質から出ているらしいと話した。私がそれは薬品臭だったのかと尋ねると、警官はそうだと答え、おそらくエンジンオイルのようなものだろうと言った。そこで急いで「煤」の簡易版プレパラートを作り、顕微鏡で覗いてみると、まぎれもない菌類の胞子の塊が見えた。でも、いったいなぜなのだろうか？　よくよく考えてみると、下肢と足はビニール袋でざっと包んであるだけだったので空気にさらされていたのに対し、ほかの部分にはラップがしっかり巻きついていて酸素が届いていなかったのだと気づいた。ほとんどの菌類は（すべてではないことが最近わかってきたのだが）、私たちと同じように酸素がなければ生きて成長することはできない。そのため、体の残りの部分が茶色くミイラ化していたのに対し、足だけは煤けたように真っ黒で、この煤は活発に成長している菌類の胞子だったのだ。

また、誰もが興味を抱いたのは腿に張りついていた一枚の葉で、私は苦心してその表面からかなりの数の花粉粒を手に入れることができた。この葉をもとにして描いた場所の絵は、またもや手入れされていない庭だ。奇妙なことに、その葉からは、バラの仲間の花粉がたくさんと、クレマチスが少し、そしてスズカケノキ、マツ、カバノキの花粉も見つかった。そのすべてが、一枚の葉が落ちていた場所のヒントをくれた。検視の結果、その男性は刺殺されたことがわかったが、死後どれだけの日数が経過したかを知るのは不可能だった。不思議だったのは、胴体の背中側と胸側の皮膚、そして髪の毛に、砂が付着していたことだ。若い警察官たちは当惑しながらも、彼らがはじめて経験するこの殺人事件で、さまざまなヒントが出てくるのを見るからに楽しんでいた。

その後、まったくの偶然から被害者の身元が判明した。顔が復元されて公表され、「この人を知りませんか」というポスターに掲載されてヨークシャーのそのあたり一帯に配布されると、奇遇にも警察署の車両置き場で働いていた警察の整備士の一人が、その顔の人物を知っていたのだ。被害者は警察署の近くに住むイエメンからの移民で、思いがけないことに、行方不明になる前に同じ車両置き場で働いていたのだった。そのために被害者の自宅と家族がすぐにわかったのだが、その家はすでに売りに出されており、警察はさらに関心を強めることになった。

私がヴィクトリア朝時代に建てられた赤レンガ造りの長屋住宅に着いたとき、まず印象に残ったのは、小さなコンクリート敷きの裏庭に出る勝手口のすぐ外にある大ぶりのバラの茂みから、枝がきれいに切り落とされていたことだった。古いクレマチスの茎や葉はバラの隣で塀に巻きついたまま、かろうじて残っていた。庭のそのほかの部分は丸裸といった状態で、異様なほど何もなく、どういうわけか表面の土がすべて取り除かれていた。だが庭の隅にスズカケノキがあり、車庫と隣家の庭の上に張り出していた。

採取できた花粉の分析表は、殺人犯が死体に食品用ラップを巻きつけたとき、死体をこの裏庭のバラの茂みとクレマチスの隣に寝かせていたことを物語っていた。コンクリートの上には植物が腐って分解したものが大量に散らばっていたので、そこにはおそらくバラとクレマチスの花粉が付着していたのだろう。バラの茂みが刈り取られたとき、残った花粉が飛び散って付着したのかもしれない。

黄色くなったスズカケノキの葉も情報を伝えていた。実際にはそのたった一枚の葉から、私は家の近くにある庭のおもな特徴と、男の死をめぐって考えられる状況を示す絵を描き出すことができた。もしもその葉が緑色のうちに木からもぎ取られたのなら、そのまま緑色を保っているはずだった。葉が樹木からまだ若いうちに無理やり切り離された場合、葉緑素は簡単には分解しないからだ。だが、黄変した秋の葉は自然に落ちる。風に吹かれて裏庭に飛んでくることもあっただろう。このことは、死体がラップに包まれたのは春や夏ではなく、一年の後半の季節だったというヒントを与えてくれた。だが、スズカケノキの葉はもろくてすぐに分解してしまうので、晩秋や初冬になれば、コンクリートの上の植物が分解してできたゴミの一部に加わっていたはずだ。死体にそのままの形で張りついたのは初秋の葉で、膝から下以外は死体に菌類が育たなかった特別な状況のもとで、分解せずに守られていたわけだ。死体にラップがきつく巻かれていたおかげで酸素が不足し、重要な証拠物の一つが分解を免れていた。実際、その一枚の葉のおかげで庭を描き出す絵が失われずにすみ、物語の一部を伝えてくれたが、それ以外の大量の証拠は、被害者の息子と孫が犯罪に関与したことを示していた。

その家の地下室を調べると、死体を埋めた場所と、被害者の皮膚にこびりついていた砂粒の出どころが明らかになった。警官たちは地下室に続く階段の一番下にレンガ造りの小部屋があるのを発見し、よく見ると緑色の塗料で壁を塗りかえたばかりで、砂がいっぱい詰まっていた。分析の結果、それは建設業者が用いる砂で、ディーゼルオイルがたくさん混じっていた。驚くことに、湾岸戦争当時、イエメンの人々は死体にエンジンオイルを浴びせてから砂に埋めるのを日常としていたそうだ。それはもちろんヨークシャーの伝統にはない習慣だが、警察が長時間にわたって加害者の事情聴取を行なった結果、息子と孫が湾岸戦争のさなかに見たことをそのまま真似していたことが判明した。被害者である祖父は横柄で残忍な老人だった。この祖父が孫のちょっとした不作法に腹を立て、鎌形の短刀《ククリナイフ》を火であぶってから孫の足に押しつけて火傷を負わせる罰を与えたとき、父と子はついに耐えきれなくなって怒りを爆発させ、思いきった行動に出た。二人は祖父の手から短刀を奪い、それで刺した。

捜査の初期段階で、私はその家と住人、彼らの習慣について、できるかぎり多くのことを見つけ出すようにと指示された。家の外の歩道横に設置された蓋のある石炭投入口から地下の石炭庫まで、まっすぐの太い筒が続いており、私はこの筒から炭塵の試料をとらずにはいられなかった。そしてこの試料の内容は理解に苦しむもので、考えれば考えるほど頭が痛くなった。だがやがて見つけたものが何かに気づくと、一瞬で頭痛は解消したのだった。石炭庫に続く筒で採取した試料からは、干し草用の牧草地を示す豊富な花粉の分析表ができあがり、しかもまるでその日に刈ったばかりの草のように、花粉がきれいに残っていたのだ。よくよく考えているうちにひらめいたのは、私が子どものころに見た、荷馬車が道を通る光景だった。かつては、この長屋住宅が続く通りを荷馬車が毎日往来し、石炭の配達人が馬車をとめてシャベルで石炭をすくっては家々の石炭庫に投入しているあいだ、ウマもそこで休んでいた。私がまだ子どもだった時代のウェールズでは、通りに点々と、湯気を上げるほど新しいウマの糞が落ちていたのを思い出す。それはさまざまな小売商人のウマの落とし物だったが、園芸に熱を入れている人にとっては貴重品で、シャベルをもって大急ぎで通りに出ると、バケツに入れて持ち帰るのが常だった。そして当然、それが石炭庫から見つかった牧草地の花粉の出どころだ。

馬糞は乾燥するととても砕けやすくなり、いとも簡単に飛び散って、近くの排水路や片隅の溝、小さな割れ目などに入り込んでしまう。何世代にもわたる馬糞の残骸が花粉を含んだままで石炭投入口に侵入し、そこでは硫黄分を含んだ炭塵の酸性度が高いために微生物の活動が妨げられて、花粉が見事に保存されていた。花粉はウマの腸内の強力な化学作用にも負けず、もしかしたらヴィクトリア朝時代から石炭投入口の筒の中に潜んでいたのかもしれないが、少なくとも一九四〇年代か、一九五〇年代はじめからそこにあったのは確実だ。

それからというもの、私が奇妙な花粉分析表の解釈に苦しむときはいつも、このときの発見が役に立ってくれた。その場所が過去に使われていた様子、あるいは現在使われている様子を、心の中で思い描く術を身につけられたからだ。その後も牧草地から遠く離れた森林地帯の奥で牧草の花粉を見つけることがあったが、それも乾燥した馬糞が馬道から飛んできた結果だった。だから、一万年ほど前にこの地球上から姿を消したケナガマンモスの糞や、一九九一年に氷河で見つかった「アイスマン」の腸から、先史時代の花粉が見つかっても少しも驚くにはあたらない（アイスマンは五千年以上前にアルプス山脈を歩きまわっていた新石器時代の狩人のミイラで、肩甲骨には死因となった矢尻が埋まったままになっている）。このように腸内から見つかる花粉と胞子は、たいていの場合は実に良好な保存状態にある。

こうして数千年ものあいだ残っている花粉粒があるのだから、ノースウェセックスのレイプ事件の推定上の被害者および被疑者の衣類が、とても重要であるとわかったのは当然のことかもしれない。だが、たとえ誰かが花粉のことをよく理解し、自分の衣服を処分したり、ほかの人のものとすり替えたりしたところで、物証は必ずしもなくなるとは限らない。ほとんどの人には（まあ私の夫は例外として）、生きていても死んでいても自然に花粉類がくっついてしまう部位がある。髪の毛だ。私たちの髪の毛は、どこへ行くときもいっしょなのだ。ヘアスプレイ、ジェルなどの整髪料を使っていようといまいと、毛髪は静電気を帯びているので、花粉と胞子がしっかりしがみついて離れなくなる。この話から思い出されるのは、次の事件だ。

一人の少女が行方不明になり、それからほぼ一年後の二〇〇一年の夏も終わるころ、死体で発見された。見つかったのはヨークシャーにある造林用苗木畑の端で、誰かが掘った穴に捨てられ、犯人が大急ぎで彼女の体に巻いた布団カバーに包まれたままの状態で発見されたのだ。姿を消した当時、彼女はまだ十五歳にもなっておらず、友人と買い物に行って家に帰る途中で行方がわからなくなっていた。ヨークシャー警察は史上最大規模とも言える捜索を繰り広げ、二百人の警察官と数百人のボランティアが、帰宅するために通ったはずの道とバス路線に沿った地域を手分けしてくまなく訪ね歩き、訪問した家は数千軒、捜索した家屋、納屋、車庫、離れ家は八百軒にのぼった。捜索令状が出されたので、犯罪歴のある百四十人の男性が取り調べを受け、廃棄物投棄場を捜索するあいだは家庭のゴミ収集が一時的に中止された。地元の慈善事業家は、少女の帰宅につながる情報に一万ポンドの賞金を提供すると発表した。だが結局、何の成果も上げることはできず、少女は戻ってこなかった。

遺体を見つけたのは、よくあることだが、イヌの散歩をしていた人だ。遺棄現場は、十年ほど前に殺された別の少女が見つかった地点からわずか百メートルしか離れていない。綿とポリエステル混紡の花模様の布団カバーの中で、少女の体は数枚の緑色のビニールのゴミ袋に包まれており、頭部を包んだ黒のゴミ袋は首に巻いたイヌの首輪で固定されていた。現場に近い道路の縁には、自生する広葉樹の堅木が取り混ぜて植えられている。これは森林委員会が一般的に採用している方法で、外来種の苗木畑が実際より多様性に富む印象を与えるためだ。林の端から道路に向かって、酸性土壌の草地が広がり、ところどころにヘザー、コケモモ、ワラビがまとまって生えている。このような光景はヨークシャーをはじめとしたイギリス各地でよく見られ、森林委員会も民間の土地所有者も丘陵の斜面全体を暗くて陰気な森に仕立てている。そうした森の中は薄暗く、内部まで十分に手入れが行き届かず、樹木は判で押したように一直線に植えられていて、土着の野生生物を寄せつけない。私にはいつも憂鬱が一面に広がっているように見え、とうてい「森」という名前で称える気になれない場所だ。

私が死体遺棄現場に到着したとき、数人の警察官に加えてスーツ姿で長靴を履いた科学者が二人、忙しそうに動きまわっていたが、あたりはしんと静まり返っていた。法考古学者が先に現場に入って、死体があった穴とその周辺の保存にまったく注意を払うことなく地面を掘っているのを見ると、私は心穏やかではいられなかった。その光景は、地表から試料を採取しようとしている私にとって何より大切な場所が、穴を埋めていた土によって汚染され、消滅したことを意味していた。そこで私は穴にできるだけ近くて汚染されていない地表の試料を懸命に探すとともに、その周辺および犯人がそこに行くのに通ったと推定される道の両側で、植生を細かく調べるのがせいいっぱいだ。警察が犯人を逮捕できた場合に、必要があればその犯人の所持品から採取した試料とこの森の植物の分析表とを比較できるよう、できるだけ広範囲にわたる種の一覧表を作成した。

この残忍で荒涼とした犯罪現場にも、ひと筋の光明があった。この哀れな少女の体がしっかりと包まれていたために、遺棄現場の土やその周辺の植生には触れていなかったことだ。私が彼女から何かの物証を回収できるなら、それは遺棄された森のものではなく、彼女が最後に「外界」に触れた場所のものになる。そこから殺人犯に直接たどり着けるかもしれない。

そのようなことを考えながら、少女が森林地帯から運び出された一か月後、私はリーズ総合診療所に到着した。彼女の遺体は遺体安置所のステンレスの台に整然とした状態で置かれており、私の最初の仕事はその頭皮から、できるかぎり多くの物証を取り出すことだった。

毛髪は、動物の被毛や鳥の羽毛と同じく、実に驚くべき物質だ。非常に丈夫なタンパク質のケラチンでできていて、ケラチンは爪、蹄、鉤爪の素材にもなっているほどだから、強固で耐久性がある。丈夫さの点でこれに匹敵する生体物質はキチン質のみで、こちらはカニの殻、昆虫の外骨格、菌類の細胞の細胞壁の主成分だ。毛髪は天然繊維より強靱で、その耐久性は、表面に付着している微粒子を探している私たちにとっては大きな恵みとなる。花粉、なんらかの胞子、あるいは無機物に覆われた面に髪の毛が触れると、その物質は一瞬にして、接触した毛髪に付着する。

一本の毛髪の中では、いくつかの層が重なり合っている。最も中心にあるのは毛髄質（メデュラ）で、この層はとても太い毛髪にのみ存在している。その外側には毛皮質（コルテックス）があり、さらに一番外側にあるのが毛小皮（キューティクル）だ。キューティクルは鱗《うろこ》状に重なり合っており、毛が古くなるにつれて少しずつ剝がれていく。毛髪は静電気を帯びやすいので、盛んに微粒子を引きつける。つまり、条件が揃えばクモの巣のような働きをして花粉類を捕らえ、それを私たちがあとで回収できるのだ。花粉と胞子は毛髪や被毛にびっくりするほど長期間にわたってとどまることが可能だ。考古学では数千年も前の花粉や胞子を回収して、先史時代の光景を復元する作業に役立てることがある。科学捜査の世界では、花粉と胞子は毛髪にいつまでも付着したまま残っている。死ぬ前も、死ぬときも、死んだあとも、毛髪は花粉類を引きつけるので、そこから証拠が手に入る。私は犠牲者の毛髪を調べて、死体がどんな場所に置かれていたかを思い浮かべることができる。それが複数の場所にわたるときでも可能だ。

他殺死体の髪の毛は、ときには清潔できちんと手入れされていることもあるが、いつもそうとは限らない。血液、そのほかの体液、ときには腐敗による粘液で固まっている毛髪を調べることもある。泥や土、さまざまな物質にまみれた毛髪もある。死後わずか一週間で頭皮が頭蓋骨から剝がれる場合もあり、毛髪より頭皮のほうが早く腐敗するために、犠牲者の毛髪が死体から離れた場所で見つかることも珍しくない。実際、死体が埋められないまま地表に放置された現場では、毛髪があたり一面に散乱している場合もあり、それを鳥が集めているのを見たことがある。なんといっても、巣を作るにはうってつけの材料なのだ。

私の担当する捜査が一か月も遅れた理由の一つは、被害者の保存状態があまりにも良好で、行方不明になってから八か月ものあいだ埋められていたとは思えなかったことにあった。病理学者は、死体が冷凍庫などの非常に低温の場所に置かれ、その後、犯人の都合で埋められたのではないかと考えていた。それならば穴に埋められてから比較的短い時間しか過ぎていないことになる。もちろん、死体が実際に冷凍されていたとしても、どれくらいのあいだ凍っていたかはまったくわからなかった。警察は冷凍食品業界の専門家の手を借りて、冷凍肉内部の筋肉の状態まで調べた。とはいえ、科学捜査の大半では観察も実験も厳密に科学的なものではない。自分が考えた基準や仮定を検証しようとしても、元の状態をそっくり再現することは不可能だからだ。すべてを似通ったもので進めなければならないが、現在の法律のもとではそれが私たちにできる最良の手段である。だから、自分のアイデアを検証するために少しでも創造的な方法を試してみることは、とても大切なのだ。

「われわれに必要なのはね、パット」と、刑事が私に話しかけてきた。「あの少女がずっと置かれていたのがどんな場所なのか、よく考えてみることなんですよ……」

私が自分の仕事が果たす責任の重さにハッとするのは、こうした瞬間だ。警察、少女の両親、報道機関、そのほか誰もが同じことを知りたがっていて、私はその答えを見出そうとしていた。ときには過酷な重圧がかかることになる。

遺体安置所に足を踏み入れると、入り口の足洗い場から漂う消毒液の強烈な臭いがあたりに充満し、照明は明るすぎるほどまぶしく光り、ステンレスに反射して目障りなほどギラギラしていた。私はすでに更衣室で医療用の服装に着替え、いつもの白いゴム長靴を履いていたが、それはいつものようにブカブカだ。私の足のサイズは子ども並みなので、作業をする金属の台まで行くのに、床の上で長靴を引きずるようにして歩かなければならない。作業台の場所に到達したら、必要な器具類を手早くその上に並べる。ステンレスのボールと水差し、メス、鉗子、試料瓶、ラベル、漂白剤、そして薬用シャンプーだ。私の仕事は遺体の毛髪、鼻孔、口、皮膚から、見つけられるかぎりの証拠を取り出すことにあった。植物の微粒子や破片、あるいはそれまで見落とされてきたかもしれないあらゆるものを分析することによって、少女が命を落とした時期に何が起きたのか、そして大事な点として、それがどんな場所で起きたのかを表す、一枚の絵を描けるかもしれなかった。

少女の遺体からあまりにも多くの植物性物質を取り除く必要があったことに驚き、はじめはそれが事件の解決に役立つかもしれないと考えた。だがすぐに、ゴミ袋から遺体を取り出した人はそれほど注意を払っていなかったはずだから、袋を開けたとき、穴に埋まっていた土の一部が遺体の皮膚についた可能性があると思い直した。ここでも、遺体を袋から出した人の頭には植物性物質の汚染などという考えはまったくなかったのだ。だがありがたいことに、遺体の毛髪には何も降りかかっていなかった。もしそうでなければ、遺棄現場について作成した花粉分析表に含まれている花粉類を、遺体で見つかったものから分離しなければならないところだった。

冷たくなってステンレス台に横たわっている少女は、かなり高温になる季節を八か月ものあいだ過ごしてきたにしては十分きれいに保存されていたが、それでもかなりの腐敗が進んでいた。見分けがつかないほどになっていなくても、まだ腐敗は盛んに進んでおり、近づいたときの悪臭はすさまじい。思わず吐きそうになったが、吐き気をなんとか抑えて仕事にかかる。死体の腐敗臭は、自己分解と細菌酵素の活動による副産物の臭いが複雑に混じり合ったものだ。実に胸の悪くなる臭いで、腐敗が進むにつれて変化することがある。人の心臓が鼓動を止めても、体はすぐには死なない。もちろん脳はその時点から機能しなくなるが、細胞の働きが止まるまでには少し時間があって、体はゆっくりと衰えていくようだ。それでも、体の一部はおよそ四分以内に分解をはじめると考えられている。皮膚のメラニン細胞は、死後少なくとも十八時間はまだ機能できることは確かだ。今も、ある事件の記憶が鮮明に残っている。森の中の空き地で、手足を大きく広げたまま横たわっている若い女性の青ざめた全裸死体が発見されたときのことだ。その死体の片方の脚の上に、あたりの空を覆う林冠から落ちてきた一枚の葉がのっていた。私が女性の大腿部から葉を取り上げると、驚いたことに、その皮膚に白い葉の形がくっきりと残っていたのだ。とても色白の女性で、皮膚は一見したところ白く見えていたのだが、森林に差し込むまだら模様の木漏れ日に照らされて、葉の周辺の皮膚がわずかに日焼けしたに違いなかった。

私の目の前にある遺体からは、チーズと糞の臭いがした。腐敗のこの段階では酪酸菌が盛んに活動していることは明らかだった。皮膚にも少しぬるぬるした感じがあるのは、分解菌と酵母が群がっているからだろう。頭皮はすでに剝がれていたので、ただそれをステンレス製の深い容器に入れ、私の「相棒」である薬用シャンプーを薄めた溶液の中で勢いよくかきまわせばよかった。毛髪を十分にかきまわしたと感じ、溶液がしっかり濁ったら、その液を標準サイズのいくつものプラスチック瓶に注ぎ入れ、それぞれに詳しい説明を記入したラベルを貼ってから、ロンドンの研究室に持ち帰るために集めておく。最大の収穫を得られるよう、可能なかぎり少量の水で毛髪をもう一度すすぎ、その水を別のいくつもの瓶に注ぐ。この汚れた水すべてを合わせたものが一つの試料で、最終的には瓶の中身を混ぜてから二つに分ける。そうすれば一つを誤ってなくしてしまっても、もう一方が手元に残る。

遺体安置所で私が作業をしているあいだずっと、毛髪の処理に加え、唇、歯茎、鼻孔を詳しく調べるあいだも、安置所の技師が親切に手助けしてくれた。私はいつも心から受け入れてもらえるわけではないので、これはほんとうにありがたかった。なかでも病理学者から煙たがられることがよくある。病理学者にはさまざまな人がいて、多くは「全知全能妄想」にとりつかれている。なかにはもちろんいい人もいるが、自分が担当する遺体安置所では自分が神であると考え、自分以外の専門家が足を踏み入れると、おかしな考えをもった輩が侵入してきたとばかりに、いかにも腹立たしい様子を見せる人たちもいる。

私が試料を作成していると、部屋の向こうから声が聞こえた。

「そろそろ昼ごはんにしませんか？　パット」

声がしたほうを見ると、この事件に私を呼んだ上級捜査官の笑顔が目に入った。

「ああ、そうですね、そうしましょう」と、私は答えた。

食堂に行ってみると、私が遺体からの試料採取に時間をかけすぎたために、選べる料理はわずかしか残っていなかった。

「何にします？　パット」

私は疲れすぎて考える気力がなかったし、正直なところ、それほどお腹がすいているとも感じていなかった。それでも、これから南に向かって長時間運転するのだから、何か元気の出るものを食べる必要はあった。

「何かおすすめのものはありますか？　肉の入っていないものを何か、お願いします……」

少しすると、捜査官は料理をのせたトレーを手に戻ってきて、テーブルにお皿を並べはじめた。私は料理を見て臭いを嗅ぐなり、また吐き気を感じてしまった。普段ならおいしく食べられるカリフラワーチーズなのだが、酪酸とわずかに硫化水素の香りが漂い、それは簡単に言えば死体の臭いだった。色は死斑の出た肌に似て、灰色がかった隅のほうは脳に見えた。そしてもちろん酪酸の臭いの出どころはチーズ、硫黄化合物の臭いの出どころはカリフラワーだった。カリフラワーをはじめとしたキャベツの仲間は硫黄化合物の成分を多く含んでおり、キャベツ、カリフラワー、芽キャベツを嫌いな人がいるのは、そのせいではないかと思う。酪酸は細菌発酵によって生成される。また、チーズを作るのに使われる細菌は、死体を腐敗させ、汗ばんだ足の臭いを生み出す細菌と同じだ。私は客観的になろうとしたが、ひと口食べるごとに、むかむかして吐き出しそうになった。仕方なしに心の中で自分の頬を叩き、祖母の声を想像した。「めそめそしないで、やるべきことをやりなさい！」そして、その声に従った。

試料と道具一式を詰め込んだ貴重なかばんを手に、南へと車を走らせる。高速道路の渋滞もあり、七時間もの時間がかかった。ようやく家に着いて夜中の一時にテレビの前にどさっと座り込むと、最愛のミッキー、片目で柔らかな毛をもつビルマネコが、膝の上にのってきた。次に気がついたのは明け方の四時半で、首の筋を違え、ミッキーのひげが私の頬をつついている。テレビからはくだらないホラー映画の耳障りな音楽が響いていたので、テレビを消し、ミッキーを抱えたままベッドに倒れこむと、翌朝の十時まで目が覚めなかった。

私はそれまでに試行錯誤の結果、毛髪は花粉と胞子の宝庫で、微粒子を引きつけるその力には目を見張るものがあることを発見していた。修士課程の一人の学生の研究から、整髪料やヘアスプレイがついているかどうかで違いは出ないことはわかっていた。清潔な髪にも、汚れた髪にも、整髪料などでコーティングされた髪にも、花粉と胞子は吸いつく。検視の際、病理学者が犠牲者の毛髪におざなりに櫛を通すのを見ると、それでは証拠を取り出すにはあまり意味がないと、いつも思っていた。頭部全体の毛髪から試料を採取する必要があり、狭い部分にだけ櫛を通したところで、植物由来の大きい粒子さえ効率的に採取することはできない。手順と方式がいつのまにか決まりきったものになり、意味のある調査というより一覧表の四角にチェックを入れていくだけの作業になってしまうのは、驚くばかりだ。私は、何ごとも当たり前とは思わないし、好奇心旺盛なので、いつも少しだけ先に進みたいと思っている。このことがこれまでの殺人事件で何度か、私にとって最良の結果をもたらしてくれた。

よく覚えているのは、被害者が黒人のアフリカ系カリブ人女性だった事件のことだ。その女性は、とても高価だが、どこかチグハグな衣服を身につけていた。私はそれまでアフリカ系カリブ人の毛髪に触れたことがなく、遺体安置所でいつものように被害者の毛髪を容器に入れて洗おうとしたところ、髪がまったく濡れた状態にならない。ハゴロモグサの細かい毛に覆われた葉に少し似ており、この葉に水がつくと微細な毛が効果的に水をはじくので、水は葉の表面でまるで小さなダイヤモンドの粒のような水滴になる。このとき、私がこれまでに出会ったなかで最も独創的な病理学者の一人が解決策を考えついた。首から喉にかけてぐるりと切り込みを入れ、顔と頭皮全体をそっくり取り外してしまおうというのだ。私は啞然としてしまった。その結果としてできたのは、パペット人形みたいになった頭の皮と、顔も頭皮もない遺体だ。私は手袋をはめた手を、「顔のついた手袋」に入れて、高温の湯に洗剤を溶かした液の中で激しく動かした。その結果、なんとか良好な試料を手に入れることができた。それから顔のついた手袋を遺体に戻すと、そのような処置が施されたことはすっかりわからなくなった。まぶたの中に眼球をきれいにはめたので、以前と違うようには見えない。私はこのとき、形成外科医が顔をどのように考えているのかに気づいたのだった。顔というのは、筋肉と骨を隠している薄くてしなやかな覆いにすぎない。形成外科医が患者の必要に合わせ、どれだけ簡単に手際よく皮膚を切り、動かし、ときには取り除くこともできるかを考えると、身震いする思いがした。

　話を少女の事件に戻そう。私はロンドンの研究室に戻り、試料の処理に取りかかった。遠心分離機にかけて、それぞれの「上澄み」を捨てると、試験管の底に少しだけ固形の部分が残る。八つの試料の処理に丸一日かかってしまうこともある作業で、一連の強力なアルカリと、これもまた強力なフッ化水素酸をはじめとした酸を用いて、セルロースなどの高分子物質やシリカといった、背景にある不要な物質を分離することが目的だ。やっとのことで試料をのせたスライドグラスの長い列が作業台に並んだので、顕微鏡を用いる分析を次々に進めていく。そのとき頭の真横でけたたましく電話の音が響き、私は思わず飛び上がってしまった。

「何かわかりましたか？　パット」電話の向こうから警官の声が響く。

　わかりましたとも。私にはすでに景色が見えてきていたのだ。またもや手入れされていない荒れ放題の庭が見えたが、今回はそこに焚《た》き火が加わっていた。針葉樹と堅木の広葉樹の両方が燃やされていて、それぞれに特有の木部細胞がそれを立証していた。針葉樹の場合は仮道管、広葉樹の場合は太い道管だ。それぞれの生体構造が木炭となって美しく保存されていたが、そのほかにもたくさんの黒く焼けた不定形の物質と、角のあるものや丸いシリカ粒子（砂のような粒）もあった。そのような粒と炭化した破片が、大量に毛髪に付着していた。短時間触れただけにしてはあまりにも多いので、死体は焚き火の灰のすぐ近く、または灰の中に放置されていたように思われた。

その場所の様子が目に浮かんだ。少女はイボタノキの生垣のそばに置かれ、その生垣はおそらくほとんど手入れされていない。被害者の毛髪から花粉が比較的多く見つかっているので、きっと花がたくさん咲いていた。つまり、おそらく長いあいだ剪定されていないということであり、茂みは大きく、生垣は高いはずだ。また、少女は生垣のすぐ近くに置かれていたのだろう。イボタノキは虫媒花なので花粉はあまり多く作られないのに、被害者の毛髪には想定を上回る量の花粉が見つかっていたからだ。一方、ポプラの花粉も見つかった。これは風媒花で、花粉はかなりの距離を飛散する。花粉がたくさん見つかったので、おそらく少なくとも一本のポプラの木がイボタノキの近くに生えているだろう。ポプラは尾状花序と豊富な花粉を生み出すが、その花粉粒は壁の薄い球形の小さな塊で、表面に微細なかさぶた状の突起があり、あまり頑丈ではないために、たいていはすぐに壊れてしまう。私がこの花粉を見つけた事例は稀で、ましてやたくさんあったことなどない。私にとって、これは優れた目印だった。

そのほかに重要と思われたのは、ニワトコ、ブナ、サクラ属の花粉で、サクラ属はおそらくプラム、サクラ、ダムソンスモモ、スピノサスモモだろう。花粉がスピノサスモモのものなら野生の生垣の可能性がある。だが、私の心に描いている絵にハーブが登場しはじめると、この場所は手入れされていない庭であることが明らかになった。何よりも、数え上げた花粉のうち二十四種類は、まったく知らないものだったからだ。それらは私の手元にある同定用の資料と一致しなかったので、外来の栽培種と思われた。それをはっきり識別しようとして時間を無駄にしたくはなかった。参考資料と文献で確認していくと何時間もかかってしまうことがあり、警察はすぐに答えを欲しがっていた。この時点では、おそらく庭で、公園の可能性もあると言えるだけで十分なのだ。私は実利を重んじて、すぐに見分けのつく花粉と胞子に集中することに決めた。難しいものには、あとで戻ろうと思えばいつでも戻ることができる。花粉の分析表に含まれていたのは、ほとんどがさまざまな種類の雑草で、その多くは開けた地面と荒れた土壌でごく普通に見られるものだ。タンポポに似た草、アカザ、イラクサ、ペンペングサ、ヤエムグラ、などなど。オシダとミズゴケまであった。

オシダのような湿地やムーアに特徴的な植物が都会の真ん中で見つかっても、もうずっと前から驚かなくなっていた。園芸での需要を満たすために、スコットランド、ペニン山脈、そして荒涼としているが美しいアイルランドの高地から、どれだけ多くのピート（泥炭）が切り出されてきたかを考えれば、庭作りに興味のある人がいる場所ならどこででも、植木鉢と都会の土にそうした植物の花粉と胞子が大量に含まれていることは想像できるだろう。驚いたのは、少女の毛髪から菌類の菌糸と胞子を大量に採取できたことだった。それらが毛髪で育っていたとは考えられなかった。髪の毛、爪、羽毛のケラチンを壊す酵素をもっている菌類はほとんどないからだ。白癬と足の爪の感染症の原因になるのは土壌菌類で、それらは毛髪を食べ物にしているが、少女の毛髪で見つかった菌類は植物の残骸にごく普通に生息するもののようで、枯れ葉や枯れ枝に毛髪が直接触れることで付着したらしかった。

毛髪からは穀草類の花粉も見つかった。庭の手入れをした人が以前にイチゴやルバーブを育てたのではないだろうか。穀草類の花粉が暗示するのは藁《わら》と馬糞だ。どちらもイチゴやルバーブの栽培に利用され、完全に腐った馬糞にも馬小屋の敷き藁が含まれているのが普通だ。私は哀れな少女が埋められる前に置かれていた場所がどんな様子だったかを捜査官に伝えた。限られた内容ではあったが、少なくとも警察に野外ではなく家庭の周辺を捜索するほうがよいと伝えることはできた。また、自宅や庭にいささか「無頓着」な暮らしをしているような人を探す指針にもなった。

はじめて担当したハートフォードシャーの事件のときから、私は無関係な場所、つまりアリバイになるような場所を除外する必要があることに気づき、今回も同じことをしなければならないとわかっていた。チャイニーズ・マフィアが関わり、結婚式当日に誘拐されて両手両足を縛られた男性が殺された事件では、容疑者の車から採取した花粉が、実際に被害者の死体が遺棄されていた場所の生垣から落ちたものであることを確認する必要があった。そこで、困惑している警官たちといっしょに、ロンドンのイーストエンドにある被害者と容疑者が普段暮らしていた場所まで出かけていった。容疑者とつながりのあるできるだけ多くの場所で、犯人が触れたと思われる地面があれば片っ端から試料を採取して、花粉類の種の一覧表を作り上げた。容疑者が乗っていた車に付着した花粉の出どころとして、できるかぎり多くの場所を除外しようとしたのだ。その日の私たちのミッションは成功した形だが、まったく違う理由から、今でも私の心に焼きついている。

私は両側にがっしりした体格の警察官を従え、一心不乱に自分のノートを覗き込みながら歩きまわっていた。だが、一人の警察官にやんわりと、「もう行きましょう、パット」と言われるまで、まずい状態に陥っていることにまったく気づかなかった。

当時、私はまだ未熟者だった。警察の仕事に足を踏み入れたばかりだったから、おそらく大学での安全な環境に長くいすぎたせいで、足を踏み入れたばかりのこの世界について考える余裕もなかったのだろう。まだ帰れないと、私は抵抗した。ほかにも行きたい場所が残っていた。ほかにも一覧に加えたい植生があった。警察でのはじめての仕事だったので、何より、完璧に仕上げたいと考えていた。だが……

「だめです、パット」と、警察官はさっきより厳しい口調で言った。「もう行くんです」私がようやく視線を上げたのはそのときだ。いっしょにいたのは私服警官だったが、どういうわけか噂が広まっていた。どういうわけか、私たちの素性が明らかになっていた。手短に言えば、私たちは怪しげだったに違いない。そしてきっと滑稽だった。黒っぽいズボンと洗練された白いシャツを身につけた二人の大柄な男性のあいだで、小柄な女性がノートに走り書きをしている。あたりの住民がそのような光景を日常的に見ているとは思えない。どこに行っても、通りの角にコソコソ隠れるように人影が見えた。歩道から、交差点から、家の庭先から、私たちを見つめる視線があった。そこではじめて、私はきちんと理解した。警察の仕事では、行く場所に慎重にならなければならない。それでも行かなければならない。誤った解釈をしてしまったときの代償は大きいが、導き出した結果を、比較対象を用いて裏づけることができなければ、もっと大きな代償を払わなければならない。調査報告に記載された主張を裏づける証拠が欠けていれば、起訴に失敗する事態もありうる。徹底すればするだけ、得られるものがあるのだ。

布団カバーに包まれた少女の事件に戻ると、無関係な場所をすべて除外する必要があった。少女の自宅の前庭と裏庭、それから最後に発見された場所の試料はすでに採取した。少女の毛髪から見つかった花粉類が、誘拐されたあとで連れていかれた場所のものであることを確認する必要があったからだ。さらに、自宅の庭と自宅周辺にある植物すべてを記入した、長々とした一覧表も作成した。被告側弁護人は頭がよく、法廷では起訴した側の根拠を減らすための手段として、とにかく死体から検出されたものはすべて、被告とは無関係な場所で付着した可能性があると主張する。どんな事件であっても、私はとても早い段階から裁判のことを考えはじめ、被告側弁護人が私の示す証拠をつぶそうとして浴びせる質問を予想する。それから自分でそうした質問への答えを考え、自らの捜査手順で見つかる小さな穴を心の中ですべて埋めていく。

私が花粉相手の仕事に励んでいるあいだ、警察は見事な捜査活動を進めていた。少女の失踪がニュースで大々的に報じられ、彼女の顔写真がスーパーマーケットチェーン「アイスランド」で販売されるすべての牛乳パックに印刷されると、二人の人物が別々に、同じ男に関する情報を寄せた。二人はともに新聞の「交際相手募集」欄を通してその男と知り合い、男は少女の家族とまったく同じ住宅街で暮らしていた。この容疑者は、近隣の人たちによれば、ごく普通の、目立たない人物だった。ペットフードを販売して暮らしを立て、少女の遺体が見つかった森にはよく出かけていて、人付き合いはほとんどないように見えた。だがこの種の事件でよくあるように、ありふれた見かけはまったく別の人格を隠すものだった。過去の交際相手によれば、男は緊縛趣味の性的嗜好をもち、恋人を縛って戸棚に閉じ込めることがあった。恐ろしいことに、過去の交際相手のなかには、「きみの娘を紐で縛ってセックスしたい」と打ち明けられた人もいた。

こうしたすべての情報から、この男に大きな注目が集まったが、警察が令状を出すにはまだ十分ではなかった。そして刑事たちがコツコツと働いて、男に関する噂以上の情報を明らかにしていくなか、私には事件を進展させるためにできることがまだたくさんあった。少女をこの男と結びつけること、あるいは少女を男に関連のある場所と結びつけることが何より重要だった。二〇〇八年までのイングランドとウェールズの法制度では、被告人が「合理的な疑いの余地なく」有罪であることが証明されるまでは、無罪とみなすことが求められた。有罪を証明するのは、完全に検察側の責任とされた。この要件は今でも有効だが、現在は裁判官が陪審団に対し、「陪審員は被告人が有罪であるのは間違いないと、納得していなければならない」と伝える必要がある。「合理的な疑いの余地なく」という概念に対する解釈は自由だから、私が関わっている物証の場合は、どんな花粉類の分析表を提出しようとも、被告側弁護人は「どこか別の場所から得られた可能性がある」と安易に主張してくる。私がいくつもの重大事件で証拠を提出してきたなかで、興味深いことに毎回のように、弁護人は科学についてあまり知らないし、植物学についてては明らかに何も知らないのが判明する。なかには助手を夜遅くまで働かせて、私を窮地に陥れる質問を組み立てようとする者もいるが、そのような質問がほんとうに意味するところを理解していないために、答えるのはいつも簡単だ。*

警察はようやく突破口を見つけ、緊縛趣味のペットフード販売業の男の家に対する捜査令状を手にすることができた。黒いゴミ袋を固定するために少女の首に巻かれていた革製のイヌの首輪は、ノッティンガムにある企業が製造していたこともわかった。この企業は二百を超える小売業者に商品を卸しており、刑事たちが苦労してその業者を一軒ずつあたった結果、リバプールを本拠とする通販会社が殺人事件の起きた地域に販売した記録が三件見つかった。そしてそのうちの一つが、この男の住所だった。これは警察が男の家と裏庭に足を踏み入れる理由となった。

警察官が裏庭に行って見つけるものを、私はあらかじめ知っていた。私は心の目で、すでにそれを見ていたからだ。そして警察官に伴われてそこに行き、それを確認した。庭は狭く、その地域では典型的なものだったが、真っ先に目に入ったのはダムソンスモモの大きな木で、頭上の枝が小道の大半を覆うほど長く伸びていた。そしてここが、プラムかダムソンスモモかサクラと推定した花粉の出どころだった。裏口のドアのすぐ左側に母屋とは離れた小屋があり、何かが動いているのに気づいた。なんと、小さくてかわいいフェレットが子ネコのような顔を網に押しつけるようにして、私を見つめている。こうなると私の最大の関心事は、一連の出来事のあいだずっと檻に閉じ込められたまま放っておかれた、このかわいそうで無邪気な小動物を救い出すことだ。そこで返事をもらうまで仕事を拒否し、フェレットを最優先にするという約束を取りつけたのだった。それから私がすぐに気づいたのは、小屋の中の藁だった。ここが穀草類の花粉の出どころだろうか？ 実際、庭のあちこちにたくさんの藁が散らばっていた。男はイヌのブリーダーをしていた時期もあり、庭の左側にはレンガ造りの犬小屋が並んでいたが、今では放置され、荒れ果てていた。それでもその中にはまだ古い藁が落ちている。その少し向こうに焚き火の跡があり、もう少し進めば庭の境界線だ。隣家との境界は荒れ放題の巨大なイボタノキの生垣で、その上にはポプラの木の下枝とニワトコの枝が覆いかぶさり、生垣の隙間を突き抜ける枝も見える。花壇はみすぼらしいままに放置されていたが、かつてはさまざまな園芸種の花が植えられていた様子がうかがえた。おそらくこれで、私がすぐには識別できなかった花粉の説明がつくだろうが、いちいち識別することにほとんど意味はなかった。以前に栽培されていた園芸植物の証拠があるとわかっただけで十分だ。

先に見つけた焚き火跡とは反対側の塀の近くに、もう一つ焚き火の跡があったが、少女の毛髪がその灰に触れたのではないことがわかった。庭のこちら側の植生は、少女の髪で見つかった植物とはまったく異なっていたからだ。こちら側では山積みになったゴミの上までイバラが伸び、全体がヒルガオの仲間の草で覆われていて、元気のない何本かのアカバナがその間から顔を出しているだけだった。少女がこの近くに放置されていたなら、こうした植物が毛髪から見つかったはずだが、見つかっていない。毛髪と布団カバーから得た私の分析表にある植物は、すべて最初の焚き火の周辺と、イボタノキの生垣の根元、ポプラとニワトコの木の下で見つかっていた。いたるところに生えてはいるが、庭の硬い土に苦戦して元気のない雑草は、やはり私の花粉と胞子の分析表にのっているものだった。最も多く見られたのは、アカザ、イラクサ、クローバー、ブタナ、ノゲシで、最後の二つは私が考えたタンポポに似た花粉と一致する。庭のこちら側にも雑草はたくさんあったが、反対側に比べると少ない。ヒルガオとイバラの勢いに圧倒され、日が当たらないせいだった。

少女と布団カバーが森に埋められる前の一時期、この庭に置かれていたということは、私の心の中で疑いの余地のないものになった。彼女の髪はだらりと垂れて地面に触れていたに違いない。あとで私がその庭から採取した比較用の試料は、私の以前の分析がすでに明らかにしていた内容を確認するものにすぎなかった。少女が置かれていたのがこの庭のこの場所だという可能性は、きわめて高かった。

すでに書いたように、物事にはつねに例外がある。この世界にも、ほかのどんな世界にも、完璧というものは存在しない。その庭から得られた証拠には、分析表には含まれていなかった植物のものもあった。だがそれはありうることで、とくに風媒花の花粉が飛散してくることがある。法生態学に百パーセントの正確さは望めないが、イヌの首輪と組み合わせれば、私が示した証拠は十分に強力だったので、殺人犯はついに犯行を自供した。そのおかげで被害者の家族は、法廷で犯行の手順を詳しく聞かされて、少女の最期の瞬間を追体験する苦悩を受けずにすんだ。だがもし犯人が無罪を主張していたとしても、花粉学がもたらす証拠は十分に強力で、有罪判決に導くことができたに違いない。

実際には男の供述は何度か変化した。最初、すべては偶然の事故であり、やむをえずに死体を隠したにすぎないと言った。次に、衝動的に殺してしまっただけで、自分でも理由がよくわからないと供述を変えた。また最初は、殺した直後に死体を森に埋めたと言っていたが、ほぼ真実に近い話を口走るようになり、それは花粉類が最初から私たちに伝えていた内容だった。少女を殺してしまったものの、死体を隠す場所が見つからず、ゴミ袋と布団カバーで包んで、裏庭にあった木枠の下に隠した。そして少女の髪が地面に垂れ、私があとで見つけることになるたくさんの花粉が付着した。おそらくそのせいで、男は少女の頭にゴミ袋をかぶせ、手近なもの（そばにあったイヌの首輪）で固定した。おそらく少女の顔を見ることに耐えられなかったのだろうが、なぜ死体がそれほど良好な状態で保存されていたのかを説明できるものはなかった。多くの悪人は嘘つきでもあるから、彼が何を言ったとしても、信じられるものではあるまい。イボタノキ、ポプラ、ニワトコ、ダムソンスモモ、アカザ、イラクサ、ミズゴケの胞子、そして私が一つひとつ調べなかったさまざまな外来の園芸植物は、少女が一人で最期の時間をどこで過ごしていたかを私たちに教えてくれた。そして、少女を殺した男を有罪判決に導くためにひと役買ったのだった。

＊私はいつでも、自分が提出する証拠を飛び道具とみなしている。つまり私は、被告側弁護人に銃弾を与えているのだ。そして弁護人は銃でこちらを狙い、その弾を撃ってくる。もし射撃の名手でなければ依頼人を失望させ、敗訴する。私の経験では、法曹界にあまり腕のたつ射撃手はいない。だが、検察側に立って戦いながら、私はこれまでに一人だけ、実に大変な戦いを強いられた被告側弁護人に出会ったことがある。イースト・アングリアのかわいらしい少女二人が殺されて大きな注目を集めた殺人事件の際に、いっしょに仕事をしたことがあり、そのときは裁判官室で長い時間をかけて彼と話し合い、生物学的証拠の強みと弱みを詳しく教えた。中央刑事裁判所で対峙したその裁判のあと、再び彼と会ったのは、イプスウィッチで一人の女性が殺された事件だった。その日、私は前回の裁判で徹底して教え込んだこと、この剃刀のように切れる男性に私の世界を紹介してしまったことを、ひどく後悔した。今では親しくしているその弁護士、カリム・カリルとの出会いは、それだけで一つの物語になる。私は彼に感嘆し（大変な思いをさせられて嫌いだと思っていたときにも、心の中では感嘆していた）、中央刑事裁判所の非常勤裁判官に任命されるに値すると思っている。

第8章　死に潜む美

ウェールズ北部のリルにある大きな家で、私は祖母と祖母の年老いたいとこたちといっしょに何年か暮らした。その家には屋根が張り出した大きなひさしがあり、そこは野生動物の天国だった。ひさしの下に棲みついたコウモリの鳴き声と羽音をいつも聞いていた私は、ある暖かく穏やかな晩に、はじめてその姿を間近で見ることになる。その夏はとりわけ暑い日が続いていたので、寝室の窓はいつも開け放たれ、カーテンも一部を開けたままにしていた。物音に驚いて目を覚ますと、なぜか丸めた雑誌をもった祖母が寝室をバタバタと動きまわり、何もない空間で盛んに雑誌を振りまわしていた。起き上がって目をこすり、よくよく見ると、驚いたことに祖母はコウモリを追いかけていたのだ。その気の毒な小動物は、うっかりして寝室の窓から中に入ってしまっただけだったが、今ではバタバタと部屋中を逃げまわり、信じられないほどのスピードで障害物のあいだをかすめながら飛んでいる。そのなかでも最も強力な障害物は、祖母の手にある武器だった。握る手は小さかったものの、丸めた雑誌は木製の警棒と同じくらいの強さを発揮した。祖母がついに致命的な一撃に成功すると、コウモリは空中から私のベッドの上に落下した。気絶しただけなのか死んだのかはわからない。ただ祖母はすばやくそれをつまみ上げ、窓の外に放り出してしまった。

ほっとひと安心した様子の祖母は、私と共同で使っていた大きなダブルベッドに潜り込むと、すぐさま眠りについた。だが隣に寝ていた私のほうはすっかり目を覚まし、動揺していた。なぜ祖母は、自分が好きでないものを何もかも殺してしまうのか？　今となってわかるのは、ありとあらゆるものが命に危険をもたらしかねないオーストラリアで生まれ育った祖母にとって、寝室を飛びまわるコウモリのように異質なものを生かしておくことは危険であり、そんな危険は冒せなかったということだ。私たちが眠っているあいだに、コウモリに血を吸われると思い込んでいたのだろう。

朝食がすむとすぐ、大急ぎで外に出た私は家の裏手にまわり、寝室の窓の真下まで走っていった。そこにはコウモリが落ちていて、じっと動かない。もう死んでいた。私はひざまずき、まだ近くで見たことがなかったその動物におそるおそるさわってみた。毛が驚くほど柔らかい。翼を持ち上げ、小さな爪のついた後足をもって、私の指の端にかけてみた。見ただけで、コウモリの翼は実際には「手」であることがわかり、さらに興味をそそられた。羽毛のないその翼はとても薄くてきめの細かい膜で、長くてほっそりした指のあいだにしっかり張られていた。そのほんとうに美しい動物の死に、私は声を上げて泣いた。それからそっと抱えて家の中に入り、きれいなソックスで包んでからベッドの横の引き出しの中に隠した。ちょうど何週間か前から一生懸命一人で編み物の練習をしていたところだったので、毛糸を入れた袋のところに走り寄ると、そこまで編むのにどれだけ長くかかったか覚えていないほどがんばった正方形の編み物をほどきながら、空色の毛糸をコウモリのまわりにグルグル、丁寧に巻きつけはじめた。やがて小さな亡骸はすっぽり毛糸に包まれ、ミイラのようになった。それから一人だけで葬列を真似てフクシアの生垣のひっそりした場所まで歩いていき、真っ赤に垂れた花房の下を選んでポケットに潜ませていたスプーンで穴を掘ると、コウモリを埋めた。その愛らしくて小さな動物の命を理不尽に奪ったことはけっして忘れられない出来事となり、私は生まれてはじめて、祖母のヴェラ・メイを完璧な人間ではないとみなすようになった。

地面から七センチほどの地中で、羊毛の埋葬布に包まれて横たわったコウモリの身に起きたことは、私たちすべてに起きることと同じだ。過去の芸術や詩歌には、死にまつわる空想がさまざまに描かれているが、どれも大いなる偽りにすぎない。あなたも私もいつかは、あのコウモリと同じ道を歩む。生命をもたないただの肉と血と骨になり、見事なまでに複雑な体の仕組みは動きを止める。それが死だ。

私が生まれた時代、私の生まれ故郷では、神の存在や宗教の価値に疑問を差し挟む者は誰一人いなかった。子どものころの私は真面目に教会に通い、イエス・キリストが私たちの罪を償うために死んだと信じて疑わなかった。ほかの人たちもみな、疑っているようには思えなかった。善い行ないをすれば天国へ行き、悪い行ないをすれば地獄に行った。だが、人生経験を積むにつれて多様な世界を知った私は、それほど単純な白か黒かの考え方をだんだんに受け入れられなくなっていった。人生とは困難で、複雑で、確かに不公平なものだと少しずつ気づきはじめ、自分が永遠に存在できるという来世に論理的な根拠を見出せなくなったのだ。論理的に考えるなら、唯一の来世と言えるものは自分の遺伝子を子孫に伝えることだ。ただし人は、自分が生み出した文章、美術、音楽を残すことによって永遠の生命を手にすることはできるだろう。やがて私は、永遠の魂というものは存在しないと確信するようになった。私の心の変化はゆっくりで、おぼろげなものだったが、私にはわかっている。私は断固とした無神論者として（もしかしたら、さらに過激な無神論原理主義者として）、生涯を終えることだろう。人間というものは化学と物理によって存在し、その物理的存在は、つねに変わることのない法則に従ってリサイクルされる、と私は固く信じている。

自分の体が自分のものである時間は短い。体を作り上げている原子は外界からの借りものにすぎず、いつかは返す必要がある。各人が「自分」だと思っている存在は、多種多様な微生物が「わが家」と呼ぶ生態系の集合体だ。そして人が死んでも（つまり、脳と循環器系が動きを止めて、元に戻せなくなっても）、細菌と菌類の共同体と、毛穴に棲みついているダニや腸内の寄生虫（いるとすれば）は、しばらくのあいだ生きたままでいる。

血液が流れを止めるとまもなく、体温が下がりはじめ、死んだ場所の気温に近づくだろう。そうした環境条件は、その後の変化に大きく影響することになる。毛細血管および静脈内の血液は、もう心臓の鼓動によって循環することがなくなってその場にとどまるようになり、まもなく皮膚に最初の変色を引き起こす。死斑と呼ばれるものだ。その後、筋線維が互いに結合をはじめるにつれて筋肉が否応なく硬直していき、最初は顔の筋肉が、やがて全身の筋肉が硬くなる。これが死後硬直と呼ばれる段階だ。

人の体は、全体が同時に死ぬわけではない。酸素不足に陥ると、三分から七分のうちに脳が機能を止めるが、体の残りの部分が機能しなくなるまでには数時間の余裕がある。皮膚はまだ研究室で培養できる状態で、脳が完全な機能停止に陥ってから二十四時間はそのようにして成長させることが可能だ。最も劇的な変化が起きるのは、体の奥深くになる。それまで体内に定着して、体の（とくに腸の）正常な働きを支えてきた無数の微生物が、すべてを変容させていくからだ。それまでいっしょになって体内のあらゆる細胞に酸素を供給してきた心臓と肺は、すでに鼓動も呼吸も止めてしまったために、酸素に頼って生きてきたそれら体内微生物はまたたく間に残っていた酸素を使い尽くしてしまう。その結果として、二酸化炭素をはじめとするガスが体内に充満し、体細胞を殺しはじめる。また、自分自身の細胞も酵素を放出し、自己消化あるいは自己分解と呼ばれる作用を通して、自らの組織を分解する。

一方で、嫌気性の微生物（酸素を必要としないばかりか、酸素があると増殖できないもの）は勢いを得て、増えていく。体細胞が分解していくにつれて、嫌気性微生物にとって実に恵まれた環境になっていくので、猛烈な勢いで増殖しながら、膨大な数が容赦なく血管を突き進む。血管は枝分かれしてあらゆる組織と器官に広がっている、実に好都合な配管網なのだ。嫌気性微生物は人体を食べ物として利用しつつ、体内のタンパク質、炭水化物、あらゆる複合化合物からエネルギーと栄養を取り入れ、その過程で有毒な酸やガスなど、代謝作用による多くの副産物を生み出していく。硫化水素をはじめとした悪臭のある気体が末梢血管を黒ずませ、死後の腐敗臭を生じさせる。このような「腐敗作用」によって体は全体をつなぎとめていた糸を失い、細胞間の結束が溶け去って、組織と器官が崩れていく。

分解は一定の速さで進むものではない。その過程に影響を及ぼす不確定要素は数多く、また多様であり、実際のところ、まだその多くを解明できていない。私の仕事はこれまでに幾度となく、生きているあいだと同じように死後も、二人として同じ状況は起きないことを明らかにしてきた。私たちは死んでからも一人ひとり大きく異なっている。死体が腐敗する速度も一定ではない。抗生物質を服用中に命を落とせば、腐敗にかかる時間は長くなる。肺の感染症を治療するために飲んでいた抗生物質は、肺だけでなく腸内でも細菌と微生物を殺し、その活動を抑えつけている。腸内の細菌をはじめとした微生物が投薬治療によって一掃されていると、内部から体を分解する微生物が不在の状態だ。

命を落とした場所、または腐敗するまで放置されていた場所の温度と湿度、あるいは横たわる遺体が身につけている衣服の状態（ゆったりしているか、体を締めつけているか）、死体がごく浅い穴に埋められているか、密度の高い粘土質の地中深くに埋められているか、その場所が乾燥した砂地かどうか、それらのすべてが体の分解する時間に影響を及ぼす。遺体の分解速度に影響する要因を解明する試みは絶えず続けられているが、実際のところは影響する要因が多すぎる。だから、それぞれの現場での状況を詳しく知らずに推測しすぎるのは危険だ。ときには、ほとんど同じ場所（条件がほぼ等しく見える場所）に埋められていた死体でも、異なる速度で腐敗することがあり、なぜそうなるのか、その理由を知っている者はいない。

一九九八年、マンチェスターに近いハイドの町の医師ハロルド・シップマンが患者を殺した疑いで逮捕されたとき、それに続いて数々の恐怖と秘密が明らかになることなど、誰が予想できただろうか。最終的にシップマンは十五件の殺人罪で終身刑を言い渡されたものの、二百十八人の被害者について取り調べが行なわれ、医師として勤務していた期間に二百五十件以上の非合法な死に関与したとされている。捜査の一環として、シップマンの手にかかった数多くの犠牲者が詳しい調査のために墓から掘り起こされることになったが、私が目にした検視用の写真は、実に驚くべきものだった。防腐処理を施され、イブニングスーツと蝶ネクタイを身につけた紳士の強烈な印象を、私は今もまだはっきりと覚えている。その紳士は地中に何年も埋められていたというのに、まだ元のままの姿を保ち、顔をきちんと見分けることができた。葬儀屋の霊安室で静脈に注入された防腐剤の濃さを考えると、この男性がいつかは朽ちて消え去るのか、あるいはエジプトのミイラのように何千年ものあいだ姿を保つのかと、思いをめぐらせてしまう。検視で掘り起こされたその他の棺の中身はさまざまだった。同じようにまだしっかり姿形が残っているものがある一方、それよりずっとあとに埋葬された犠牲者でも、ほとんど何も残っていないこともある。興味をそそると同時に不可解な事実だ。

人体の腐敗がどの時期にどう進むかという問題は、一部の大学で流行の研究分野になっている。人類学を専攻し、将来は警察から助言を求められる専門家の「第一人者」になることを夢見ている学生には、確かな人気を誇る分野だ。もちろん腐敗の段階のみで被害者の死亡時期を推定できれば便利だろうが、その過程が多種多様であることを考えれば、普遍的で予測可能なモデルを作り上げるのは不可能かもしれない。

この領域に関心が寄せられるようになったのは一九七〇年代で、米国の人類学者ビル（ウィリアム）・バス博士が警察の依頼で犯罪の現場に呼ばれては、被害者がその場所にどのくらいの期間放置されていたかを判断するよう求められたことが発端だ。博士はたまりかねて、そうした判断は今のところ、非常に行き当たりばったりのものでしかないが、実際の死体が自然環境で腐敗していく様子を観察できれば、そうした予測ははるかに容易で正確なものになるだろうと言った。その後、地元のバプティスト派の人々をはじめとした抗議団体との激しい論争を経て、博士にはテネシー大学ノックスビル校に隣接した森林の一区画が提供され、そこに、「ボディー・ファーム（死体農場）」と呼ばれる施設が創設されたのだった。それは死体を自然の作用に任せ、環境がどのようにその腐敗に影響するかを調べる場所だ。腐食性動物を侵入させないための高い塀と有刺鉄線とに囲まれたこの施設は、ビル・バスが自身の回顧録で「死者の地」と呼んでから広く世界に知られるようになり、作家パトリシア・コーンウェルの小説『死体農場』に描かれたことで一気に知名度が高まった。私はコーンウェルの初期の著作を読みあさり、なんとしてでもそこに行ってみたいと思ってはいたのだが、意外にもあっさりと訪れる機会が舞い込んできた。

バス博士は、研究を支援するために死体を提供してほしいと訴えた。提供された死体は施設内のさまざまに異なる条件の場所に放置され、博士と学生たちが細心の注意を払って観察を続けることによって、腐敗の過程に関する知識を深めていく。どこかで死体が発見され、警察が駆けつける場面を想像してみよう。現実世界では、死体がきちんと寝かされて発見されるのを待っているはずがない。たいていの場合は完全に、または一部が、埋められた状態で見つかる。あるいは、草木の陰に隠されていることや、水中に沈められていることもある。着衣がある場合もない場合も考えられ、縛られてさるぐつわをはめられていることもあるし、手足が切断されてさまざまな場所に捨てられていることさえある。この施設では提供された死体を用いて、可能なかぎり数多くの異なった遺棄方法をシミュレートする。多様な、ときには風変わりな条件のもとに死体を放置し、腐敗の過程を詳細に記録していくのだ。そうした観察を十分な回数だけ繰り返していけば、それぞれの条件のもとで何が起きるのかを示すデータベースを構築できる。施設の名が広く知られるようになって以来、数多くの博士課程の学生たちが、死体そのもの、死体の上下や周囲にあった土、さらに死体に棲みつく昆虫に関して、多様な研究を繰り広げてきた。さらに、死体の腐敗の性質と速さに影響を与えると思われる数多くの変数を調べる実験を考え出した学生もいた。

この施設を訪ねる機会が舞い込んできたのは、二〇〇五年のことだった。私の仕事に関するテレビのドキュメンタリー番組を制作したいので、出演してほしいと依頼されたのだ。はじめは気が進まず、何か月ものあいだ出演を断っていたのだが、ディレクターのモーリス・メルザック(私がこれまでに出会ったなかで、最も物静かで粘り強い人物だ)が、番組の一部をノックスビルの施設で撮影するという考えを思いついた。彼は、とても礼儀正しくではあるが、文字どおりしつこいほどに、もう何か月にもわたって私の仕事のドキュメンタリーを撮影したいとつきまとっていた。私が何度拒絶しても辛抱強く耐えていたのだが、ある日、お茶の時間にわが家を訪問したいと言ってきた。今でもよく覚えているが、彼は日当たりのよいサンルームに腰をかけて、こう切り出したのだ。「ビル・バスとおしゃべりをして、あそこでやっている研究をすっかり見てみたいとは思いませんか?」こうして、彼は実に痛いところを突いてきたのだ。もちろん行ってみたかった。好奇心の強い私が、そんな絶好の機会を逃すことができるはずもない。こうして、最初は少々ぎくしゃくした関係だったものの、モーリスは私の最良の友の一人になった。

私は旅行が苦手で、国際空港で必要となる長ったらしい手続きが大嫌いだ。だから、飛行機を三つ乗り継ぎ、入国手続きの列に延々と並び、小刻みに進みながら特大の旅行かばんにつまずき、泣きわめく赤ちゃんに辟易したあげくにノックスビルに到着したときには、大声で叫びたい気分になった。フィラデルフィアではノックスビル行きの最終便に間に合うよう、全速力で走りもしていたのだ。

こうしてやっとのことでテネシー大学にたどり着き、ビル・バスと彼の同僚たちに会うことができた。その全員が人類学か考古学の研究者で、ほとんどが骨に関心をもっているようだった。銃で撃たれたときにどう折れたり砕けたりするのか、また多様な状況でどう保存されるのかに興味を抱いていた。私たちは学部の研究室を順に訪問し、それぞれの研究者たちに礼儀正しく会釈してまわった。彼らは顔を上げ、決まったように「こんにちは」と言って微笑んでからまた仕事に戻っていく。一人の若い女性は、銃弾の侵入口の見つけ方、頭蓋骨にあいた多様な穴と一致する道具の見極め方を、見事に実演してくれた。その女性の研究は警察の捜査にとって重要だし、教え方もとてもうまいと思った。

ビル・バスはいかにも堅実で陽気な人物だ。一九二八年生まれのビルは、一九五〇年代にアメリカ先住民の墓地発掘で研究生活をスタートさせてから、人生の大半にわたって連邦警察および地元警察に協力し、人間の遺体や骨の確認を行なってきた。それは簡単なことではない。米国政府は広大な国土と膨大な殺人件数に頭を悩ませている。おそらく一年間に何人の人が殺されているのか、正確な人数はわからないだろう。米国の警察にはいくつかの種類とレベルがあり、それぞれが互いを支援したり助けたりすることなしに活動しているようだ。米国のシステムは外部から見ると非常に入り組んでいて、おそらく情報の調整は簡単ではないだろう。互いのつながりや情報交換はほとんどないそうだ。

ビル・バスはそのすべての手助けをしており、一九八一年にこの施設を創設したことは彼の最高の業績の一つだ。

ボディー・ファームに近づくにつれて、私はまるでクリスマスの朝早くに目を覚ました子どものように、期待で胸がふくらんでいくのを感じた。厳重に警備された門をくぐり抜けると、そこは木立が並ぶ涼しい日陰になっており、足元にはまばらに草が生えて、くっきりした小道がいくつかの方向に伸びていた。一方の端では地面がすっかりクズで覆われ、容赦なく密集して伸びる茎と葉で緑色の影ができている。クズは東南アジアから持ち込まれた植物で、今では米国内陸部の州で最も有害な雑草とみなされるようになった。いったん根づくと、広がり、登り、渦巻き、その途中であらゆるものにまとわりつくので、どんな障害物もやがて緑色の幽霊に変えてしまう。

だがその光景はほんの手はじめにすぎず、門をくぐって進むにつれて、さらに目を引く多くのものが次々と現れた。まもなく足を踏み入れた開けた場所には、死体があちこちに横たわり、それぞれが腐敗の異なる段階にある。小道に沿ってさまざまな姿勢で置かれた死体のそばを通るたびに、私は興味をそそられた。体の一部が隠されたもの、全身を覆われたもの、そして全裸で置かれているものもあった。だがこうして次々に死体を目にしていくうちに、無頓着になってしまうことには考えさせられた。ホラー映画でもお目にかかれないような凄惨な場面に出会っても、私は少しも驚かなくなった。ただ否応なく気づいた唯一のことは、私がそれまでに関わった事件で見た多くの死体に比べて、色彩に乏しいという点だった。ここには血の色がなく、あらゆるものが皮膚、毛髪、爪とともに、ありふれた茶色に腐敗していた。現実のものに見えたのは、まだ新しい死体だけだった。

死体が腐敗する段階の研究は、長年にわたり、「死後経過時間」（人が死亡してからどれだけの時間がたっているのか）の判断に利用されてきている。こうした腐敗の研究に献体される遺体はきまって白人の中年または老年の男性で、そのことは当然ながら観察対象となる試料に本質的な偏りがあることを意味する。年長者は投薬治療を必要としがちだから、もちろんそれは腐敗の速さに影響を及ぼすだろう。黒人とヒスパニック系の献体は、女性の献体とともに稀で、さらにこの施設に子どもが献体されたことが一度でもあったかどうかはわからない。なぜか黒人、ヒスパニック系の人たち、そして女性は、日にさらされ、昆虫や微生物の棲みかとなり、研究されることに乗り気にはなれないらしい。真に役立つ結果を得るためには、研究対象となる死体の種類に偏りがあってはならないが、もちろん、与えられるものを用いるほかに術はない。私が施設を訪問しているあいだに森で目にした黒人の死体は一体だけで、その経緯は悲しいものだった。家族が葬式に支払う費用を惜しみ、ビル・バスの施設に献体すればうまい解決法になると考えたのだという。別の事例では、生前にあまりにもひどい人物だったために、その死後に家族が「罰」を与えたくて献体したのだそうだ。この話を詳しく聞いたときには残酷にも小声で笑ってしまったのを覚えているが、実際には、関わったすべての人にとって悲しいことだった。

私たちが押し黙って歩いていると、年長の女性の研究者が、「ああ、ツル草には近づかないで——カッパーヘッドがいっぱいいるから」と言った。私はこの名を以前に聞いたとき蝶だと思い込んだのだが、実際には毒ヘビのアメリカマムシだ。大人が噛まれても死ぬことはめったにないものの、とても悲惨な症状を覚悟しなければならない。このヘビに関しては、雌は雄がいなくても精子なしで子を産めるという驚くべき事実を教わった。卵細胞が二回分裂し、四個の細胞ができると、そのうちの二個が合体して胚を作る。つまり、単為生殖は無脊椎動物だけでなく脊椎動物にも存在するのだ！　私はノックスビルを訪問しなければ、このヘビに出会うことはなかったかもしれない。だがその後、この「死者の地」にはもっと不快なものがいろいろいることを知っていく。

私は、大学の関係者が揃って長い棒をもっていることに気づいていた。あとでわかったのだが、それはドクイトグモの巣を取り払うための棒だった。ドクイトグモは毒グモで、ほとんどのアメリカ人はその恐ろしさを知っており、嚙まれるとひどいことになる。教科書には、一般に考えられているほど危険なクモではないと書かれているものの、このクモに囲まれて仕事をしなければならない人には、そんな話は通用しないだろう。私には怖いものが三つある。たいていの人と同じに違いないと思っているが、高所、クモ、ヘビだ。そしてそのうちの二つが今、身近に迫っていた。ウジではちきれそうにふくれた腹部を見ても、ハエの卵がぎっしり詰まって綿のように見える目や鼻孔を見ても、その臭いにも、さらに眼球のない眼窩、大きく開いた下顎、頭皮から抜け落ちた毛髪にも、私はまったく動じることがない。でも、ヘビかクモが今にも目の前に現れるかもしれないと考えると、心配でたまらなかった。

結果的に、私はクモにもヘビにも襲われなかったのだが、皮肉にもまったく害がないように見えた植物に襲われてしまった。当日、私は薄い綿の七分丈のズボンを履いており、ホテルに帰ると脚に赤い斑点があることに気づいた。まるでノミに喰われたようにかゆいだけでなく、痛みもあり、そのまま放っておける状態ではない。はじめはアカハダニがついたのかもしれないと思った。アカハダニは赤いダニの一種で、幼虫期に皮膚に穴をあけて組織液を吸う。だが、違った。見てくれた地元の人によれば、ツタウルシ（*Toxicodendron radicans*）にかぶれていたのだ。その晩は私の人生でそう何回も起こらないほど最悪の状態になり、夜中の三時に目を覚ました。パジャマを脱いで両脚の痛む場所を見てみると、それまでずっと爪でかいていたせいで、すっかりかき壊している。仕方なく動物的な勘に従って熱い風呂を沸かし、その湯につかってから、爪ブラシとシャワージェルでヒリヒリする皮膚を夢中になってゴシゴシ洗い、それから冷たい水道水をジャージャーかけた。その思いきった治療のあとでカラミンローションをたっぷり塗ると、私の脚はまもなく、はるかによい状態になった。あとでわかったことだが、ツタウルシでかぶれる原因は皮膚や衣服につく油分（ウルシオール）なので、その油を取り除いてやれば皮膚のかぶれは癒えていく。アメリカの子どもたちなら誰でも、「葉が三枚あったら、さわっちゃだめ」という言葉を知っていて、ツタウルシは葉柄の先に三枚の葉がついている。私はこのことを二度と忘れない。なにしろそれを証明する傷跡があるのだから。

私たちは翌日も施設に出かけていき、博士課程最終学年の一人の学生を撮影するとともに、彼女が担当する死体の研究について話を聞いた。その朝、私たちの興味を引いた死体はまだ新しく、死肉に次々と押し寄せる腐食性生物のなかでも早いうちにやってくる、ハエの仲間を引きつけていた。その学生はそうしたハエの集団を研究し、それらが腐肉を利用する順序の目録を作りたいと考えていた。通常、最初にやってくるのはアオバエ（*Calliphora vomitoria* など）とキンバエ（*Lucilia sericata* など）だ。もちろん、世界の異なる地域では異なる種が集まることになるが、多くの場所ではごく一般的に、アオバエとキンバエが新しい死体に最初にやってくるらしい。これらの種は死体が置かれると数分以内に発見し、雌はすぐに、外から見えるあらゆる開口部に卵を産みつけはじめる。また、暗い場所を好む習性があり、ときには鼻腔の奥深くまで潜っていく。

すべての科学的知識は、もちろん少しずつ積み重ねられていくものだ。だが、ドキュメンタリー番組が完成したあとで私は、ノックスビルのボディー・ファームは先駆的で刺激的ではあっても、死体の腐敗時に何が起きるかを理解しようとする調査の一環にすぎないことをはっきり理解した。一つの気候のもとにある一つの場所、一種類の土壌、一種類の森林からは、人体腐敗の包括的なモデルは生まれない。最初の施設はこうしてテネシー州に作られたが、その後、米国内でほかにもノースカロライナ州、イリノイ州、コロラド州、フロリダ州、テキサス州に二つと、六か所に同様の施設が作られたのはそうした理由からだ。オーストラリアにも、シドニー郊外に同様の施設がある。イギリスでも建設が試みられているが、こうした冒険的な企てには必ず反対する人が存在するものだ。少なくとも既存の施設は異なる生態学的条件をもち、異なる気温、湿度、土壌、微生物、腐食性生物のもとでの研究が可能になっている〔訳注　二〇二一年時点で、上記のほかにミシガン州が加わって米国内に八か所、米国外ではカナダとオランダが加わって三か所となっている〕。

実際に役立つ予測モデルが構築されるのは、まだずっと先のことになるだろう。結果にはつねに注意を払わなければならない状態ではあるが、ボディー・ファームは役立つツールとなって、人体の腐敗についての理解を着実に深める役割を果たしてきている。イギリスおよびヨーロッパのその他の国でも、科学者と学生たちが長年にわたり人体腐敗に関する研究を続けている。ただし、使用しているのは人間ではなくブタの死体だ。ブタの腐敗の様子を観察するのは興味深く、その場合も個体ごとに必ず違いが生じるが、私はかねてから人体の代わりにブタの死体を用いる妥当性に疑問を抱いてきた。ブタは多くの点で私たちに似ており、どうやら人間を調理すればブタと同じような味がするらしい。とはいえ、腐敗の進行を妨げる障害の一つは皮膚で……ブタの皮は人間の皮膚よりはるかに厚くて硬い。さらに、ブタのほうが一般的に人間より多くの皮下脂肪を蓄えている。

こうした違いにより、腐敗過程の早い段階で腐食性動物と微生物集団が及ぼす影響に差が生じることになる。私もほかの研究者たちと同様、特定の事象を説明しようとしてさまざまな場所にブタを埋める実験をしてきた。それでも、私がこの方法をとってきたのは具体的な事件に関連して、すでにわかっている事象を、すでにわかっている土壌と温度で再現したい場合だけだ。そうすれば多くのことがわかり、とくにある事件では確実に役に立った。クリスマスイブにかなり酸性度の高い粘土質の森林土壌に埋められた殺人の被害者が、ほとんどの場合は四月になるまでイヌやキツネによって発見されないままになることを証明することができたのだ。この事件を最初に担当した昆虫学者は、死体で見つかった最大の（最も古い）ウジを確認するという従来の手法を用いて、被害者は二月に死んだと主張していた。だが警察の情報部が捜査官に伝えた内容は異なっていた。そこで私が、その結果を検証するという依頼を受けることになった。

私が利用したのは、獣医学の研究のために殺されたばかりの三頭のブタだ。アイルランド人の元気な友人、ヘレン・オヘアが用意してくれたもので、彼女はケンブリッジ大学で獣医学を研究していた。凍えるほど寒くて真っ暗なクリスマスイブの晩に、ヘレンと私が熱心な数人の警察官に手伝ってもらいながらまだ温かいブタを事件現場に埋めたことは、いつまでも忘れられない記憶だ。この実験の結果から、被害者がクリスマスイブにそこに埋められたと実証することができたうえ、私は土壌の影響に関する理論を提唱し、そのときにわかったことをキングス・カレッジの昆虫学者との共著で発表した。その論文はこの分野の決定版となっているらしく、頻繁に引用されている。埋めたブタの研究は数多く発表されているが、私の見たところでは、実際には役立ちそうにないものも多い。実験は、私が行なった事例のように、具体的な捜査の一環として実施する必要がある。この単純な実験から実に多くのことを探り出せたが、そのために私はブタを埋めた場所に何か月ものあいだ毎週通っては、コンピューターと連携させた温度計で継続的に土壌と空気の温度を測定し続ける必要があった。

人体の腐敗の経緯を示す確実な予測モデルを構築できれば、確かに役立つに違いない。だが、腐敗という現象に影響を与える要因はあまりにも多く、そうした有用なモデルが完成するのがいつになるのか見当もつかない。はっきり評価できない要素が多すぎて、適用範囲の広い規則を適用することは不可能なのだ。だから私は、死体が「腐乱期」や「膨張期」にあるという説明を読むと落ち着かなくなってしまう。腐乱期に膨張する死体もあれば、まったく膨張しない死体もある。死後経過時間の推定に利用できる巧妙な手法は数多く存在し、そのほとんどは体組織と体液に見られる一連の変化を観察して判断するものだ。ある手法では眼球の硝子体液を化学的に分析し、また別の手法ではアミノ酸、脂肪酸、揮発性有機化合物、アンモニア、尿酸、乳酸塩など、一定の時間が経過したあとに生成される数多くの化合物を調べる。ボディー・ファームからは確かに多くの情報が得られているが、私が最も興味深いと感じるのは、その徹底した多様性だ。死後に体がたどる過程に関してほかに何が見つかろうとも、生物学的に絶対確実なのは、死そのものだけなのだ。

ノックスビルを訪問した数年後、ディレクターのモーリス・メルザックが重い病に倒れた。そこでしばらくのあいだ私たち二人、夫のデイヴィッドと私が、少しずつ衰えていく彼を看病することにした。近くに癌専門病院があったので、彼をそこに連れていき、毎晩のように私たちの家に来てもらっては、暖かい家庭の雰囲気と黒ネコのモーディーの心地よさを味わってもらった。不治の病で亡くなったとき、彼はまだ六十三歳だった。今もまだ彼のことを思うと寂しさがこみあげてくる。独創的なすばらしい人物で、自然界をこよなく愛していた。私は彼と彼の一風変わった振る舞いが、大好きになっていた。

ボディー・ファームへの旅では、友を得た一方で、私たちの知識がどれだけ乏しいか、死後の人間の体に何が起きるかについてまだわかっていないことがどれだけあるかも、深く思い知ることになった。すでに述べたとおり、死後に起こりうることは腐敗からミイラ化まで幅広い。そしてそのことを証明するかのように、ある際立った事件が私の心に残っている。もしかしたらその事件がウェールズで、しかも私の生まれ故郷のすぐそばで起きたからかもしれない。

パブを経営している家族がいた。長年にわたって家族で代々受け継いできたそのパブが、彼らの暮らしの中心にあった。また、そのパブは、ウェールズの小さな村ではあらゆることの中心でもあった。待ち合わせに、仲間の集まりに、また喜びのときも、悲しみのときも、きまって村人たちが集う場所となっていた。パブの隣には家族の暮らす自宅と納屋が並び、納屋には中二階もあったが、一階を木箱と樽の保管に利用しているだけだった。この家族の父親と母親が二人だけで長いこと万事を切り盛りしてきたが、ようやく息子とその妻も加わることになり、仕事にもはずみがついた。ところがその矢先に母親が行方不明になり、事情が一変した。

行方不明になる人が絶えることはなく、イギリスでは警察に捜索願が出される行方不明者の数は、一年間におよそ二十五万人にのぼる。こうした人たちのほとんどがその後無事に姿を見せ、大半は警察の手を煩わせることなく、緊急捜査が開始される前に元の生活に戻ることになる。だが一方で、普段の暮らしの中で急にいなくなったり、どこか別の場所で姿を消したりして、そのまま見つからない人たちもいる。

夫であるパブの主人は、妻が姿を消すとすぐ警察に連絡し、警察は規定どおりに捜査を開始して、心当たりをくまなく捜した。友人と家族、遠くに住む親戚にまで、どこかで姿を見たという手がかりを求めて問い合わせた。だがウェールズじゅうを探しても、さらに広い範囲にまで捜査の手を広げても、誰一人その姿を見た者はいなかった。彼女は文字どおり跡形もなく消え去ったのだ。夫は、夫婦仲が「うまくいっていなかった」ので、妻は外国に行ったに違いない、そう納得するしかないと話した。何年たっても手がかり一つなく、まさに消え失せてしまったように思われた。それでも村人たちのなかには夫の話を信じない人がいて、いつも夫にそれとなく疑いの目が向けられていた。夫が妻を「始末した」と確信する者も多かったが、証拠がなく、やがて捜査は打ち切られ、人々の関心も薄らいで、村はいつもの暮らしに戻っていった。姿を消した妻にまつわる記憶も徐々に遠のいて、夫であるパブの主人とその息子も含めたすべての人々が、日々を忙しく過ごすばかりになった。

そのようにして妻が失踪してから二十年後、パブの主人が世を去り、息子は新たなスタートを切りたいと考えた。そこで息子とその妻は古いパブを改装して、もっと多くの人々が集まれる、活気のある店にすることにした。それまで、まったく使われていない中二階のある樽置き場の納屋は、息子にとっていつも悩みの種になっていた。せっかくの場所が無駄になっているから、もっと有効に利用できるのではないかと思っていたのだ。中二階のロフトに登るには梯子を使うしかないが、梯子の手前には大量の樽が積み重ねられている。ある週末の日に店を閉めたあと、息子は納屋の中二階の様子を見てみようと決心した。苦心して梯子を登ることができたものの、中二階の床に目の高さが届いたとたんに見えた光景に驚いて、あやうくそのまま落ちそうになった。彼の母親は、逃げ出してはいなかった。

死体が発見されたとき、私は偶然にも母とその夫（私の父と離婚して何年もたってから、母が再婚した男性）を訪ねてグウェントにいた。母と喧嘩をしないよう注意しながら二日間を過ごしたところに、おりよく警察から電話がかかり、私は内心嬉しかった。パブはそれほど遠くなく、数時間あれば簡単に往復できる距離だ。

息子は、ロフトに梯子をかけた位置からほんの数十センチ先で、母親がミイラとなって横たわっているのを見つけていた。私が順番を待って梯子を登ると、グロテスクな光景が目の前に広がった。古いひざかけのようなものに包まれた頭が、歯を見せて笑いながら私のことを正面から見据えているように思われた。法病理学者も私のあとから、驚くほど長いあいだ放置されたままだった室内に入った。天井にあいた穴からアイビーが侵入し、積まれた薪の山に絡みついている。あらゆるものが圧倒的に汚れ、埃にまみれ、ホラー映画の大げさに仕組まれた場面そのものだ。

行方不明になった当日、彼女は生きている意味を見失い、ロフトによじ登って横になったまま、飲めるだけの薬を大量に飲み込んだに違いない。空になった瓶が、力なく垂れた手から落ちて、体のすぐ横に転がっていた。また、かたわらには昔風の広口の牛乳瓶がそっと置かれ、内側にはかつての液体の跡が白っぽく残っていた。奇妙なことに、入れ歯が頭から一メートルほども離れた場所で、積もった汚れの中に落ちている。法病理学者の推測によると、薬と液体を大量に飲み込んだことで死ぬ前に激しい吐き気に襲われ、入れ歯が口から飛び出したようだ。体を包んでいたのはひざかけではなく、車の運転用のウールのカーコートだった。そして、哀れにも布袋を丸めたものを枕の代わりに使っていた。きっと心地よさなどどうでもよかったのだろう。ただ死にたい、苦労ばかりの毎日のあらゆるもめごとから逃げ出したい一心だった。生きていたときの苦悩はどれだけのものだったのだろうか。傷ついた動物と同じように、誰にも知られることなく静かに死のうと、こっそり立ち去ったのだ。

天井に穴があり、そこから絶え間なく微風が通り抜けていたことを考えると、ロフトは信じられないくらい乾燥していた。そのせいで体は短時間のうちに乾燥し、腹部が膨張することも、皮膚と毛髪が湿って剝がれ落ちることもなかった。ただゆっくりと乾燥を続け、やがてミイラになった。そして今ではすっかり乾燥しきった革のような存在に変わっていた。ボディー・ファームからは確かに多くの情報を得ることができるが、死体で予測可能なのは、どんな経過をたどるか予測不可能だということだけのようだ。この女性の死後の分解は、私がこれまでに数多く見てきた森林や水路に捨てられた死体、あるいは肘掛け椅子に座ったままのどの死体とも、異なる経過をたどっていた。腸内細菌叢は体内組織の分解に影響を与えただろうが、体内には残された器官も見つけることができた。体の周囲にはいくつかの蛹殻が見つかったから、ハエもその死体の存在に気づいたはずだ。だがすでにすべてが成虫のハエになり、とっくの昔に飛び去ってしまった。きわめて短時間のうちに体が乾燥しきったために、それ以降は産卵場所に選ばれなかった。

翌朝、私はミイラになった女性を検視するためにカーディフの病院にある死体安置所を訪れた。検視をするたびに死者の生と死についてさまざまな情報を得ることになるが、今回はいつもと違い、まったく臭いのない死体で仕事ができるという安堵感があった。だが、中二階での自殺の物語には、不気味な最終章が用意されていた。解剖を進めるうちに、病理学者が怪訝な表情で胸部から一連のビーズのようなものを引き出した。私にはすぐにそれが何かわかったのだが、自分の目が信じられなかった。それは干からびたネズミの腸で、糞の塊が残ったままだ。糞が腸の中で規則正しく間隔をあけて並んでいるので、まるでビーズをつなげたように見え、ちょっとコミカルですらあった。私は死体の喉の奥を少し深くまで覗いて、きれいに残された小さなネズミの頭蓋骨を取り出した。

何が起きたかについては、ただ推測して仮説を立てるしかない。ネズミは死体を食べはじめたものの、そのときまでにバルビツール酸系催眠薬が死体の体じゅうにすっかり浸透していたので、ネズミにも薬がまわり、豊富な食べ物に囲まれたまま死んでしまった。奇妙だったのは（掛け値なしに奇妙なことだ）、ネズミの骨がほかにはまったく見つからなかったことだ。骨格のほかの部分は、いったいどこに行ってしまったのだろう。何か別の動物、おそらくネコが、死体の喉の空洞にいるネズミを見つけて戦利品として持ち去り、頭部だけが残ったのだろうか？　ロシアの入れ子人形マトリョーシカのように、一つのドラマの中にまた別のドラマがあり、その中にまた別のドラマがある。

腐敗は、自然および人為的な数多くの要素によって遅れることがある。砒素《ひそ》やストリキニーネのような毒物は、抗生物質などの薬物と同じように腐敗を阻むことがある。また、死んだ時点での周囲の環境によっても死体の軟組織がきれいに保存されることがある。この場合のように自然にできたミイラは、適切な条件が揃えば数千年にわたって維持されるかもしれない。一九九一年、ドイツ人の二人の旅行者がオーストリアとイタリアの国境に沿ってアルプスのエッツ渓谷をハイキング中に、ミイラ化した死体を発見した。それはあまりにも完璧に保存されていたので、はじめは最近になって遭難した登山家の遺体だとみなされた。下半身は氷に埋まって凍結していたが、上半身は死んだ日とほとんど同じままの状態で残されていたのだ。発見した登山家が警察に通報すると、遺体は駆けつけた地元の警官によって回収され、検視のために近くのインスブルックに運び込まれた。そして、遺体は少なくとも五千年前のものだと判明した。

エッツィという名で知られるようになったこの男性は石器時代人で、新石器時代からずっとその山腹に横たわっていた。そして低温と強風によって、体の組織だけでなく衣類と履物、弓矢、小袋の中の食べ物、火口《ほくち》としてもっていたキノコまでが保存されていた。胃の中身を分析することによって最後に食べたものが明らかになり、肩甲骨には矢尻が刺さったままで、それは最近になってエッツィの死因だったことが判明している。死体が腐敗するのは、体の内外の環境が微生物の成長と活動に適している場合だけだ。微生物が成長も活動もできないときには、ミイラができあがることもある。そうしたミイラがアジアの大草原や南米の山間部で数多く見つかっているのは、環境条件が過酷なために微生物が活動できないためだ。

殺人事件では、腐敗の段階から被害者の死亡時期に関する正確な情報を得られない場合、また別のヒントを利用しなければならない。この点で、法生態学者はもう一つの重要な武器を用意している。その武器とは、水中で魚が、空中で昆虫が、地上で動物と植物が進化するより前に、地球上で進化した生物の仲間だ。それらはあらゆるところにいて、土の中や動植物の内外などで暮らし、田園地帯、人家の庭、家の中にも棲みつき、私たち自身の体の中にも、表面にもいる。それらはこれまでに何度も、最も重要な情報をもたらすことが証明されてきた。その正体は、菌類だ。

第9章　敵と味方

私はキングス・カレッジ・ロンドンの植物学部で学び、なかでも菌学（菌類学）と細菌学は二つの得意分野で、また大好きな分野でもあった。菌類（真菌類）には伝統的に、白カビ、カビ、枯病菌、酵母、地衣類、さび病菌、黒穂病菌、粘菌、そしてもちろんキノコも含まれる。これらを研究するのは、つい最近までは植物学者だった。植物の仲間だと考えられていたためで、その原因を作ったのはスウェーデンの植物学者カール・フォン・リンネだ。リンネは一七五三年に二巻からなる『植物の種』を出版し、生物学に関するこのとてつもない間違いを広めてしまった。リンネは、それまでに知られていた生き物の多様なグループを詳しく研究し、それらを分類して名前をつけたのだが、そのとき菌類は植物に違いないと考えた。そしてそのまま二百年ものあいだ、一九六〇年代になってもまだ、同じ分類が使われ続けていたわけだ。菌類に関する概念が大きく変化したのはそのあとで、菌類は今では独自の「菌界」に分類されている。ただし一部の枯病菌と粘菌は、それぞれ藻類と原生生物に移された。

菌類は、およそ十五億年前にそのほかの生物から枝分かれしており、最近の分子的研究によれば植物より動物に近い関係にあるという。確かに菌類と動物は同じ方法で栄養素を取り入れることによって生きている。菌類は動物と同じように、あらかじめ作られた栄養物を食べることによってのみ生き延びることが可能で、そうした栄養のほとんどは、植物か、植物由来の物質を食べた生物によって作られている。さらに菌類は体外で食物を消化するという点でも、一部の動物に似ている。クモは虫を罠にかけると、まず消化酵素を注入して運の悪い餌食をドロドロに溶かす。そしておもむろに液体を吸い込むと、残った昆虫の殻には目もくれないのだ。菌類も似たようなことをする。さらに言えば、土の中に棲む菌類のなかには投げ縄のような輪を作って、ごく小さい線虫を捕らえるものまでいる。投げ縄で捕らえた線虫の中に侵入し、その体全体に至るまで成長すると、酵素を注入し、その組織を消化するのだ。やがて組織は分子レベルにまで分解され、菌類はそれを自身の体に吸収する。菌類の胞子が発芽すると細い糸のような菌糸を伸ばし、それが何度も枝分かれし、互いに絡み合い、放射状に広がって菌糸体を形成していく。菌類には、食べ物の中に押し入って、かき分けながら広がるとともに、その表面全体を覆うように成長できる強みがある。菌類は確かに植物ではない。植物は葉緑素という魔法のような分子を利用して日光のエネルギーをとらえると、それを利用して二酸化炭素と水を糖に変えることができる。一方、菌類が成長して繁殖するためには、すべての動物と同じく、別の生物の組織を生きたまま、または死んだ状態で、餌として取り入れなければならない。

菌類は、実は遠い遠い昔から存在しているのだが、化石化することは稀だ。それでも二十四億年も前に菌類に似た生物がいたという証拠が、わずかながら残されている。およそ五億四千二百万年前、菌類は植物よりずっと前に海から陸に上がって定着した。そして四億四千四百万年前ごろからはじまったシルル紀には、すでにかなりの多様化を果たして、数多くの生態的地位（ニッチ）を獲得していた。生物史に当てはめてみると、菌類は恐竜がはじめて地球上を歩き出すおよそ十億年も前に、しっかり根づいていたことになる。

分類学者は誰もが、植物と動物についてはほとんどを把握している一方で（ただし、種の数が増え続けている線虫の仲間や甲虫などの一部の昆虫を除く）、菌類をめぐる状況はもっと驚くべきものだと考えている。新しい分子的研究によって、これまでに記載されてきた菌類の種には、それぞれに五つ以上の種が含まれているかもしれないことがわかってきた。ごく最近には、アスペルギルス属（*Aspergillus* 人間に感染症を引き起こす一連の病原体を含む）の一つの種を分析した結果、実は四十七種も含まれていたことがわかり、そのそれぞれが異なる潜在力をもっていた。菌界の規模と多様性は広大で、今のところ、現在地球上に存在している種のうちのわずか五パーセントしかわかっていない。

植物は構築し、菌類は破壊する。菌類は植物由来の物質を劣化させる重要な作用因子だ。実際、リグニン（木を硬化させる複雑な構造の高分子物質）を分解できるのは菌類だけだが、同時に菌類はあらゆる死物の分解にもなんらかの役割を果たしている。死物が存在する場所では、菌類がごちそうを楽しんでいる。もしもそうでなければ、そして分解というものが存在しないとすれば、生物の化学的成分がすべて、人間も含めた動植物の死体の中に永遠に閉じ込められたままになってしまう。もしそんなことが起きれば、何も誕生できなくなり、生命は動きを止めるだろう。なんらかの生命が誕生するためには、分解が不可欠なのだ。生物は絶えず再生利用されており、いつかはあなたも私もリサイクルされる。

科学捜査官はつい最近になるまで、菌類を捜査に利用できるのは毒殺事件か、向精神作用のある（幻覚を誘発する）種《しゅ》を違法に使用した事件に限られると考えていた。だが菌類が教えてくれることは、実際にはそれよりはるかに豊かで、情報の宝庫なのだ。菌類の成長の方法、成長の速度、成長のパターンをすべて記録して分析すれば、慎重な観察者はそれをもとにして、ある人物がある時刻にある場所にいたことを突き止めたり、被害者が最後の息をしてから経過した時間の長さを予測したり、あるいは死のほんとうの原因を究明したりすることが可能になる。菌類は花粉と同じく、どんな場所で育ったとしても、その場所の証拠を残しているのだ。

菌類は顕微鏡でしか見えないほど小さく、また信じられないほど広大な範囲に広がっていることがある。微細な胞子が発芽して菌糸が伸びると、枝分かれしながら成長し、広がり、互いにつながって、菌糸体の集合を形成する。菌糸の成長が止まるのは、障害物にぶつかったときか、栄養をとれなくなったときだけだ。遮るものがなく、食べるものさえ調達できれば、菌糸体は何年ものあいだ、何キロ先にでも広がっていくことができる。北米ではナラタケ属（*Armillaria*）の種の巨大なコロニーがいくつか報告されているが、最大のコロニーとして記録されているのは一九九八年にオレゴン州のマラー国有林で発見された巨大なオニナラタケ（*Armillaria ostoyae*）だ。現在の成長の速さに基づいて年齢を推定すると、約二千四百～八千六百五十歳だという。全体が占める面積はおよそ十平方キロだ。

微細な胞子が発芽した地点から放射状に広がっているが、樹木を殺してはそれを食べてきたので、食べるものがなくなることはなかった。その存在を示すのは、枯れた木々の脇に生えている黄金色のキノコ——木の幹の根元に顔を出す、かわいらしい集団だ。

これは世界有数の巨大な菌類の例だが、換気の悪い浴室のタイルの目地に繁殖するクロカビ（*Cladosporium*）も、やはり菌類だ。さらに、長く放置しすぎた食べ残しのパンに見える緑と白の斑点も、果物籠の一番底に置いたまま食べ忘れたオレンジに現れる緑色の濃淡も、同じく菌類だ。パン職人がパンを焼くために小麦粉と水に加えるイーストや、醸造者がビールを作るのに加える酵母も、やっぱり菌類である。菌類が存在しなければ抗生物質はほとんど存在しないだろうし、泡立つレモネードも、バイオ洗剤も、お茶もコーヒーも、木も花も、食料庫に入っている食料品の大半も、私たちの現代の暮らしの必需品の多くも、存在しなくなるだろう。私たちが食べる多くの動物さえ、腸内に菌類がいなければ成長できない。そもそも、その動物たちが食べる草も生えないだろう。私たちは菌類に囲まれ、侵入され、その存在なしでは生き残ることができない。私たちが菌類に栄養を与え、菌類が私たちに栄養を与える。

消化されやすい食べ物が見つかる場所には、必ず菌類がついてくる。地球の地殻の表面からスプーン一杯の土をすくえば、そこには十万個を超える生きた胞子とわずかな菌類が含まれており、その一つひとつがコロニーを形成する力をもっている。次に窓から外を見たら、このことを考え、自分を取り巻く世界について思いをめぐらせてみてほしい。私たち人間の体は、ほとんどの哺乳動物と同様にマラセチア属（*Malassezia*）などの酵母に覆われていて、これらは通常は何の害も及ぼさないものの、フケを生じさせる最大の原因となる種もある。またカンジダ属（*Candida*）の酵母もよく知られ、口の中に不快な症状（鵞口瘡《がこうそう》）を引き起こすことがあり、稀に血液や内臓器官に侵入すると死の危機を招く場合もある。ほとんどの人は一生のうちにはなんらかの真菌感染症にかかる。もしも水虫にかかった経験があるなら、トリコフィトン属（*Trichophyton*）の一種か、エピデルモフィトン・フロッコーサム（*Epidermophyton floccosum*）に感染したのだろう。これらは一般的な土壌生物なので、土が露出した場所で働いたり歩いたりするときには足を保護するよう気をつけた方がいい。感染すると足（おもに足の指のあいだ）がヒリヒリ痛んだり、その表面が鱗状に剝げ落ちたりするからだ。トリコフィトンは体の足以外の部分、ときには頭皮に、円形で鱗状に変化した痛くて赤い斑点を生じさせることがあり、これは「白癬《はくせん》」と呼ばれている。菌類を殺す薬物のほとんどは人間も殺してしまうために、菌類の駆除は難しいことが広く知られている。細菌感染症を治すのはかなり容易で、それは細菌があらゆる点で私たちとは大きく異なっているからだ。だが、菌類は人間により近い関係にあり、毒素に対する感受性がある程度共通しているのだ。

生きた人間の体は、あらゆる防衛手段と免疫系が順調に機能していても、菌類にとってうってつけの生態環境を提供している。それならば、人が死んだあとの体ではどうなるのだろうか？　菌類の多くの種にとって、死体は消化されるのを待つばかりの巨大な栄養源だ。そして、私にとって忘れられないある事件では、菌類がごちそうを楽しみ、殺された男のいたソファーとカーペットに広がっていた様子が、殺人犯を特定する決め手となった。

荒涼とした冬のダンディーにあるアパートの一室を思い浮かべてみよう。次に、友人が行方不明になったとの通報を受けた警察が、行方不明者の家の玄関ドアをこじ開けて室内に入る様子も想像してみる。そこで警官が見たのは、うつ伏せで顔をカーペットに押しつけたまま、大の字になって床に横たわる男の姿だった。体には複数の刺し傷があり、死因に疑いの余地はない。

次に、刺し傷から周辺の家具に飛び散り、やがて死体から流れ出してカーペットに染み込んでいった、血液をはじめとした体液の様子も思い浮かべてみよう。窓はすっかり閉じられ、セントラルヒーティングがしばらくつけっぱなしになっていたから、室内は信じられないほど高温になっている。飛散した血の跡は、そこで成長した菌類のせいで、くっきりと灰色、白、緑、茶色になっている。家具調度の隙間で休眠中だった菌類の胞子が、降ってわいたように出現したごちそうを前にして目を覚ましたのだ。このときまで部屋は密閉されていたために、死体は腐食動物から守られるとともに、いつもならすぐに飛んできて開口部に卵を産みつけるはずのハエもやってはこなかった。菌類は栄養物のある場所すべてに広がっていった。だが、もう血液も体液もカラカラに乾いてしまったか、菌類が広がりながらすっかり使い尽くしてしまったかで、成長は止まっている。コロニーはまるでカーペットの上に地図帳を広げたように、男の血液が達した境界線をはっきり描き出していた。

これは二〇〇九年に、私と夫のデイヴィッドが夜行便でダンディーに飛び、死んだ男のアパートの部屋に駆けつけたときに目にした光景だ。菌類は犯行時刻の推定に役立つかもしれないと聞いていた警察官が機転をきかせ、上級捜査官に進言をしたことで、私たちが現場に呼ばれたのだった。

私たちは、不気味で不思議なパズルを解かなければならない場面によく出会う。この事件の場合、何が起きたかを読み解くカギは、男の傷から流れ出した血液の中で菌類が成長して広がった範囲だ。手はじめに、代表試料を抽出する範囲を決め、写真を撮影し、その範囲内のコロニーの図を描く。次に、ソファーのクッションとカーペットの代表試料として使う部分を切り取って、滅菌したプラスチック容器に入れる。あらかじめ電話で湿度と温度を測定しておくよう依頼してあったので、その部屋の具体的な数値が記録されていて、使うことができた。平均室温は約摂氏二十六度、相対湿度は約三十四パーセントだ。菌類が成長するにはもってこいの暖かさだが、残念ながら乾燥しすぎていた。ほとんどの菌類は、そもそも成長するためには約九十五パーセントという相対湿度を必要とする。これは誰もが自分の家での経験を通して知っていることだろう。屋根から雨漏りがあると、壁紙に菌類が繁殖し、またたく間に黒や緑に変色する。カビが生えている場所には必ず湿気がある。つまりこのアパートの一室では、死んだ男の血液がカーペットに飛び散るまでは湿度が不足していて、カーペットや家具で休眠していた胞子が発芽することさえできなかった。そこに思いがけず、栄養物と水が降ってわいたわけだ。

私たちは現地の警察にある科学捜査研究室の施設を使わせてもらえるよう頼んだ。微生物学専用の設備はどこにもなかったが、良好な層流キャビネット（クリーンベンチ）が見つかり、私の標本を空気中に漂っている胞子から守るには十分だった。いつものように小型の用具類は持参していたので、私はキャビネットの中を間に合わせの培養作業場にした。必要なものは滅菌用のブンゼンバーナーと、基本的な培地を入れたペトリ皿だけだ。培地プレートにいくつかのコロニーを植えつける作業を開始する。

デイヴィッドはキューにあった国際菌学研究所の所長を長く務め、研究生活の大半にわたって、試料の抽出、二次試料の抽出、培養といった単調な技術作業を引き受けてくれる専門技術者の部下がいた。だが、私はそうした仕事を助手に任せるような贅沢は経験したことがなく、微生物学者としての実用技術を失わずに保ち続けている。そこで、写真を撮り、さまざまな布での菌類の成長パターンをスケッチしたあと、代表試料を抽出する部分を決め、私のスケッチではっきりと描かれているコロニーをすべて測定した。それからコロニーの抽出部分の布を切り取り、それぞれのコロニーを寒天培地プレートに植えつけ、試料の布を滅菌した容器に保管した。私たちはその後、カビの生えたカーペットとクッション、そして貴重な培養物を携えて南に飛んで帰ると、菌類の成長があのアパートで起きた何を物語っているのかを解明すべく、実験に取りかかった。

第一歩として、カビの生えた布をアパートの室内と同じ温度で培養した。四日後、菌類のコロニーは、私たちがクッションとカーペットからそれらを切り取った元の状態とまったく同じようになった。明らかにその時点で、何かが原因で成長が止まったのだ。その何かとは、おそらく水分の不足だと考えられた。

これを試すために、布地全体をウシの血で湿らせ、一晩だけ培養した。すると翌朝までに菌類は爆発的な成長をとげた。それぞれのコロニーが大きく広がって隙間を奪い合い、可能なかぎりの場所で重なり合うように増殖し、隙間はまったく残っていない。これで状況をうまく説明できるようになった。アパートの温度が高かったために体液がすっかり乾燥し、乾ききったと同時に菌類はもう広がることができなくなったのだ。各種の菌類の成長速度がわかれば、カーペット上で成長したコロニーの大きさを測定することによって、死体がそこに横たわっていた最短時間を知ることができる。

つまり、ダンディーで準備して純粋培養したそれぞれのコロニーを用い、新しい培地を入れたペトリ皿の真ん中で二次培養すればいいわけだ。そうすれば菌類は、植えつけた点から外に向かって円形に成長するだろう。そこで私たちはデイヴィッドが確認した三つの分離株――ムコール属の仲間（*Mucor plumbeus*）と二種のペニシリウム属の仲間（*Penicillium brevicompactum*, *Penicillium citrinum*）――の広がり方を観察し、測定し、時間を計った。培養器を摂氏二十六度に設定すると、二日後には菌類の「雑草」とも言えるムコール属の仲間が予想どおり培地プレートのほぼ全面を覆ってしまった。二種のペニシリウム属の仲間が事件現場で広がっていたのと同じ直径に達するには、五日かかった。この結果から、血液がクッションに飛び散ってカーペットに染み込んだのは、死体が発見される少なくとも五日前だったことがわかる。実に驚いたのは、被害者の「友人」だという加害者がのちに殺害を認め、犯行に及んだのは事件が発覚する五日前だと自供したことだ。もしも窓が開いていて、ハエが介入していたなら、警察は必然的に昆虫学者に死亡推定日を尋ねていただろう。こうしてまた私たちは、十分に試されてきた方法が役立たないとき、私たちの方法が役立つことを証明したのだった。

菌類は主要な物証にもなるし、植物学または花粉学による証拠を裏づけることもできる。菌類が役立つのは、たとえわずかでも栄養物さえあれば、ガラス、紙、木、皮革、さらにプラスチックの上と、どこででも成長できるからだ。菌類は数多くの異なる生き方を身につけてきた。たいていは死んだ有機物を餌にしているので、果樹園の葉は春までに姿を消す。また宿主に侵入して寄生することもでき、やがて宿主を殺してその死体を食べてしまうこともある。

一部の菌類は植物とのあいだで、相互に利益をもたらす親密な関係を築いている。植物が菌類に糖を提供し、菌類は植物にリン酸塩、水、その他の栄養を提供するのだ。菌類の菌糸体は土の中に広がっていきながら、植物の根系を効率的に広げる役割も果たす。さらに驚くべきことに、そのような性質をもつある菌類は、いくつかの植物と同時に同じ関係を築くことができ、そのシステム全体を通して栄養物を受け渡すこともできる。そうすると植物どうしがつながりをもち、一方が苦労していれば、菌類を通してもう一方の植物から食べ物を分けてもらえる。たとえば、もし一本の木が森林の外縁部にあって、とてもよく成長しているのに対し、もう一本の木が森林の内側にあって成長が遅いとき、外側の元気な木が内側の栄養不足の木に栄養を受け渡すことができる。それぞれの植物が多くの菌類種と共生関係を築いていることを考えると、あたりの植生はそれぞれの植物が個別に振る舞っているわけではなく、すべてがつながりあった一つの存在なのだと思えるようになる。最近では、生態学者がますます「ウッド・ワイド・ウェブ（ＷＷＷ）」〔訳注　菌類を介して情報や資源を交換する植物のネットワーク〕について語るようになってきた。世界はとてつもなく入り組んでいて、信じられないほどすばらしい！

だが、すべての菌類が恵み深いとは限らない。多くは向こう見ずな殺し屋だ。それらは宿主と仲良く暮らすのではなく、胞子が空中を飛んで葉や幹に着地するか、土中を少しずつ進んで根を攻撃するかのどちらかの方法を用いて宿主に侵入し、殺し、食べ、立ち去る。動物も、菌類の感染によって利益を得ることもあれば悩まされることもある。動物の腸に棲みつく菌類は、消化の悪い食べ物を活発に消化し、宿主が利用できる単純な分子にまで分解する。ウシ、ヒツジ、ヤギは反芻することによって、牧草、干し草、葉などの消化しにくい食べ物を、腸内にいる大量の微生物が利用しやすい状態にする。微生物がいなければ動物たちは飢えてしまう。野ウサギは自分自身の糞を食べなければならず、それは腸内で微生物が消化活動をしている場所は、栄養が吸収される場所よりあとにあるからだ。なんという変わった動物だろう。

菌類と植物の――そして場合によっては菌類、植物、さまざまな種の細菌の――もう一つの驚くほど強固な共生関係が見られるのは、地衣類だ。地衣類は、まるでフケが落ちているような、あるいは葉が茂っているような、またブラシに似たような姿に成長し、たいていは灰色、緑、黒という色合いで、岩、ビル、壁、木の幹、木の葉、場合によっては地面でも見つかる。踏みつぶされたガムにしか見えないものもあり、地衣類が生えていると歩道がとても汚れているように見えることもある。地衣類の協力関係は驚くほど古くからあり、数億年前までさかのぼる。見事にバランスのとれた交友関係を保つことによって、この地球上の厳しい物理的、化学的条件に耐えることができるのだ。南極大陸でも不毛の砂漠でも見つかるが、高温多湿のジャングルと温暖な森林の中で最も多様性に富んだ種に出会える。

地衣類は極度に逆境に強く、炎に包まれて地上に激突した宇宙ロケットでも生き残ったし、オオロウソクゴケ属（*Xanthoria*）の試料を十八か月間にわたって国際宇宙ステーションの外壁に付着させたところ、宇宙放射線と紫外線を浴びても耐えたばかりか、宇宙の真空状態の中でも生き残ることができた。

地衣類は古くからあり、耐久性に優れ、それぞれが単一の生命体ではない（人間の体も同じだ）。地衣類は、菌類、一つ以上の藻類、そして細菌が作る微小生態系で、その他の菌類と同様に、経過した時間の長さを推定するための優れた指標として利用することができる。氷河の成長と衰退を推定しようとする地質学者さえ、時系列での氷河の変化を評価するために地衣類を利用してきた。数年前、デイヴィッドと私がマンチェスターで生物劣化の会議に参加していたときに、緊急の電話で呼び出された事件もその一例だ。そこから三百キロも離れた森林を横切る静かな道で、ちょっと用を足そうと停車したトラックの運転手が、道路脇で怪しげな袋を見つけ、中にバラバラ死体の一部が入っているのではないかと考えた。当時、起きたばかりのバラバラ殺人事件がニュースで盛んに報じられ、周囲で不審なものを見つけたら通報してほしいと人々に呼びかけていたのだ。

その事件のあらましについては、のちにたっぷり報道された。ある男女が裕福な友人をうらやましく思い、殺害することに決めた。二人は友人の家と車を乗っ取って堂々と暮らしても、見つからずにすむに違いないという、言いようのない単純な考えをもっていた。不運な被害者の体は巧みに切断され、広い範囲にわたって別々に遺棄された。頭はレスターシャーで見つかり、胴体はスーツケースに入れられてハートフォードシャーの小川に浮かび、腕と脚は道端、森林、牧草地にさまざまな状態で捨てられていた。私は見つかった体の部分をいくつか、頭部を含めて調べたが、一本の脚に関して植物学と菌学が発揮した威力は、多くの人々の心に強い印象を残したものだ。

デイヴィッドと私は大あわてで会議を抜け出すと、制限速度ギリギリまで車を飛ばしてミッドランドを走り抜け、バーミンガムの渋滞をなんとか過ぎ、脚が見つかった場所へと急いだ。ところが、非常線が張られた現場にようやく到着したときには、すでに現場捜査官が脚を遺体安置所に移したあとだった。二十分の差で間に合わなかったのだ。なぜそんなことになったのか、今でもまだ理解できていない。その状況にすっかりあきれ果て、薄暗い夕暮れにできることもほとんどなく、私たちは会議と長い運転のあとで疲れ果てた体を引きずるようにして、近くのB&Bに逃げ込んだ。だが翌朝にはすっかり元気を取り戻し、脚が捨てられていた現場に向かう。私はまず植生の調査からはじめ、さらに犯人が通った可能性のあるいくつかの経路を評価し、土の試料を採取した。あとで加害者が逮捕された際に、その靴と衣服に付着した土と比較できるようにするためだ。トラックの運転手が脚を見つけたとき、それは青いビニール袋に入っていた。運転手はまったく手を触れていないと主張し、怪しいものに気づいたので、すぐ警察に電話をしただけだと言った。だが私が地面を調べてみると、運転手が袋のまわりをつついてみたのは一目瞭然で、しかも元あった場所から間違いなく一メートルほど動かしていた。なぜわかったかというと、私は袋がもともと置かれていた場所をはっきり特定できたからだ。その場所ではネズミが青いビニール袋をかじり、ミミズがもうその切れ端を土に埋めようとしていた。

袋の重さではっきり折れ曲がった小さな草もいくつかあったが、まだ緑色を保ち、すでに立ち直りはじめていた。嚙み砕かれたビニールのかけらと折れ曲がった草は、袋が置かれていたとされる位置から一メートルほど離れた場所にあった。現場捜査官が、彼らが袋を見つけた場所に丁寧に印をつけていた。私にはすでに、トラックの運転手がほんの少しだけ真実をねじ曲げたこと、好奇心から袋を動かしていたことがわかっていた。植物の状態から考えて、また私がこれまでに別の事件で目にした状況と比べ、細かいビニールの破片がまだわずかしか土に埋められていなかったことから、袋がそこに置かれていたのは、せいぜい二、三日だろうと思われた。一方で、警察の捜査は日に日に身の毛もよだつものになっていた。人里離れた場所で見つかった人体の一部はこれだけではなく、デイヴィッドと私はすでに頭部を調べるためにレスターシャーの現場にも出向いていたし、一本の腕ともう一方の脚はハートフォードシャーの別の場所で見つかっていた。警察はそれまでに容疑者を特定し、尋問の結果、殺人が実行されたのは最後の脚が見つかった日の二週間前だという結論に達していた。そのため、体のすべての部分がその約二週間前に、同時に捨てられたと推定されていた。

私が地面に膝をつき、ビニール袋の影響で変形した草を丹念に調べていると、デイヴィッドが私の背中をつついて、袋がもともと置かれていた場所に生えている草の茎にのった一本の小枝を指さした。彼の指先が示した位置をたどると、枝にオオロウソクゴケ属アカサビゴケ（*Xanthoria parientina*）のかなりの大きさのコロニーが見えた。この地衣類は、明るい光の下では鮮やかな黄色に見え、そこに胞子が作られるオレンジ色の部分が混じるが、枝の下側などの日陰の部分では灰色とオレンジ色に見える。イングランド南部ではいたるところで繁殖し、なかでも自動車から排出される窒素によって成長が促される道路の近くに多い。だがこのとき興味を引いたのは、小枝についたコロニーがきれいな黄色をしていたことだ。デイヴィッドは野外観察の経験から、それが何かに覆われると緑色に変色することを知っていた。ただし、緑色に変わるまでにどれだけの時間がかかるかはわからなかった。私たちはこれが重要なものかもしれないと感じたものの、その時点ではまだ、どれだけ役に立つのか見当がつかなかった。そこで地面からその小枝を拾い、ほかにも近くから似たものを何本か集めると、付き添いの警察官が場所と内容の記録をとった。

その小枝をわが家の庭に持ち帰るほかに、もうできることは何もなかった。わが家の隣にはサリーでも一、二を争うほど大きなオークの木があって、一年も終わりに近づくとその枯れ葉が大いに邪魔になるが、このときはとても役に立った。私たちの庭では小さな果樹園を自然のままに放置して、キツネやアナグマが日光浴をしたり遊んだりする場所を確保しており、動物たちをたびたび見かける。そこは思いついたことを検証するための単純な実験をするのにも便利で、今回もここで実験してみることにした。デイヴィッドは、その地衣類が十分に日光を浴びると黄色とオレンジ色になるが、たとえば枝が裏返しになるなどして日光が当たらなくなると緑色に変わり、やがて死んでしまうことを知っていた。今回見つけた地衣類が日光を奪われたときに緑色に変わる速さがわかれば、切断された脚がその森に置かれていた日数を割り出すのに役立つかもしれない。

予想外の邪魔が入らないように金網で小さなケージを作り、地面にはオークの枯れ葉を厚く敷きつめて、脚が捨てられていた場所の、森に沿って落ち葉が降り積もった道路脇の状況に似せた。次に、三本の小枝を落ち葉にのせた。それぞれにはあの小枝から採取した地衣類がのっている。一本目は地衣類がすっかり日光に当たるようにし、二本目と三本目の上には、切断された脚と同じ重さになるように砂を詰めた青いビニール袋を置く。

それからはもう待つしかない。二日後には二本目の小枝の上から砂入りのビニール袋を取り除いたが、三本目の小枝の上には五日後まで袋を置いたままにした。結果は興味深いものだった。一本目の小枝の地衣類は五日間ずっと日光を浴び続けていたので、黄色のままで、実際にははじめより少し黄色が強くなっていたほどだ。この場所は事件現場より日当たりがよかったので、そのおかげだろう。二本目の小枝は緑がかった黄色になり、五日間ずっと日光が当たらなかった三本目の小枝はすっかり緑色に変色していた。今回の事件の成り行きは明らかだった。もしこの地衣類が日光を遮られて五日後には緑色に変わるなら、脚が遺棄された場所ではまだほとんど黄色だったのだから、脚が入った袋が置かれてから五日以上たっているはずがない。

デイヴィッドと私がこの結果を伝えると、警察ではほとんど信じられないといった様子になった。なにしろ警察は、脚がその場所に二週間放置されていたと確信していたからだ。日数がもっと少ないとなると、事件についてわかったと思われていたことが覆されてしまう。それでも、自然の多くのものがそうであるように、地衣類は嘘をついてはいなかった。捜査は警察が思っていたほど正確なものではなかったわけだ。

デイヴィッドと私は引き続いて捜査を手伝うことになり、今ではこれをバラバラ死体の「ジグソーパズル事件」と呼んでいる。やがて胴体も発見された。青いタオルに包まれて安物のスーツケースに詰め込まれ、私たちがすでに調べた腕と脚の発見現場から何キロも離れた小川に捨てられていたものだ。胴体を回収するあいだ、私たちは凍えるような小川の水に足を踏み入れるはめになったが、検査は最適な死体安置所で行なった。これはデイヴィッドが科学捜査に携わるようになってから出会った、わずか三体目の死体で、死体安置所での検査は彼にとってはじめての経験になる。その日のことを思い出すと、自分があまりにも無神経だったことを後悔せずにはいられない。彼はほかの多くの面で私にとてもよく似ていたから、死体安置所の雰囲気と活動に影響されるとは想像もしていなかったのだ。

ところが、胴体についた菌類のコロニーを測定するのと、ウジ虫を熱湯で殺して法昆虫学者が利用できるよう準備するのと、どっちの作業をしたいかと尋ねたとき、彼は顔面蒼白で、言葉も少ししどろもどろになった。その様子は今でもありありと浮かぶ。彼はウジ虫のほうを選び、ステンレス製の作業台の隅っこで熱湯の入ったヤカンと瓶を手に、信じられないほど静かに作業していたのを覚えている。のちに、身をくねらせた小さな生き物を殺したくはなかった、とりわけ、不幸にもスーツケースの中で餌を食べる群れに加わってしまったかわいい甲虫を殺すのは嫌だったと、打ち明けてくれたものだ。

道路の脇で見つかった脚に端を発した事件は、抜群の想像力をもった推理小説作家もなかなか思い浮かばないような、悲惨な筋書きが暴き出されて幕を閉じた。犯人は、友人に誘われてその家に下宿するようになったあと、新しい家主の懐具合の豊かさをうらやむようになり、自分よりはるかに若い娼婦で二人の女の子の母親でもある恋人と共謀して、その友人を殺害した。友人が眠っているあいだに背中から刺し殺した犯人は、以前は肉屋で、さらにロンドン郊外のギャングに雇われて死体をバラバラにする仕事を引き受けていたそうだ。彼は昔とった杵柄《きねづか》とばかりに友人だった男性を切り分け、広くあちこちにばらまいてしまった。二人は捕まるはずがないと思っていたのかもしれないが、私はこれまでに何度となく、こうして自然が示すほんのわずかなヒントが正しい方向を指し示し、法の裁きが下る場面を目にしてきたのだ。

第10章　最後のひと息

私たちの体は活力に満ち、絶え間なく変化を続けている。それは体内の作用によって、体が四六時中、生成と分解を繰り返しているからだ。空気を吸い込み、食べ物を食べながら、私たちは「外界」を自分の体内という「聖域」に取り込んでいる。そして、簡単に言うなら、必要なものをもらって、要らないものを汗、尿、便の形で捨てている。ただし、食べ物と水には微量の放射性物質が含まれていて、それが私たちの軟組織、骨、毛髪、爪に蓄積していることに、ほとんどの人は気づいていない。世界中のあらゆるものには、放射性同位体という形で独自の放射性物質の痕跡が蓄積しており、その痕跡のおかげで私たちは生まれてからの自分の地理上の動きをたどることが可能だ。一本の歯がその人の生まれた場所を示し、大腿骨は過去十年以内の旅について教えてくれる。十年以内なのは、骨が十年ごとにすっかり入れ替わる（代謝回転している）からだ。毛髪と爪が伝えてくれるのは、もっと最近に世界のどこに行ったかという情報だ。約一か月のあいだに、手の爪の六分の一、足の爪の十二分の一が伸び、毛髪は頭皮から約一・三センチ分が伸びる。その結果、ひと月ごとにどこに行ったかという情報を追跡できることになる。

空気は食べ物からエネルギーを取り出すために必要な酸素を供給してくれるが、私たちの体は呼吸をしながら、空気を吸った地理的位置の痕跡を残すことができる。空気には放射性同位体だけでなく、さまざまな粒子と破片が含まれている。にわかに信じられないなら、乾燥した夏の日中に涙があふれ、鼻水が止まらない人のことを考えてみよう。花粉症にかかっている人は誰でも、私たちの吸い込む空気が花粉粒、植物や菌類の胞子、そしてその他の未知のアレルゲンでいっぱいなことをその身で証明している。

窓から差し込んだ日光を目にすると、あたりには無数の微細な塵が漂い、わずかな空気の動きで渦を巻きながら飛び交っているのに気づくはずだ。だがほとんどの人は、自分が呼吸とともにこの「飛散胞子」（空気中を漂っているさまざまな微粒子。通常は花粉粒、胞子、有機物の断片、埃）と呼ばれるものを吸い込んでいることには気づいていない。私たちの鼻の内側を覆っている粘膜の一番の目的は、こうした微細な異物を捕らえ、曲がりくねった鼻腔の奥とその先にある肺に入り込まないようにすることにある。それでも過敏症やアレルギー症状のある人たちは、どうしてもこれら刺激物の影響を受けてしまう。そのような物質はかなりの長期間にわたって私たちの鼻腔の粘膜にとどまることがあり、なかでも鼻甲介《びこうかい》と呼ばれる突起部分の粘膜にくっつくことが多い。鼻甲介というのは、鼻から吸った空気が肺まで確実に流れるように、鼻腔をひだ状に区切って通り道を作っている突起だ。粘膜にくっついた粒子がどれだけ長く元のままの状態を保てるかはわからず、それを調べる実験はほとんど不可能だと言っていいだろう。鼻甲介に付着した実際の花粉を観察する機会は必然的に稀で、結局のところ、解剖して検視する死体の数と同数ということになる。それでも、とりわけ私が担当したいくつかの事件の結果から、検視の際に死体の外側だけでなく内側でも花粉と胞子をよく調べることが必要だと、病理学者に少しずつ受け入れられるようになってきた。私たちが知らず知らず身につけているもののおかげで、犯罪が明るみに出て、法の裁きが下されるわけだ。

二十五年前までさかのぼり、ドイツのザクセン＝アンハルト州にあるエルベ川左岸の都市、マクデブルクを訪ねてみることにしよう。マクデブルクの歴史を振り返ると、同じ規模の大半の都市とは比べものにならないほど激しい浮き沈みを経てきたことがわかるが、一九九四年になって、また別の陰惨な過去が明らかになった。街の中心部で新しいアパートを建設するために基礎を掘り起こしていたところ、そこには遺体が集団で埋められた共同墓地があり、三十二体の身元不明の人骨が発見されたのだ。目撃者の話と骸骨の貧弱な歯の状態から、犠牲者はソビエトの兵士と考えられたが、誰が兵士たちを殺したかについて、マクデブルクの人々の意見は分かれた。一九四五年の動乱時に、ナチスの秘密警察「ゲシュタポ」が大量虐殺を行なったという意見があった。一方で、ソ連の防諜部隊「スメルシ」は戦後にマクデブルクに本部を置いていたので、一九五三年に反乱を鎮圧した際にスメルシが兵士たちを殺したのではないかという意見もあった。ゲシュタポの仕業であれば虐殺は春に起きたことになる一方、スメルシが反乱を鎮圧したのは夏だった。それなら、兵士たちが死んだ季節を立証できれば謎が解けるはずだと、マクデブルクにあるオットー・フォン・ゲーリケ大学のラインハルト・ジボアは考えた。

鼻甲介は鼻腔の奥深くにあり、とても薄い骨でできたサンゴのような形をしていて、薄い粘膜で覆われている。表面の薄膜はネバネバしているので、微粒子がそこにつくと、鼻をかむことで粘液が取り除かれるまではずっとそこに残っている。そこでジボアは、埋められていた犠牲者の鼻甲介に残っているのが春の花粉か夏の花粉かを区別できるかどうか調べることにした。そして、一年間にわたる実験によって、彼の理論の正しさを証明できたようだ。まず教え子の大学院生の一人に、一年を通して一定間隔で鼻をかみ続け、そのたびにハンカチに残った花粉粒を確認するよう指示した。そしてその結果から、実際にハンカチについた春の花粉と夏の花粉を区別できると確信をもった。ハンノキ、ハシバミ、ヤナギ、ビャクシンの花粉はおもに春に見られ、ライムギ、オオバコ、ライムは夏に多い。そこでジボアは、それまでの観察と、この一年間にわたって鼻をかんだ結果から、犠牲者が命を落としたのは夏だという結論に達した。つまり、手をかけたのはゲシュタポではなくスメルシだったということだ。

それ以前にも花粉は考古学的発見の年代を判別するために使われていたが、頭蓋骨の鼻甲介から花粉を回収しようと考えたのはジボアがはじめてだった。彼はこの方法によって春と夏の違いを実証できたと確信し、私はこのことに大いに感銘を受けた。その手法を実演するジボアの様子をＢＢＣが撮影し、私はＢＢＣの人気科学番組「トゥモローズ・ワールド」でその手法のすばらしさを称賛するためにスタジオに招かれた。番組開始前に控室でそのビデオを見ると、すっかり不安になってしまった。ジボアが主張していた完璧な結果が、ひどく疑わしく思えたからだ。彼は植物学の専門家ではなく、試料の汚染および花粉の残留現象をともに無視しているらしかった。もしもある季節の花粉が四十年以上にわたってマクデブルクの土壌に保持されていたとするなら、そこにはほかの季節の花粉もすべて残っていたのではないだろうか。私は長年にわたって土壌の花粉分析に懸命に取り組み、花粉がよい状態で保存されている土壌もあるが、そうした土壌には一年間のすべての季節の花粉が含まれていることが多く、前年の花粉が残っていることさえあることを知った。また土壌動物、なかでもミミズと、たくさんの小さな節足動物が、地面の下でとても広い範囲の土をかきまぜてしまうため、いくつもの季節の花粉がまぜこぜになることが多い。そのため、四十年ものあいだ地中に埋められ、土によってひどく汚染されているはずの鼻甲介で、ジボアがどのようにして一つだけの季節の花粉を見つけたのかに疑問を抱いたのだった。彼ははっきり区別できたと主張していたが、その発見は偶然の結果だった可能性がある。

こうした疑念はあるものの、それでもこれがすばらしいアイデアだという考えに変わりはなかった。ただ私の意見では、鼻甲介から頭蓋骨のほかの部分による汚染を排除するとともに、土壌の比較用試料を完全に均質化することが絶対に必要で、そうしないかぎり、花粉量の実態を知ることはできないだろう。私はそれ以降、機会あるごとに死体の鼻甲介を水ですすぎ、そこに役立つ証拠があるかどうかを確かめてきた。いくつかの捜査ではそれが間違いなく役立つ証拠をもたらし、私が科学捜査の世界におずおずと足を踏み入れてから六年後の二〇〇〇年には、ハンプシャーの森林で絞殺された若い男性の謎を解くのにこの手法が役立つことになる。

寒さの厳しい十二月、二〇〇〇年のクリスマスから二日後の朝に、一人の男性がイヌを連れて散歩に出かけた。ミンスパイを食べすぎたせいで増えた体重を少しでも減らしたかったし、ポーツマスから北西に二十キロほど入った森林地帯の冷たくさわやかな冬の空気を楽しみたくもあったのだ。今ではどこも商業林に変わるなか、そのあたりにはまだ昔のままのベア王室林の面影が残り、散歩道と馬道が縦横に交差して、ハンプシャーで最も身近な森となっている。だが、男性がのんびり散歩を楽しんでいるうちに、イヌが突然走り出して木々の向こうに姿を消してしまった。しかも、珍しく口笛を吹いても戻ってこない。散歩道の少し先には、道端に生い茂った下草が姿を消して、傾斜した牧草地が広がっているのが見えた。どうやらウサギとシカのせいで草は長く伸びることがないらしく、長年にわたって湿気を帯びてもいるのだろう。その証拠にはイグサとスゲの茂みがあちこちに突き出している。そのあたりならイバラや枯れたワラビに邪魔されることなく、立ち並ぶ木のあいだに入っていけそうだ。

男性が立ち止まって耳を澄ますと、左のほうからイヌが苛立ったように鼻を鳴らす音が聞こえてきた。よく見ると林間の小さな空き地に彼のイヌがいて、大きなブナの木の下で何か地面から突き出た丸いものを懸命にひっかいている。そこでイヌをその場所から引き離し、もっていた杖で丸いものをつついてみた男性は、恐怖のあまり腰を抜かしそうになった。丸いものには耳がついていたからだ。それはうつ伏せになった人の頭で、体は地中に埋まっていた。

その場所を覆うように大きな丸太が置かれていた。奇妙にも思えるが、殺人犯は死体を埋めた場所にさまざまな方法で目印をつけることが多い。おそらくあとで見つけやすいようにしているのだろう。犯人は現場に舞い戻ると言われ、死体がきちんと隠されているかどうかを確かめたいのかもしれない。

だが、彼らの心に実際何が去来するのかは、知る由もない。

まもなく警察官が到着して二重の非常線を張り、何人かの不運な巡査が配置されて警備についた。被害者がポーツマスの自宅から姿を消したのは、死体を掘り起こすために法考古学者が現場に呼ばれる六週間以上も前のことだ。家族は二十四歳の息子がどこに行ったのかわからないままにクリスマスを過ごし、行方不明になったことが周囲に伝えられても、家族に情報がもたらされることはなかった。唯一わかったのは最後に目撃された日付と場所で、十一月十一日に自分の車、白いフォードのバン「エスコート」に乗って、ポーツマスの公営プール「ヒルシー・リド」にいたという。ただしその車はその日の晩に、地元の工業団地で火をつけられて破壊された状態で見つかっていた。

死体はもちろん腐敗していたが、真冬の低い気温のもとでは進行がかなり遅くなっていたはずで、標準的な腐敗モデルから死体が遺棄された時期を推定することはできなかった。一方、殺害の方法は病理学者によってすぐ明らかになった。わき腹にナイフによる深い刺し傷があったものの致命傷とはならず、最終的な死因は絞殺だった。喉に巻きつけた紐に首の後ろ側で棒を差し込み、その棒を何度も何度もねじって窒息死させていたのだ。残忍な殺害方法だった。あとでわかったことだが、被害者は「仲間」をバカにしたという理由で殺されており、その仲間というのはどう考えても凶暴で、共犯者を巻き込めるだけの支配的地位にいた男だった。警察はまた、被害者が必ずしも順法精神に富んだ模範的な市民だったわけではないことも突き止めた。建具屋を仕事としていたこの男は、自宅に近い高級住宅地で数々の窃盗を働いていたらしい。そして、いつもどおりの徹底した捜査によって二人の容疑者が浮上し、そのうちの一人は被害者が行方不明になった夜、被害者が運転する白いバンに乗っているところを目撃されていた。そこで通常の捜査手順に従い、両容疑者の靴と一方の容疑者がもつ車が、起訴のための証拠品として押収された。

そこで私の出番だ。

森は大昔から死体を捨てる場所として選ばれることが多く、イギリスには共同墓地とみなされてきたのではないかと思えるような森林地帯もある。私がかつて捜査に加わった事件では、ロンドン警視庁が犯罪組織のボスに殺された二十四人もの犠牲者を森林地帯で捜していた。死体遺棄は長年にわたって繰り返されていたらしい。このハンプシャーの事件で被害者が埋められた不吉な場所は、普段なら最も心地よく感じられる林間の空き地だった。何本かの大きなブナの木のほかに、モチノキ、ハシバミ、ヤマザクラも見える。縁の部分にはイバラが茂り、曲がりくねった古いスイカズラの茎は低木や樹木の支えにしっかりと絡みついて、あちこちに伸びている。つやつやしたアイビーも見え、その一部は光を求めて樹木の幹を這い上がる。季節は冬で、ブナの葉、ブナの実、ドングリが厚く降り積もっている以外は目立ったものもなく、空き地を囲むようにたくさんの樹木が生えていても、冬枝のあいだから馬道を見通すことができる。

上級捜査官は、被害者がこの森の中で殺されたのか、それとも殺害現場がもう一つ別にあるのかという点も知りたがっていた。被害者は死体となってこの場所に運ばれたのか、それとも生きたままこの林間の空き地にやってきて、私たちが今立っているこの場所で殺されたのか？　さらに、容疑者の靴がこの現場に触れたかどうかも突き止める必要があった。運よく警察はあまり時間をかけずに二人の容疑者を突き止めており、二人の靴と、主犯とみなされた男の車の足下から押収したマットとペダルを、私に提供してくれた。犯罪者は履物を共有することがあるために、実際のところ証拠だと主張してもそれは「靴」を指すだけで、人物を特定できるわけではない。そこで私は容疑者の所有物から花粉の分析表を作成したあと、花粉の出どころになりうる、遺棄現場以外の場所をできるかぎり多く除外する必要があった。この事件で幸いだったのは、容疑者も被害者もともに生粋の「都会」派で、森の散歩を楽しむことはほぼ考えられなかったことだ。それでももちろん被告側弁護人が、依頼人は森を散歩したことがあると主張しないとも限らないから、私にはつねに周到な準備が不可欠になる。

五百メートルほど離れた場所にある公共駐車場も含めて、その一帯は散歩する人も訪問客も立ち入れない状態になっていたので、私は車から死体遺棄現場まで、この事件に関する日常の捜査全般を指揮していた強靱な巡査部長のジョン・フォードといっしょに歩いた。話をするうちに、彼が私の仕事に本音で興味をもち、植生と植物について学びたいと思っていることがわかったのは嬉しい驚きだった。ジョンにははっきりしたハンプシャー訛りがあったので、素朴な印象を受けたのだが、すぐに不屈の精神の持ち主であることが明らかになった。彼は手に入るかぎりどんな小さな証拠でも必ず手に入れると固く決意していた。私は彼のことが大好きになった。公平で率直な意見を言う彼となら、いっしょに仕事をできると思った。

あたりは普段なら一般の人々が自由にやってきて楽しめるように整備されており、管理人によって手入れされている小道に沿って歩いていくと、周辺の風景のあまりの豊かさに目を見張った。この周辺は広大な森林地帯で、森の中にまた森があるパッチワークのような構造になっており、それぞれに独自の特色と種の組み合わせがある。明らかに植林された針葉樹林と密集したカバノキの木立もあれば、堂々とした古いブナとオークもあり、低木層にはハシバミ、モチノキ、さらに多様な種のむき出しになった幹がもつれあって、冬の弱々しい光のもとではすぐには何の木か見分けがつかない。古代の南ヨーロッパに不可欠な食物をもたらしたたくさんのヨーロッパグリは、もともとローマ人によってイギリスに持ち込まれたものだ。この地に固有の針葉樹のうちの一つ、色の濃い陰気な雰囲気のイチイも見える。パッチワークのように、ひと塊の林が次の林へと溶け込んでいくが、春になると万華鏡のように色とりどりの花を咲かせるハーブは冬の休眠中で、地上にほとんど姿がなく、今のところは美しい季節を想像してみるしかない。

私は歩きながら、それぞれの場所から集めた試料で得られる植物分析表を思い描いていた。だが私はすでに、新人には理解できないであろう一つのことを学んでいた。それは、どんな分析表が手に入るかを前もって確実に知ることは不可能だということだ。幅広い予測が可能だったが、確信できたのは、駐車場の近くにはマツとカバノキの花粉が多いこと、ヨーロッパグリは花粉が比較的少ないのでほとんど検出できないこと、そしてブナの木は多いけれどブナの花粉よりオークの花粉のほうが多いだろうということだ。では正確な数と分布はどうだろうか？　これを明らかにするには分析が必要であり、モデリングによる推定では法廷での精査に立ち向かうことはできない。それぞれの事例はそれぞれに異なっており、個別に調べることが必須だ。

私は考古学および古代の風景の再現という分野で訓練と練習を積んできたが、最初から今に至るまで変わらずに驚かされるのは、地表から集めた試料の一つひとつがそれぞれに異なっており、集めた場所が離れているほど相違も大きくなるという点だ。実際、地面に落ちた花粉はどこをとっても均一ではなく、正確な予測は難しい。パターンは分布範囲として見えてくるだけで、周辺の植生が変化するにつれて一つの種の分布が別の種の分布へと溶け込んでいく。すでに何度も述べてきたように、物および場所を比較する際には、それぞれの場所の絵を組み立てられるだけの十分な比較試料を集めることが不可欠だ。もしもその場所の特徴となるような、なんらかの稀な、微量の物証があれば、それも大いに役立つことになる。法廷で堂々たるパフォーマンスを発揮するためには、何ごとも成り行き任せにすることはできない。法廷で重要なのはパフォーマンスだからだ。確かな証拠がない生半可な予測は、相手の弁護士が有能ならすぐ木っ端みじんに砕かれてしまうだろう。さらに、望ましい結果に導こうとする警察官の悪意のない熱意や思い込みに感化されないよう、自分自身に厳しくしなければならないことにも気づいた。人は絶えず認知バイアスと戦わねばならないという意識を、私はつねに忘れないようにしている。

花粉学による分析によって、接触したという絶対的な証拠を提供することはできない。すべてを可能性という観点から見る必要があり、私が警察に提言や報告をする際には、必ず適切な但し書きを加えるように注意している。容疑者から得られた分析表を説明できる別のシナリオにも目を向けなければならない。そしてその結果として、巡査部長と私はハンプシャーとウェストサセックスのあちこちをめぐり歩かなければならなかった。

死体遺棄現場まで車で近づくことは不可能だったので、被害者はそこまで歩いていったか運ばれるかして、最終的に死体で発見されたことになる。そのために私は道路から現場まで最も簡単に往復できる道筋を突き止め、加害者が触れたと考えられるすべての場所の試料を採取する必要があった。中心となる、そして明白な場所は、もちろん死体が発見された現場で、そこを避けて通ることはできない。私の手元には分析のために靴のほか、主犯と見られる容疑者の車のフロアマットとペダルが届けられていたが、驚いたことに、それらから得た試料は現場のものとよく似ていた。そして重要な点として、注目に値する明確な目印もあった。私が目にした樹木と低木のすべての花粉類が、試料に含まれていたのだ。春にはその場所は花で美しく彩られるに違いない。花粉と胞子はブルーベル、ヤブイチゲ、ヤマアイ、シダ、またそうした場所によく見られるさまざまなハーブ類がいたるところに生えている様子を示していた。だが何よりも際立っていたのは、それまで一度も見たことのないアマドコロの花粉が含まれていた点だ。さらに私の顕微鏡はとても珍しい菌類の胞子もとらえており、それはちょうどマン島の旗にある三本脚（三脚巴）の「膝」を伸ばした形に似ていた。調べてみると、トリポスポリウム・エレガンス（*Triposporium elegans*）という極微菌の胞子で、その菌類はとくにブナの実に生えることがわかった。それだけでなく、この密集した森の真ん中で干し草用牧草の一連の花粉も見つかった。もしヨークシャーの石炭庫の経験がなければ、そして現場の近くに馬道があることに気づいていなければ、なぜ干し草なのかと謎に包まれたかもしれない。だが、分析表で見つかった干し草用牧草が馬糞に由来していることは明らかだった。これは森林の奥深くに干し草用牧草の目印が見つかるという、とても特殊な事件現場だったわけだ。

死体遺棄現場に通じる小道は重要だったが、容疑者が頻繁に出入りしていたほかの場所も重要だ。そこで私は相棒となった巡査部長のジョンと連れ立って、容疑者たちの自宅および普段出入りしている場所すべてを、時間をかけて訪ねることになった。根気のいる仕事ではあったがユーモアも忘れないようにし、なかでもポーツマスのさまざまな住所をめぐり歩くときには明るく振る舞った。町の中でも恵まれない人々の住む地域にある数多くの質素な長屋住宅で、花粉の状況を確認する必要があったのだが、それぞれに驚くほどの違いが見られた。最初に訪ねた家のことは、はっきり覚えている。玄関ドアのすぐ内側にあるフックに何重にも下がった雑多なコートをよけながら、暗くて狭い玄関ホールを通り抜けたときに見た光景は、今も心に焼きついて離れない。目の前に開けた居間は寒々として、ガランとしているとしか表現しようがなかった。擦り切れたカーペットの上でハイハイしている赤ちゃんは元気で清潔そうに見えたが、居間には家庭らしさが微塵も感じられなかったのだ。その先に流し場と裏手に続くドアがあり、外に出ると庭とは名ばかりの荒れ放題の裏庭があった。その庭には古いバケツや放置された玩具、履き古しの長靴が転がっており、敷石のあいだに生えたギシギシやイラクサなどの雑草は三十センチもの長さに伸びている。家とみすぼらしい物置とのあいだには古びた物干しロープがたるんでぶら下がり、使われていない洗濯バサミがついたままだ。この住居のすべてが私を悲しい気持ちにさせた。

ところが次に訪ねた家はそうではなかった。前の家と同じく長屋住宅で、階上と階下に二部屋ずつある二階建ての家だったが、共通点はそれで終わる。こちらでは庭に面して新しい二重ガラスの窓があって、広々と感じられた。ドアを開けてくれた女性は木の香りのする強烈な香水をまとい、すぐお金に余裕のある人物だとわかった。念入りに化粧をして、髪はブロンドすぎるほど完璧なブロンドで、手にはタバコが見える。黒い革のパンツと同じく黒のセーターに身を包み、首から下がった金色に輝く何本ものチェーンは腰のあたりまで届きそうだ。きらびやかなミュールからはきれいなピンクの足の爪が覗き、長く伸びた手の爪にはおしゃれな四角形にマニキュアが施され、先端だけ白く塗られている。その手はいくつもの指輪で飾られ、なかにはたくさんのダイヤモンドがちりばめられて輝いているものもあった。装飾を見ればその部屋のことがわかる。床は真っ赤なカーペット敷きで、黒い革のソファーと椅子には毛皮のクッションが置かれ、天井からは手の込んだクリスタルのシャンデリアが下がる。テレビの画面はまるで映画館のように大きく、隅に作られた小ぢんまりしたバーには酒瓶とグラスがぎっしり並んでいた。近代的なシステムキッチンには外に通じるドアがあり、そこを出ると塵一つないコンクリート敷きのスペースが殺風景に広がっている。植木鉢が一つ二つ見え、夏に咲いた花が枯れたまま残されていた。これら二つの家にはどちらも、死体が発見された場所の植生に似たものは何一つなかった。何かがあると期待するどころか、ひと目見ただけで、これらの場所から比較試料を採取したりそれを分析したりする必要はないと判断できた。

それでも被告側弁護人は、依頼人がいつもハンプシャーとサセックス全域の森林地帯を歩いていたと主張することは間違いなかったので、私はそれに対抗する必要があった。こうした状況について実践的に考え、自分自身の経験を照らし合わせてみた場合、現場にあったものと同じ個々の樹木、低木、つる植物、ハーブ、風変わりな菌類の胞子、それに加えてアマドコロと干し草用の牧草すべてが、しかも同じ割合で見つかるような森林が、いったいいくつあるだろうか？　四季を通してイギリス国内のさまざまな場所から採取した地面の試料を調べてきた長年の経験からすると、私は今回の現場と同じような試料を見たことがなかったし、どこを探してもないという直感があった。だが法廷では弁護側から矢継ぎ早に投げかけられる疑問のすべてに、的確に答えていかなければならない。

私はその地域の森林について詳しくは知らなかったが、詳しい人物なら知っていた。キングス・カレッジ・ロンドン時代の恩師で、その後もずっと教えを受けてきたフランシス・ローズ博士だ。大英帝国勲章（ＭＢＥ）も授与されているフランシスは、植物学に関して実に幅広い知識をもち、イギリスじゅうの植物学者から尊敬を集めている人物だったから、このときも助言を求めるには最適な人物に違いなかった。そこでジョンといっしょに博士を訪ねることにした。私はその時点ではすでに靴と車の分析を完了して、花粉類の分析表を作成しており、それは比較試料の分析表と非常によく似ていた。「フランシス、今回の件に該当する地域内で、この分析表に類似した植生がある場所をご存知ですか？」私がこう言いながら、分析で得られた種の一覧とそれぞれの割合を示したデータ表を手渡すと、彼は自宅の居間にある椅子に深々と腰をかけたまま、それを受け取った。居間の壁にはたくさんの本が、そしてテーブルの上には植物の標本、鉛筆、レンズ、ノートが、どちらも所狭しと並んでいる。パイプをくわえたままあごひげを撫で、いつものようにメガネの向こうから思いやりにあふれた笑顔を浮かべながら、フランシスは使い古した地図がぎっしり並んだ本棚に手を伸ばす。それから約一時間をかけ、紅茶を何杯かお代わりしながら、丸印や書き込みがいっぱいの陸地測量地図を細かく調べたのち、関連があるかもしれないと考えられる十四の森林地域を選び出した。これから待ち受ける膨大な作業を思って私は意気消沈したが、フランシスの威光に圧倒された様子のジョンは、「わかりました、それで全部ですね。明日からはじめましょう、パット」とだけ言った。そして、私たちはそのとおりにした。

十四の森林地域をすべて訪ね歩いたが、その多くは植生を見ただけでほぼ除外できたので、はじめに想像したほど大変な仕事にはならなかった。すべての場所にオーク、ブナ、マツ、そして私の分析表にあるその他の植物の多くが見られたが、死体遺棄現場の植物群落に近いと思われたのは三か所だけだったのだ。それもしっかり分析してみると、花粉と胞子のパターンが遺棄現場にも、靴と車から得た結果にも、正確に一致する場所は一つもない。稀にしか見られないアマドコロと変わった菌類の胞子は、どの場所でもいっさい検出できなかった。そこで私は、容疑者の靴などと遺棄現場の分析表に著しい類似が認められる一方、ほかの場所との類似性はほとんどないと確信できた。だがこれではまだ重要な問いに答えられていない。被害者は不運にも林間の空き地に連れてこられたとき、まだ生きていたのか、それとも死んでいたのか？　そこで私は被害者の体を調べて、そこから得られる情報を確認する必要があった。

毛髪は現場の土に触れていたので洗い流してみても意味はないが、鼻甲介からは何かをつかめるかもしれない。ところが死体安置所に着くと、二人の警官が浮かない顔をして待っていて、その一人がこう切り出した。

「申し訳ない、パット。安置所の係官が死体を冷凍室に入れてしまったんだ。もう冷凍チキンみたいに硬くなっている」

二人は私が不機嫌に眉をひそめると予想したらしい。確かに、なぜ私が家を出る前に電話をくれなかったのかは疑問だったが、私はただ「ヘアドライヤーはあるかしら？」とだけ言い、十五分後には二台のドライヤーが届けられた。そこで私たちは交代しながら被害者の頭と顔に熱い空気を吹きかけ続けた。脳はすでに取り除かれているとはいえ、頭部を解凍するにはかなりの時間がかかることがわかっており、三人ともうんざりしながら黙々と仕事を続ける。このときよく覚えているのは、警官の一人が無表情で私を見つめ、薄気味の悪い冗談を言ったことだ。

「きょうはお仕事で何したの？　お父さん」

私はもう少しで椅子から転げ落ちそうになったが、もちろんそんな冗談で元気になるはずもない。死者には敬意をもって接するべきで、その尊厳は守られるべきだ。私たちは気をとりなおし、まもなく頭部は鼻甲介の洗浄をはじめられる状態になった。殺人事件の被害者の体から花粉を取り出すのは、簡単ではない。

一瞬だけ、研究室の遺体安置台にのせられた被害者の死体を想像してみてほしい。その被害者の鼻腔から花粉の残留物を取り出すには、まず熱い洗浄剤希釈液を満たした大型の注射器に柔らかい管をつなげ、その管を鼻孔から鼻甲介に届くまで差し込んで、花粉が付着しているかもしれない粘膜を洗い流す。人間の気道全体のうちで目に見える部分は鼻しかなく、鼻孔は鼻中隔という垂直の壁で二つに区切られた空洞につながっている。鼻の第一の機能は、空気を温めるとともに湿らせてから肺に届けること、そしてその途中で異物を取り除くことだ。鼻毛は多くの高齢男性の悩みの種だし、多くの女性からは毛嫌いもされているが、異物があまり奥まで入り込まないようにする役割を果たしている。一方で鼻孔から吸い込んだ空気を温めているのは鼻甲介を覆う粘膜への大量の血流であり、侵入してきた異物を捕らえて鼻孔へと押し戻し、気道への侵入を防いでいるのは、粘膜の表面で波打っている微小な繊毛の層だ。鼻孔から肺に至る気道全体を通して粘液が分泌されており、これも異物を捕らえる役割を果たす。とはいっても鼻孔から鼻甲介の物質を採取するのは難しい。顔と鼻孔が完璧に清潔でないかぎり、カテーテルを用いて洗い流した水には汚染物質が混じってしまう。鼻孔には土や微粒子が付着することが多く、なかでも崩壊や腐敗がはじまった死体では汚染のリスクが高まる。さらに病理学者が死体を洗浄する作業によって、汚染物質が鼻腔に入り込むこともある。

このときまでに、私はジボアの手法を修正して改善していた。可能なかぎり鼻を、ときには顔全体を取り除いて、注射器で洗い流す前に無関係な異物が混入しないようにしていたのだ。だがそれでもまだ満足はできなかった。その方法ではまだ大ざっぱすぎると感じられたので、私は解剖学者で人類学者のスー・ブラックの助言に従って、鼻甲介の物質を取り出す別の方法を考え出した。

今回の死体は森に掘られた穴で最大六週間もうつ伏せのまま放置され、頭部全体が自然に土と腐葉土に包まれており、それが鼻孔にも詰まっていた。そこで鼻孔から管を入れて汚染のリスクを冒すのをやめ、助言に沿って篩板《しばん》から鼻甲介を洗い流すことにした。篩板は嗅神経を脳に通すための小さな孔がたくさんあいた特殊な骨板で、私ははじめてこの骨を見たとき、進化を称賛したい気持ちになった。鼻腔の上部と脳の前頭葉とを区切るために、なんと完璧で小さな構造が生み出されたのだろう。ただしこの骨を見るためには、頭部の皮膚と顔だけでなく、頭蓋骨の上部も取り除く必要があった。これらは検査のために脳を取り出したあとで、病理学者によって元の状態に戻されていた。そうして一度取り外されているので、今回は難しいこともなく、ただ骨から優しく引き離すだけですむ。私も自分の作業を終えたら、また簡単に元に戻すことができ、誰も気づくことはないだろう。

最も難しいのは鼻腔の穴の位置の調整で、私がもう二十年以上も愛用しているとっておきのステンレス製膿盆のすぐ上に鼻孔がくるよう、死体を動かさなければならない。こうして死体の姿勢を変えるのは大仕事で、私はいつも死体安置所の技術者に助けてもらう必要がある。まず非吸収性脱脂綿の塊で喉をふさいでから、外科用メスを用いて篩板の左側に穴をあけ、抗菌性の熱い洗浄剤（薬用シャンプーは頼もしく、これほど役立つものはほかにない）を約二十ミリリットル入れた注射器を穴に差し込む。注射器をゆっくり押していくと、洗浄剤がサンゴのような形の繊細な鼻甲介の骨を勢いよく通過して、そこに付着していた粒子を膿盆に洗い流す。この手順を篩板の反対側でも繰り返し、二回の洗浄で得られた液体を一つにまとめる。これらをよく混ぜ合わせたら、紛失した場合に備えて二つの試験管に分けてから、各々の底に微粒子の塊ができるまで両方とも遠心分離器にかける。

ときには手に入る微粒子の量があまりにも少なくて、試験管の底にたまっているのが肉眼ではほとんど見えないこともある。ただしその場合にも、試料を処理して分析しなければならない。たった一個の粒子が非常に重要な相違点を明らかにして、事件のいきさつに関する見方をすっかり変えてしまった例もある。わずかなものが重大な意味をもつ。これらの試料は犠牲者が最後に吸った息を表し、その最後のひと息を吸った場所を教えてくれるかもしれないのだ。

私が被害者の鼻甲介から回収した試料は、思ったより豊富な情報をもたらしてくれた。もともと、それほど大きな期待はなかった。鼻孔から回収できる花粉類の数はあまり多くないのが普通で、私がこれまで実際に行なってきた検査では、鼻甲介を溶液で洗浄して得られる花粉粒の数は、たいてい四十ミリリットルあたり十個に満たない。ところがこのときは回収した洗浄液を調べるほどに見つかる数が増え続け、最終的には三十五の分類群に属する七百三十九個の花粉粒を確認できた。そのうえ、鼻甲介で得られた分析表は死体遺棄現場周辺の表土ととてもよく似ており、地中のものとははっきり異なっていた。

　土は驚くべき力をもっている。鉱物と有機物とで構成された土は、あふれんばかりの細菌、菌類、動物の棲みかだ。ただしその大半は地表に近いところで活動しており、それより深くなると生物の数とその活動はどんどん減っていく。深さ約八センチから先では成長できる生命体の数が大幅に減り、深さ約二十センチからはさらに減ってしまう。花粉類も同じで、地表では比較的多く見られるが、地中にある時間が長くなるほど腐敗する機会も多くなる。そのため、地表から深くなればなるほど見つかる花粉分類群の数は減っていくのが普通で、花粉粒は痩せ、衰え、潰れてしまう。ところがこのとき被害者から取り出した花粉類はすべて、とてもよい状態で保存されていた。つまり地表に近い土にあったものだ。しかもとても新しい花粉で、おそらく前年のものだろう。

　被害者が土の粒子を鼻甲介近くまで吸い込んでいたということは、とても深い呼吸をしていたに違いなかった。顔を地面に押しつけられた状態で呼吸をしている自分を想像してほしい。最終的には口と鼻の両方を使ってあえぎ、動物のように切羽詰まって息を吸うはずだ。そこで私は確信できた。この若者は首を絞められながら、呼吸しようともがいたに違いない。鼻が土につき、それを鼻孔から鼻の奥深くにまで吸い込まずにはいられなかったのだ。森の中を歩いたくらいでは花粉と胞子はそこまで入り込まなかっただろうし、ポーツマスで絞殺されてここに運ばれたなら、やはりこれほどの数を吸い込むことはなかっただろう。いずれにせよ、鼻腔内の花粉と胞子は地表の土壌に含まれていたものとよく似ていた。これでほぼ確信できた。絞殺の現場は森林だ。警察は別の犯行現場を考える必要はない。

まもなく二人の容疑者は有罪を免れないことを悟り、減刑を狙って自供をはじめると、どちらも殺したのは自分ではなくて相棒のほうだと主張した。被害者の首にコードが巻かれ、やがて最後の息が途絶える様子を、ぞっとしながらそばに立って見ていただけだと、それぞれが言い張った。殺人犯は科学捜査で調べられるのを知っていたので、被害者のバンを人目につかない場所まで運んで火をつけ、証拠を隠滅したつもりだろうが、被害者を森の中まで連れていったとき、その痕跡が自分自身に残ったことには気づかなかった。さらに犯人たちは、哀れな男が首に紐を巻かれて、現場の土に顔を押しつけられたとき、その場所の花粉と胞子の粒を吸い込んでいたことも、そのせいでやがて自分たちが一生を刑務所で送るようになることも、知らなかった。

この事件が起きたのは、私が法考古学の修士課程で教鞭をとっている時期だった。この課程は私がユニバーシティー・カレッジ・ロンドンで開設しようと提案し、準備し、調整していたものだが、実際には考古学研究所に開設された。法考古学はその少し前から人気を博し、ボーンマス大学がすでに修士課程を開設しており、多くの若手考古学者が犯罪捜査に関わりたいと躍起になっていた。

私は体力がだんだん弱ったと感じて考古学研究所を早期退職していた。どんな天候であっても現地調査を続けるのは、私には過酷すぎたからだ。ある年のクリスマスイブには、凍りつくような水がいっぱいたまった溝に、太ももまでつかって立っていたのを思い出す。あたりがだんだん暗くなっていくなか、私は震えていたが、体が熱くも感じていた。頭が痛み、背中が痛み、息をするのが苦痛になりはじめた。家にたどり着くころには肺炎で倒れ、治るまでに長い時間がかかってしまった。医師からは、もう限界だから、これ以上続けるのは無理だと宣告された。

「やめるしかありませんね」と、医師は言った。

「なんですって？　そんなことはできません。やるべきことがまだまだいっぱいあるんです！」と、私はあえぐように言った。

それほど取り乱したのは、ようやくある程度の数の科学捜査に成功を収めることができたところだったからだ。そして、科学捜査で最善を尽くし、裁判で正義を果たすために必要なスキルを学び、高めている最中でもあった。

考古学研究所の所長は頑固な人物だったが、なんだか私とはいつも気が合った。

「提案があります」と、所長は切り出した。「もし修士課程の運営を引き受けてくれるなら、私からは研究室と、科学捜査の研究のために必要な設備一式を提供しましょう。給料のほうは、あまり期待されると困るのですが……」

私にとっては夢のような提案だった。警察の仕事で給料をもらえるうえに、考古学のフィールドワークに必須の身体的な持久力がなくてもすむ。さらに必要なら手伝いや支援まで得られるというのだ。こうして修士課程が誕生した。私はこのときのことを楽しく思い起こす。大切な科目を教え、しかも事件に関わることができるというのだ。再び教師になることが、私の運命だったようだ。

私は自分が作る課程を多岐にわたるものにしたいと考え、数多くの異なる分野から専門家を招いて勉強を活気づけるようにした。学生の当番表を作り、私が事件現場と死体安置所に行くときに順番に同行させせた。そうすると、この分野に向いている人を見分けることができる。女性のほうが概して優秀で、男性は実体験となると（つまり、実際に死体と向き合うと）むしろ弱々しいことが多いとわかっておもしろかった。あの修士課程を運営した経験、私についてきてくれたすばらしいすべての若者、そして真剣に教える際につきものの喜びと失望について、もう一冊本を書くことだってできそうだ。私の学生たちは通常の講義と実習クラスだけでなく、事件現場、警察署、死体安置所、検視、そして法廷も実際に赴くことができた。変化に富んだ、総合的な課程だったことは間違いない。

第11章 「空っぽの器」

「すべての自立した強い女性の背後には、傷ついた小さな少女がいる。再び立ち上がり、誰にも頼りすぎずに生きる術を身につけなければならなかった小さな少女が」——誰が書いたのかはわからない。ただインターネットで見かけただけだが、私にぴったりの言葉だ。

私が生まれた村の暮らしは何年たっても変わることなく、ずっと続いていた。祖母はまだ、子どもの家を順番にめぐり、わが家の番がまわってくるごとに私たちといっしょに暮らした。私の肺は相変わらず弱々しく、肺炎、肋膜炎、気管支炎のどれかにかかっていないときはないほどだった。一番の親友とはだんだん疎遠になり、実力試験がすむと異なるグラマースクールに進学した。彼女は村にほど近いモンマスシャーの学校、私はなじみの薄いグラモーガンシャーの学校だ。スクールバスが入り組んだ道順で谷をめぐり、いくつもの村を順番に通りながら、郡の境界のこちら側にある降車地点まで運んでくれた。私たちはどんな天気の日にも、そこから曲がりくねった急坂を歩いて下り、リムニー川の橋を渡ると、今度は恐ろしく長くて急な丘の道をのぼって、想像しうる最も近づきがたい場所、ルイス女学校にたどり着くのだ。バスを降りてから歩かなければならないその長くてつらい距離に疑問を差し挟むこともなく、私たちはただ黙々と耐えた。今の子どもたちにはとうてい無理なことだろう。

まもなく、グラモーガンシャーに住む子たちも含めて新しい友達ができた。ほとんどは炭鉱の子どもで、父親は採炭現場で働く「男の中の男」のこともあれば、何か別の立場で炭鉱に関わっていることもあった。階級のようなものがあったとすれば、それは唯一、試験の結果から生じたものだった。村全体が教育に熱心に取り組み、父親たちは炭鉱福祉施設の読書室で何時間も静かに過ごせるという恩恵を受けていた。私の父は、私が知っている人たちのなかでは一、二を争う読書家で、どんな話題になっても、いつでも説得力のある議論を繰り広げることができた。父は私にも議論の仕方を教えてくれたから、さまざまな新聞記事について私たちがあれこれ意見を言いはじめると、母はまったく太刀打ちできないのだった。議論は楽しいゲームで、フェンシングによく似ている。まさに突きと切り返しの連続だ。そして一番のルールは議題について客観的であること、そして公平を保つことだ。適度で知的な議論を聞くのはとても楽しく、愛してやまないバロック音楽とオランダの巨匠たちの絵画を鑑賞するのと同じ気持ちになる。私はいつでも厳密で精緻な細部に魅了されてしまう。

グラマースクールの教師（口うるさいおばあちゃん先生ばかりだった）は、楽だったと思う。私はその学校が大嫌いで、小学校が楽しかっただけ、よけいに嫌気が増していた。女の子たちはみな利発だった（学校に男子はいなかったので、教会が楽しみになった。そこには男子がたくさんいた）。だから、黒いガウンをまとった先生は誰一人として反抗的な態度をとる生徒を見たこともなければ、情報であれ概念であれ、何かを生徒に教えるのに苦労したこともなかった。だが、女子ばかりの学校にもいいところはある。仲間意識が強く、本物の友情が芽生えたのだ。当時の十四人ほどのグループが今でも毎年カーディフ湾に集まり、近況を伝え合いながら考えや意見を交換している。そのおかげで知ることができたのだが、当時、厳しすぎる規律のせいで自分は無力だと感じ、すっかりやる気を失っていたのは、私一人ではなかったようだ。才能を伸ばそうとするような教育はほとんどなく、今振り返ってみると、まさにディケンズの世界にいたように思える。そんななかでも楽しい行事はいくつか用意され、毎年三月はじめには、あらゆる分野の文化を称える年一回の文化祭「アイステズボッド」〔訳注　ウェールズで開催される芸術祭〕の準備で学校じゅうが沸き立った。生徒一人ひとりが必ず一つの「ハウス」に属し、ハウスにはそれぞれ地元の山の名前がついている。ただし例外は「ルイス・ハウス」で、これは学校の創立者の名前だった。私はベッドウェルティ・ハウス、色は黄色だ。誰がどのハウスに属していたか、長い年月を経た今もまだはっきり覚えている。アイステズボッドの一週間には生徒全員が、協力する仲間か競争する敵のどちらかに分かれたからだ。

その学校の教育理念は「すべてに秀でること」であり、私たち生徒はみな従順で、懸命に勉強することを求められた。そしてそれに反すると、不面目な罰が与えられる。意地の悪い罰の一つに、ひと晩で詩を丸暗記してクラス全員の前で暗唱する、というものがあった。私は今になってもまだ何かを暗記することができず、詩も好きになれない。私にとっては、詩はいまだに罰に思えるのだ。美しさと意味の深さを理解できる詩もあるのだが。言うまでもなく、私がアイステズボッドで詩の暗唱を選んだことは一度もない。全員が何かを披露しなければならず、それは暗唱でも歌でもダンスでも、また絵でも作文でもよかった。公正を期すために付け加えておくと、生徒一人ひとりが何かで優れていることを示す機会をもてるよう、考えつくかぎりのあらゆる活動が含まれていたので、たとえば何かの容器でスイセンの球根を育てるのでもよかった。だが学校生活はあらゆる面でもちろん競争が激しく、やることがいっぱいの毎日が過ぎていき、最後の大事な試験が数週間後に迫っていた。

一九五八年四月の水曜日の夜、私は義務教育の修了試験（Oレベル試験）を間近に控えながら、バプティスト派の教会の行事に参加していた。教会が大好きな私は日曜日には二回礼拝に出席し、ときには水曜日に行くこともあったのだ。教会はとても楽しく、格好いい男子たちも来ていたから、祈る以外にも通う動機があった。

そしてその水曜日の夜、私の世界は分厚い壁にぶち当たった。世界はパンクして、空気がシューッと音を立てて漏れていった。その晩、母の友人が教会のホールにやってくると、話があるから外に来てほしいと言った。私は何がなんだかわからないまま、話を聞いた。

「いい、パット、今夜は家に帰ってはだめ。メイ叔母さんの家に行くのよ。あなたのお母さんが、お父さんを置いて家を出ていったの。言えるのはそれだけ」

私は呆然と立ち尽くした。「なんですって？」

「私が叔母さんの家まで送っていくわね。叔母さんが待っているから」

そんな荒っぽい方法で疑われもせずに子どもを家から連れ去るなどということは、今の世の中ではありえないことだろう。子どもたちの気持ちのうえでの幸せを大切にするよう、社会全体が教育されてきている。私は緑色の服を着て教会に行っていたが、知らない間に紺と白の制服と教科書が同じ谷の数キロ先にある大叔母と大叔父の家に運ばれていた。物心がついてからずっと、私は母と父との暮らしが好きではなかった。二人とも気まぐれなうえに気性が激しく、些細なことをめぐっていつも言い争いと喧嘩を繰り返していた。

二人の争いは知的な議論というより悪口の応酬でしかなく、私はいつも争いに巻き込まれていた。それにしても母が父を置いて家を出るなんて。その時代、そして私の年齢では思いも及ばない事態だったし、私は家族というものはただ続くものだと思い込んでいた。どんなことがあっても持ちこたえるものであり、結婚の絆は生涯にわたって切れないはずだった。それを告げられたあと、恥ずかしいという思いばかりが頭の中をめぐった。顔が火照《ほて》り、気分が悪く、心細く、恐ろしかった。なぜ母が迎えに来られないのか？　なぜこんなに急なのか？　なぜ、それまでとりわけ私たちの家族を気にかけてくれたわけでも、私をかわいがってくれたわけでもない年老いた親戚に、預けられなければならないのか？　大叔母には子どもがなく、その家はこざっぱりしていて、美しく磨き上げられ、暖かみがなかった。

私はそれっきり口をきかなくなり、新しい、願わくは一時的なものであってほしい家に預けられたときも、一言もしゃべらなかった。母親についても、父親についても、尋ねることなどしなかった。ほんとうはただ恥ずかしく、屈辱感でいっぱいになり、いわゆる大人というものの行動にむかついていた。私はいつでも両親のどちらよりも自分のほうが大人らしいと感じ、どこか批判的な目で両親を見ていた。今回も相変わらず二人は自分を最優先させた。自分たちの気持ちが一番大切で、何がなんでも、たとえ自分の子どもを犠牲にしてでも、感情を優先させずにはいられなかったのだ。それでも私の心の中には両親が別れて嬉しいと思う部分もあった。愛情があるだけではうまくいくとは限らない。長年にわたる両親の悲惨な関係はもう限界に来ていたのだろう。

二人のいさかいに巻き込まれずにすむのは、さまざまな点で嬉しいことだった。だが、もちろんそれは災いをもたらすものでもあった。十六歳の私は、両親が離婚したという汚名が、まるで烙印のように自分についてまわるのだと感じていた。そして母に裁判所まで連れていかれ、これからいっしょに暮らすのだと言われたことを、私は一生忘れない。そしてそう主張した母を許すことはできない。この時期のことを思い起こしてみると、当時両親がしていたことは、現在ではどれも子どもの心と健康に悪いと言われている。今なら児童虐待に問われるだろう。だがあのころの「良い」家の娘にとって、そんなことは想像もつかないものだった。さらに悪いことに祖母がちょうどわが家にいない時期で、私には救いを求める場所がなかった。祖母は末の息子の家族と過ごす順番にあたっていて、ヨークシャーにいた。

私が親友に両親の離婚についてそっと打ち明けると、その親友も物心ついてからずっと両親の冷戦を目にしていたので、とても親身になってくれた。私は常々、親と教師が地球上で最も影響力をもち、かつ最も危険な人たちだと思っており、自分がその両方の被害者だったと感じている。親と教師は子どもを駄目にすることもできれば伸ばすこともできる。その力で「犠牲者」か「秘蔵っ子」を生み出すのだ。そして、その影響下にいる子どもたちはまったくの無力だ。今はそうでないかもしれないが、あのころは無力だった。

　母が私を連れていったアパートは家庭とは呼べないものだった。いつまでたっても家庭にはなりえなかっただろう。家庭というのは、私の本を置いてプライバシーを守れる部屋がある家だった。家庭というのは、祖母がいっしょに暮らしにやってきて、かたわらで本を読み聞かせ、具合が悪いときには看病してくれる家だった。この新しい暮らしの未来は明るいとは思えなかったし、母は父と争うことがなくなって穏やかになるだろうなどと考えたとすれば、大間違いだった。怒りっぽい性格が身についてしまったのだろう。母は相変わらず傲慢で、すぐに爆発した。あらゆることが自分の思いどおりでなければ気がすまず、その結果として何よりも、私は父に会うことができなかった。父の暮らしは私たちの暮らしとまったく接点のないところで続いていたが、母は私が父と連絡をとることを禁じた。それどころか、父について質問することも、母がいるところで父の話をすることさえ許さなかった。父が悪い人間だったからではなく、母にとって許せないことをしたからだ。父は浮気をしていた。

　今では、それは子どもを父親に会わせない理由にはならない。私は父が私に会いたがっていたことも、会おうとしていたことも知っていたのだが、母はあの瞬間からもう父など存在しなかったかのように振る舞うようになった。私はまだ二人が最終的に別れることになったきっかけについて何も知らないし、知りたいと考えたこともなかった。今すべてを振り返ると、父親に会わせないことが許されるなんて、信じられない気がする。かわいそうな父は、見事な髪をもつハンサムな人だった。人を惹きつける大きな魅力のある人だった。だが、私はこの激しやすい二人のうちの一方にしか対応できず、それは必然的に母だったから、父とは疎遠になり、私の人生で父は影のような存在になった。世の親は注意してほしい。子どもを相手にして配偶者の悪口を言うと、あなたはその先ずっと「裏切り者」とみなされ、結局は子どもから愛されなくなる。

母はやがて年をとり、ベッドウェルティ山の山頂近くにある広々としたジョージ王朝様式の家で、美しい景色とヒツジたちに囲まれて一人暮らしをするようになった。医師の話では、世話をする人が必要だが、病院に入る必要はないということだった。

「私は介護施設には行かない。おばあちゃん扱いでほったらかしにされるのは御免よ」

もし介護する人を頼んでも五分ともたず、私が永遠に人探しを続けなければならないことはわかっていた。

そうなると結論は一つしかない。母は、当時私が愛猫のミッキーといっしょに暮らしていたサリーの大きな家に引っ越してきた。そうやって最悪の三か月がはじまった。母はいつでも言うことを聞いてくれる人をそばに置きたがり、はじめは私が母の召使だった。だが長続きはしなかった。私は暮らしを維持するために懸命に働きながら、母の世話をしなければならず、洗濯に食事の支度にと時間に追われることになり、疲れ果ててしまったのだ。

「どこに行くの？」「いつ帰ってくるの？」「電話は誰から？」

かつての暮らしの再現で、私はまた十代の娘のように扱われる羽目になった。だが母は少しずつ、私がとても思いやりのある人間で、自分にはない幅広い知識の持ち主であることに気づいていったらしい。私が警察の人と話をするのを目にし、ヘンドンの警察学校で行なった講義にもついてきた。私の友人たちにも会い、私といっしょにパーティーに招かれ、井の中の蛙だったシロウィ渓谷での生活の外にも暮らしがあることを理解することができたのだろう。

煉獄のような苦しい三か月が過ぎると、母はだんだんに私が親切な人間で、自分は心地よく過ごしていることを理解しはじめた。私のほうも、母が実は賢く、とても愉快な人だとわかってきた。だからこそ、母にはとてもたくさんの友人知人がいたのだ！　母の話すことや知り合いの物真似を聞いて、私はよく大笑いした。母はまだ腹を立てたり、人を傷つけたりすることもあったが、同時に人としての深みも感じられるようになった。母は聞き覚えでピアノを弾き、細かく美しい刺繡をし、手先が器用で、美しくて愛嬌があり、まわりの人々を惹きつける力をもっていた。私は私で、おそらく生まれてはじめて自分の母親を知り、少しだけ理解できるようになった。だから次の三か月はとても心地よく過ごし、もう喧嘩をすることもなく、それは私たちの関係の変化を示していた。こうして半年が過ぎたとき、私は会議でニュージーランドに行かなければならなくなり、不在のあいだ母にはウェールズの介護施設で過ごしてもらうことにした。ニュージーランドから戻ったら、また私の家でいっしょに暮らすことにしていたのだが、私が戻ったその日に骨盤を骨折し、それを境に急激に衰えていった。

それからおよそ半年後のクリスマスの翌々日、母は私の腕の中で息を引き取り、死ぬ間際に、「私にはこれほどすばらしい娘がいることに、これまで気づかなかったよ」と言い残した。私は泣いた。母が世を去ったからではなく、仲良くできたはずだった長い年月を無駄にしたからだった。それでも母は、私が祖母の愛情を一心に受けたこと、自分が受けるはずだと感じていた祖母の愛と注目を私が独り占めしていたことを、きっと許してはくれないだろう。祖母はいつでも家族の暮らしを支えることに忙しすぎて、娘に愛情を伝える時間をもつことができなかったのだ。一方で私は、母が不注意で私に大けがをさせたこと、長いあいだあからさまに私の感情を無視していたこと、いつでも私の心の中に踏み込んできたことを、どうしても許せなかった。母の前では緊張を解くことができなかったのだ。なんと悲しいことだろう。

両親が離婚してからの母との暮らしはほんとうに苦しかったので、男友達がイングランドで仕事を探すと聞いたとき、私も同じことをすればいいのだと気がついた。そこで、大学入学資格を得るためのAレベル・プログラムで勉強している途中ではあったが、実験室での検査の仕事をするサリーの公務員職に志願し、合格の通知を受け取るとすぐに下宿を見つけた。もちろん母は私を止めようとしたが、あきらめるしかなかった。私はすっかり心を決め、母から解放される新たな自由の期待に胸をふくらませていたからだ。とにかく逃げ出したい一心だった。

今思うと、サリーで出会った人たちはほんとうに優しく親切だった。でもやはり、自分とは違う国の人たちだった。キャセロール鍋で調理した健康によさそうな料理を食べ、部屋は居心地がよく暖かかったが、私はホームシックにかかっていた。これまでにさんざん語ってきた家での暮らしを考えれば信じられないかもしれないが、故郷の谷、友人たち、そして慣れ親しんだすべてのものが恋しかったのだ。サリーは信じられないほど平坦で、山と呼べるものはどこにも見当たらない。水は塩気があってひどい味がし、山から流れてくる甘くやわらかな水とはまったく違う。手を挙げて合図しなければバスは停まってくれない。ウェールズではバス停に立っているだけで、バスに乗るために待っているとみなしてくれた。私ははじめ、やってきたバスが次々に目の前を通過していくのを見て唖然としたが、やがて向かいのバス停にいた人が手を挙げるとバスが停まるのを目にして理解できた。それは、この見慣れない平坦な土地、すべてが同じに見え、あらゆる場所にポプラの並木が続くこの街で暮らしていくために学んだ、知恵の一つだった。

瓶詰めで値札がついたピクルスにジャム、そして箱入りのビスケットにも驚かされた。あらかじめ入れ物に収められた食べ物など見たことがなく、実に趣味が悪いと思わずにはいられなかった。故郷の町なら、チーズは買う前にワイヤーでカットしてもらい、ビスケットは大きな缶から、キャンディは大きな瓶から選び、そしてベーコンは必要なだけ、刃が回転する機械でスライスしてもらった。健康と安全？　そんなものは存在しなかった。最も驚いたのは、イングランドでは石炭を貯炭所で購入すると、小さな袋に詰められたものが届くことだった。私はそれまで、石炭は家の前の道までトン単位で運ばれ、なかには肘掛け椅子ほどの大きさの塊まで混じっている光景しか見たことがなかった。父がそれを小さく砕き、キラキラ光る無煙炭を石炭庫まですっかり運び込んでから、跡を掃き、次にバケツに入れたせっけん水で道を掃除した。そういうときにはご近所同士で協力し、仕事が終わるといつでもお礼にビールが振る舞われた。

私は、父が大きな金づちで石炭を砕くのをじっと見守り、塊の奥に隠れた化石の植物をいっしょに探したのをよく覚えている。いつもたくさんの化石が見つかり、ほとんどがシダの葉だったが、ときには巨大な茎もあって、今ならそれが現代の小さなツクシの祖先だとわかる。あのころのことを思い出すと、家の裏の父がもっていた敷地で「焚き火の夜」の祭りを楽しみ、花火をした記憶がよみがえる。なかでも忘れられないのは、一人の男の子が得意げに高々とかかげていた花火の大きな箱に、それをうらやましく思った小さい子が火のついた線香花火を投げ入れた年のことだ。そのときの花火は実に華々しかった。ロケット花火が地面を四方八方に飛び散り、爆竹で女の子のスカートが大きく揺れ、回転花火が地面をあてもなくグルグルとさまようと、破裂と爆発の大きな音に子どもたちの恐怖の叫び声が混じり合って、誰もが違う方向に走った。思い出すとほんとうに愉快で、教会で覚えた言葉が正しいことを証明していた——汝、妬むことなかれ、奢ることなかれ。そうした罪への報いを教えるのに、実にぴったりの出来事だった。敷地でニワトリを飼う家もあり、隣の家ではガチョウを飼っていた。私の父がガチョウの卵のオムレツを食べていたのをまだ覚えている。とても大きな卵だった。通りをもっと先に行った敷地ではブタが飼われていた。ブタが屠殺されるために引かれていくときの鳴き声、隣のニワトリが夕食用に首を絞められるときの驚きあわてた悲鳴は、今も耳に残っている。その声は嫌いでしかなかったが、わが家の庭の思い出は楽しいものだった。父は私たちが遊ぶためだけに庭を整えていてくれたのだと思う。

　ウェールズから逃げ出して数年間は不幸でみじめに感じ、寂しくて仕方がなかったが、二度と家には戻らないと心に決めていた。そして戻ることはなかった。まわりの人たちは私の歌うような話し方と母音の発音をからかい、ウェールズとウェールズ人をことあるごとに遠慮なくけなした。けっしてウェールズ人に偏見を抱いていたわけではなく、ただアイルランド人、スコットランド人、北部地方の人たちについてジョークを飛ばすのと変わらず、西部出身者もからかっただけなのだろう。私は少しずつ、ホーム・カウンティー〔訳注　ロンドン周囲の諸州〕に昔から住んでいる人たちは、自分とは別の人種だとわかってきた。今はただその態度が「政治的な正しさ《ポリティカル・コレクトネス》」によって穏健になっているだけなのだと。過去半世紀で国全体が大きく変わった。今では私も人生の大半をサリーで過ごしてきており、基本的にイングランド風の暮らしが身についてしまったので、ウェールズに帰るとなんだか違和感がある。かつては自分も話していたに違いない強い訛り、そして態度や文化の違いにも、敏感に気づいてしまうのだ。私は一生のほとんどを宙ぶらりんの状態で暮らし、ウェールズ人からイングランド人へ、イングランド人からウェールズ人へと、変身を繰り返しながら生きてきた。それが移住した人間の運命というものだろう。

私が結婚した相手はとても背の高いハンサムなイングランド人で、私とはまったく異なる子ども時代を過ごしてきた人だった。彼の両親、育った家、そしてライフスタイルは、麦芽飲料「オヴァルティン」の広告を彷彿とさせた。お父さんとお母さんは、いかにも住み心地のよさそうな戦前の邸宅で暖かい暖炉を囲み、チェック柄の洋服に身を包んで、寝る前には必ずオヴァルティンを飲む。私には今でも当時のコマーシャルソングが聞こえてくる。夫の子ども時代は、私にとってはイーニッド・ブライトンの絵本の世界のようで、人生、世界、宇宙に対する彼の両親の考え方は伝統的な型どおりのものだった。母親は一日じゅう家にいて台所でパンやケーキを焼く一方、父親は山高帽をかぶり、しっかり巻き上げた傘を手に街へと向かい、列車がウォータールー駅に着くまでに「タイムズ」紙のクロスワードパズルを完成させた。

こうしたいかにものどかな暮らしは戦争で台無しにされ、一家が田舎に疎開すると、義父は五年ものあいだ、妻と息子にほとんど会えなくなった。戦時中、彼は重要な任務に就いていたため、マンチェスターに派遣されていたからだ。長年にわたって少しずつ耳にした話の断片や言葉の端々から、彼の家族の暮らしは私が想像したとおりではなかったことがだんだんわかってきた。私の夫は父親とはあまり親しくなく、時間の大半を母親といっしょに過ごし、その母親は息子を溺愛した。私はどちらかといえば義父と気が合い、ことあるごとに彼の尊大な物言いをからかい、恐れることもなかった。私の母が休日を利用して夫の両親を山の中腹にある自宅へと招待したとき、義父は谷がどこもきれいなことに、そして景色が美しく、人々が寛容で楽しいことに、感嘆の声を上げた。ほかの人からすればその感想は上から目線に思えたかもしれないが、私には、義父が村のすべてが炭塵に覆われていないことに心から驚いているのだとわかった。夫が私にこう言ったのを今でもはっきり覚えている。「きみみたいな娘を、父はずっと欲しがっていたんだ」そして軽蔑するようにちょっと口を歪めながら、「きみみたいに学識のある娘をね」と付け加えた。このときも、何食わぬ顔で父親の愛情を独り占めした私に、夫は嫉妬していたのだろうか。

義父は若いころからずっとヘビースモーカーで過ごしてきたために、退職するとすぐに動脈閉塞と糖尿病の症状に見舞われ、両脚の動きを奪われた。その後七十二歳で世を去ったが、今の世の中ではまだまだ若い年齢だ。近代医学のおかげで私たちはもっと長生きできそうだから、今の六十歳は当時の四十歳の位置づけだろう。私は義父の臨終の瞬間、ベッドの脇に座っていたときのことを思い出す。義父はいつものようにさっぱりと清潔な様子で、きちんとしたパジャマを身につけ、毛髪も口ひげも完璧に整えられていた。私は義父の手を握りながら、何気なく指で脈に触れていた。脈拍のリズムと強さが不規則に変化することが気になった。すると義父は最後に一つ小さく身震いすると同時に、ふっと息を呑み、私の顔を真正面から見つめた。この瞬間が義父の最期で、顔から生気がすーっと消えていった。

私はその変化に目を奪われた。彼はそれまで父親だった。そして、その瞬間を過ぎると死体になった。その変化は一瞬で起きた。私はそれまで一度たりとも、そのような形で死の瞬間を目の当たりにしたことはなかった。その経験は私に、死によって魂が体を離れること、そしてあとには空っぽの器だけが残ることを、実感させてくれた。

私はもう何年も前から還元主義者になっていた。魂、精神、実在は、物理化学反応の複雑な集合にすぎない。私たちはみな、自分の脳内の化学作用と個人的な経験にだまされているだけだ。自分の性質が聖人君主みたいになるか、サイコパスみたいになるかは、ほぼ自分では制御できない。だが、自分の行動を控えめにしようと望むくらいならできる。自分の考えは自分自身のもの、自分だけに特有のものだ。生命の最後の瞬間をこの目で見られたことは、私にとって大きな慰めとなった。義父はもう苦しまずにすむに違いない。苦痛を呼び起こすものがあろうと、もうそれに反応するものは何も残されていないからだ。

それからおよそ三十年後の二〇〇五年には私の母が、ちょうどその義父と同じように私の腕の中で息を引きとった。生から死への突然の変化は同じく劇的な変容ではあったが、二人の老人の死に対する私の関心はほぼ客観的で、好奇心の強い科学者のものだった。これまでにほんとうの死別の苦悩を経験したのは、ほかの二人が亡くなったときだけだ。そして、私が飼ってきたネコはすべて、大切に心の中にしまわれている。

私たちが離婚することになったとき、結婚してから四十二年がたっているとはとても信じられなかった。そのときになってもまだ、ほぼ五年にわたる非常にあらたまった穏やかな交際期間を経て結婚した当初より、夫のことをよく知っているとは思えなかった。何十年ものあいだ、私たちの感情は互いのまわりをめぐる一対の人工衛星のようで、ほとんど触れ合うことがなかったのだ。夫は趣味に生きた人だったから、最初は写真に凝り、次はスキューバダイビングに熱中し、それから固定翼飛行機とヘリコプターを操縦する一方で、乗馬の名手でもあった。その後はコンピューターにのめり込んで、すばらしく腕を上げた。いつでも最高級の道具を揃えなければ気がすまず、誰にも手を触れさせなかった。私たちはとても裕福だと私は思っていた。あるときはポルシェをもち、次にフェラーリに乗り換え、私はどちらを運転するのも好きだった。八人乗りのセスナ機に二頭のウマも所有して、コンピューターやその他の多様な電子機器の数は神のみぞ知るといった具合だ。いつも慎重な私は飛行機の操縦方法を学んだ。高度千五百メートルの空中で、パイロットが心臓発作を起こして操縦桿の上に崩れ落ちたときに、一人で途方に暮れるような事態を恐れたからだ。私たちは思いつくままにヨーロッパじゅうの上空を飛びまわり、素敵なホテルに滞在していたから（フランスのカンヌがお気に入りのリゾート地だった）、友人の多くは私たちが裕福だという私の幻想を共有していたに違いない。

だが六十歳になり、快適で実りある定年後の暮らしを楽しみにしていたころ、なんとも不快な真実を目の前に突きつけられることになった。私はすべてを失って放り出され、途方に暮れた。長年にわたって女性にとってのありとあらゆる裏切りを受けていたと知ったのだ。私たちはそれまで真剣に議論することもなく、意見が食い違うことさえなかった。そんなことができるほど、親密な関係ではなかったということだ。私がさまざまなことに注意を引かれ、取り組んでいたあいだ、夫は多彩な趣味で遊びまわり、あとでわかったことだが、さまざまな女性とも浮気していた。私はまた悲しみに暮れた。そして礼儀正しく出ていってほしいと頼み、同じように礼儀正しく何度か考え直してほしいという申し出を受けたのち、夫は私の頼みに応じた。それでおしまいだった。

別居してから七、八年後に離婚し、とりあえず私は生活費を稼がなければならなくなった。私たちはまったく裕福ではなかった。夫がただの享楽に全財産のほとんどを浪費してしまったからだ。私は大邸宅に独りぼっちで、二匹のネコとともに取り残された。でもそのことで自分が寂しいとはまったく思わず、実際のところ、夫がいなくなったことさえほとんど気づかなかった。それまでとの嬉しい違いは、夫のシャツを洗濯しなくてよくなったこと、そして毎晩夫の夕食を作らなくてよくなったことだった。離婚にあたっては弁護士を雇って無駄遣いをしたくなかったので、弁護士をしている姪から少しだけ助言を受けて、自分で手続きを進めた。かかった費用は全部で二百ポンドほどだったし、その金額さえ夫に支払うよう求め、彼はそれに応じた。それはとてもつらい時期ではあったが、私の身に降りかかった最悪の事態に比べれば、確かにまだましだった。あの肉体的にも精神的にも苛まれた苦悶のときを、私はどうやって生き延びたのだろうか?

私を取り巻く世界を襲った最初の不幸は、大好きな祖母が自動車事故で命を落としたという、目まいがするような知らせだった。私はその知らせを受け止めることができず、生まれてはじめて自分は独りぼっちだと感じ、怯え、震え、狼狽した。そしてそれから一年もしないうちに、もっと悪いことが起きた。私の子どもはきらめきを放つ喜びであり、私の人生にとっては太陽のような存在で、私が生きる理由でもあった。青い目をした金髪の娘シャーンのために、私は生きていた。生まれて九か月のあいだ、シャーンはとても丈夫で元気に過ごし、どの母親にとっても自分の子がそうであるように、申し分のない娘だった。私たちはいつもいっしょで、育児にはウェールズのショールを用い、胸の前に赤ちゃんを抱っこしてから大きなショールを私の体に巻きつけて赤ちゃんをしっかり固定すると、歌を歌って聞かせた。私も娘もこのやり方が大好きだった。私はまだこのときのショールを手放せずにいる。

悪いことは重なるものだとよく言うが、このときは実際にそのとおりだった。ある朝、シャーンがむずかりはじめ、ちょっとたしなめただけなのに大粒の涙を流しながら胸がはりさけそうなほどの大声で泣き出したので、途方に暮れてしまった。医者に連れていくと、はじめての子育てで神経質になっているだけだと言って、とりあってはもらえなかった。そして、ほんとうにどこかが悪いと見ればわかるほどになっても、私はまだ厄介者扱いされた。だがまもなく、娘の背中一面に小さな紫色の斑点が現れた。私には今ではそれが、皮下出血によるものだとわかる。紫斑と呼ばれるものだ。まだインターネットで調べることもできない時代で、開業医に相談するしか方法はなかった。このときはさすがに医師も私の訴えを真面目に聞いてくれて、すぐにシャーンを小児科専門医に紹介してもらえた。それから数か月にわたるやりとりの詳細をここで細かく語るのは耐えられないが、最終的に、シャーンはホジキンリンパ腫だと診断された。つまり血液の癌だ。そして地元の医師ではこれほど幼い子どものホジキンリンパ腫には対応できなかったので、それからに数か月にわたってロンドンのセント・トマス病院が私たちの第二の家のようになった。だが最終的には誤診だったことが判明し、レテラー・ジーベ病という非常に稀な自己免疫疾患だということがわかった。次の十か月間はまさに地獄で、私はいつも、ひょっとしたら息をしていないのではないかと思いながらベビーベッドを覗き込んだ。シャーンの赤血球はあまりにも少なく、私は娘に血液を分けることができた。私の血液型はRhマイナスのO型だから、誰にでも輸血できる。生きた心地がしなくなるような内科および外科的介入が次々に行なわれたが、やがてもう医師にできることはなくなったことを悟った。

今では娘をもっと早く逝かせてあげなかったことだけが悔やまれる。そうすれば、あれほど苦しませずにすんだだろう。ほんとうに苦しい思いをさせてしまった。長い年月がたった今になっても、まだ娘の墓の前で涙を流し、毎日思いを馳せている。もし生きていたら、何になっていたのだろうか。孫は生まれていただろうか。母親似に成長しただろうか、それとも父親似だろうか。それ以降、子どもをもつことはなかったから、私がよい母親になったかどうかもわからないままだ。私はつねに誰にでも、ベストを尽くすよう、やろうとしていることに秀でるよう求めてしまう。自分が批判的で、おそらく型破りな母親になっていただろうこともわかっている。もしかしたらシャーンは、私が自分の母を嫌ったのと同じように、私のことを嫌いになっていたかもしれない。でも私はつねに娘を最優先にしていたはずだ。私は彼女がいることに喜びを感じていた。私は死にもの狂いで守ろうとしたのに、あの寒い一月の日に、娘はシャーンであることをやめてしまった。私はただ茫然と、信じられない思いでじっと見つめた。電気ショックを受けたように感じ、やがて私の中身は空っぽになってしまった。こうして消えたもののすべてが戻ってきたわけではない。今もまだ、何を用いようと埋めることも満たすこともできない、圧倒的な空洞が残されている。

看護師にそっと引き離されたとき、私の身に起こりうるなかで最悪の事態が起きたことを悟った。どんな惨事もどんな不運も、もう私にこれほどの影響を与えることも、私をこれほど傷つけることもできないだろう。あの日以来、私は不思議なことに、誰からも傷つけられることなく守られてきた。私にとってシャーンほど大切なものも大切な人も、ほかにない。私は娘をもったことを心から感謝している。

それほどに誰からも傷つけられることがないと、人は傲慢な雰囲気を身につけることがある。ほとんどの場合、私は自分がどう思われるかということがまったく気にならず、その結果として歯に衣着せず、単刀直入に物を言うようになった。そして何ごとも誰のことも恐れなくなった。もしかしたらそのせいで、科学捜査の仕事をしているときに出くわす、数多くの恐ろしくショッキングな光景や出来事に耐えられるのかもしれない。さらに、虐待やネグレクトを受けている子どもや動物を心配する気持ちは、どこかで私の娘に、そしてその苦しみと死につながっているに違いない。なかには私をとても頑固だと思っている人もいるが、実際の私の中身はマシュマロのように柔らかく、外側を硬くもろい殻で覆っているだけだ。私のことをほんとうに知っている人たちは怖がったりしないが、私は表情一つで、好ましくないことをその場でやめさせることができる。

シャーンを亡くしたあと、私はやせ細り、呼吸に苦しみ続けた。ある日のこと、勤務先の医学部で病棟から集めてきた尿の瓶の近くに立っていたとき、教授が私の咳について話しかけてきた。

「いつものことなんです」

「それなら、検査をする必要があると思いますよ」

そうして検査に回された。

当時の方法に従い、医師はまず、あらゆる方向に動かせる台の上に私を横向きに固定し、鼻からチューブを入れて肺に造影剤を流し込んだあと、台を回転させて肺全体に液を行き渡らせた。その後、何枚ものX線写真を撮影したが、私はまるで溺れるような感覚に陥りながらも画面にうっとり見入ったのを覚えている。撮影を終えてから造影剤の白い物質を体外に出すには、うつ伏せになって背中を叩いてもらい、咳をして吐き出すしかない。この方法は気管支造影法と呼ばれたが、その後ありがたいことにCTスキャンに変わってきた。子どもや病気にかかった大人は、もうあんな経験をしなくてもすむのだ。まるで宇宙船から降り立った白衣のエイリアン・グループに、拷問を受けているように感じたものだ。

診断はすばやかった。私の右肺はすっかり膿瘍に侵され、左肺の具合もよくなかった。その月のうちに私は娘が息を引き取った病院に患者として入院することになり、病室はビッグベンの真向かいに決まった。信じてもらえないかもしれないが、すぐに鐘の音が決まった時間に響きわたることさえ気づかなくなった。私の右肺の大半は切除され、当時はまだ麻酔も鎮痛剤もそれほど優れたものではなかった。あのときの記憶は鮮明だ。痛みとみじめさの渦に呑み込まれた私にとって、唯一の救いはモルヒネだった。苦痛がどんどん消えていくあの陶酔の感覚は、ほんとうに魔法の世界だった。はじめはあまりの針の痛みに抵抗を感じていたものだが、すぐに救いを求めるようになり、やがて拒否されるようになった。言うまでもなく、鎮痛剤を投与する際には依存症にならないように配慮する必要があったのだ。悲惨さと絶望に打ちひしがれた者にとって、強い鎮痛剤の次の一服がどれだけ大きな「生きがい《レゾンデートル》」になるか、私にはとてもよくわかる。針の痛みに対する代償として、あの至福の喜びと高揚感を得られるならば、いとも簡単に屈服するだろう。

それから長い時間がかかったものの、私はやがて回復し、職場に戻ることができた。打ちひしがれた心も痩せ細った体も、大打撃を受けていた。それでも私には強くたくましい心がある。それに見合うだけの体の強さが欲しかった。

第12章　毒

私は同級生たちほど休まず学校に通うことはできなかったが、入学試験に受かってあの殺風景なグラマースクール（急な坂をのぼった丘の上の学校）に通うようになるまでは、優しくて素敵な校長のデイヴィズ先生と担任の「ショーティ（チビの）」ジョーンズ先生のいる学校に行くのが大好きだった。どれだけ素敵な先生たちだったことか。ジョーンズ先生は、私たち児童一人ひとりの力を最大限に引き出しながら、けっして誰かをひいきしなかったし、誰一人として取り残された気分にもしなかった。卒業から六十年以上もたった同窓会の昼食の席で、ある同級生から「あなたが校長先生の一番のお気に入りだって、みんな知っていたよ」と言われたが、自分ではまったくそんなふうに感じていない。その同級生はあきれたと言いたげな表情で笑いながら、校長先生は答えを求めるときにいつも私をあてていたし、何か単純な問題でみんなの意見が分かれたときにはクラス全体をまとめるよう私に頼んでいたと話す。私は百科事典から得た事実をたくさん知っていて、それが私の愛読書だった。

百科事典は物語の宝庫だっただけでなく、ためになることも教えてくれた。そこにはあふれるほどの情報と英知が詰め込まれていたのだ。ほかの子どもたちが屋外で遊びや冒険を楽しんでいたとき、私は長い時間をベッドで過ごしていたから、そのご褒美として知識をもらえたのだと思う。ただしそれは、途方もなく多岐にわたる知識だ。

一番の仲良しはジーニー・ブルトンで、私の体調が戻ると、よくいっしょに出かけて冒険をした。村の外に出れば、それほど遠くない開けた丘の斜面でヒツジとマウンテンポニーが自由に歩きまわっていた。私たちはマーマイトかジャムをはさんだサンドイッチだけをもって、午後じゅうずっと遊んだものだ。ただしポニーが先にサンドイッチを食べてしまうこともあり、実際、よく横取りされた。きっと丘に生えた草に飽きて、ちょっと変わったものを味わってみたかったのだろう。ジーニーと私はほんとうに気が合った。ブルーベルの花を摘んでくると古びたソースの空き瓶で香水を作り、発酵したドロドロの液体にソースの臭いが残っていてもまったく気にしなかった。カエルの卵が見つかる場所も知っていて、ゼリーに包まれた小さな黒い点が少しずつ大きくなり、形を変えながら、やがてオタマジャクシになる様子を見守った。水中に生肉のかけらを仕掛け、小さくて魅力的な子ガエルを捕まえたこともある。アシナシトカゲを捕まえたときには大きなガラス瓶に入れて玄関ホールの窓辺で飼っていたが、やがて母がそのかわいそうな生き物をガラスの牢獄から解放してしまった。私は激怒し、何の相談もなしにそんなひどいことをするのは横暴だと泣きわめいたものだった。そのころ一番欲しかったのは折りたたみ式の小型ナイフで、やがて買ってもらい、それがあればジーニーと二人でピグナットを掘って楽しむことができた。白い花の咲くセリ科のピグナット（*Conopodium majus*）

はニンジンの仲間で、地中深くに小さくておいしい根ができる。私たちは牧草地の道端に、十センチくらい掘るとこれが手に入る場所があるのを知っていて、この植物にしては珍しい浅さだった。この根を二、三本ほど手に入れられれば、誰でも宝物を掘り当てたような気分になれたものだ。まず土を拭い、ナイフで外側の皮を少しだけ削り落とすと、唾をかけ、スカートの裾でこすって、あとはそのまま食べる。ちょっと砂粒が混じっていても気にしない。とてもおいしくて繊細な味がして、いつも苦心して掘った甲斐があると感じさせてくれた。

丘の斜面を登ってブルーベリーの仲間のウィムベリーも摘んだ。二人ともその実が大好きで、家に帰るころには口も指も膝もお尻も紫色に染まっている。九月からはみんなといっしょにブラックベリー摘みに出かけた。そうした子どものころの経験で、その葉をよく知っていたことが、のちに土に埋められていた死体の土中での経過時間を警察に報告する際に役立つことになる。野生の植物の身近にいた子どものころのありふれた記憶は、その後の私の仕事も大いに助けてくれた。

広々とした屋外は、とても安全なごちそうの宝庫でもある。サンザシの若葉はおいしくて、その後の季節にできるサンザシの実もちょっと変わった味わいと感触を楽しめる。ただしあまり食べすぎると体に悪い。ニワトコの実は、あまり味がしないが、リンゴといっしょに煮込むと美しい色をつけてくれる。地元の人たちがそれを「ジプシーの干しブドウ」と呼んでいたのは、ケーキを作るときに代用品として用いられていたからではないだろうか。スピノサスモモの実（スローベリー）は広く知られていて、私はスロージンを作りたくて、タンニンが豊富なプラムに似たその小さな実を毎年たくさん集めようとする。スロージンはいつ飲んでもおいしい。この実を生で食べると、果実中のタンニンが唾液のタンパク質と結合するせいで、口がカラカラに乾く。それは実にみじめな感覚で、自分の舌ではもう二度と何の味もしないように思えてしまう。冷凍するか加熱するか、あるいはアルコール漬けにすれば、果実の細胞構造が壊れてタンニンが放出され、効果がなくなるのだ。私が作るスロージンでは確かにタンニンの効果は消えていて、毎年同じ香りにはならないが、いつでもすばらしい味になる。ジーニーと私は、いつどこを探せばちょっとしたおやつが手に入るかを知っていたけれど、今の子どもたちはゲームとメールばかりに熱心で、冒険をしないのは悲しいかぎりだ。

こうして安全に食べられる野生の植物はたくさんあるが、絶対に食べてはいけない植物もたくさんある。植物と動物は何百万年もかけてともに進化してきた。動物は自分で食べ物を生み出すことができず、食物網のどこかの段階で植物に頼らざるを得ない。だから、植物のほうは捕食されないように、なんらかの防御策を進化させる必要があった。さもなければ、噛まれ、呑み込まれて、やがては消え去ってしまう運命にあっただろう。一部の植物の防御はとても精巧にできており、自然がどのようにバランスをとってきているかを見せてくれる。そうした植物の防御策には物理的なものと化学的なもの、またその両方を組み合わせたものがあり、さらに一部は動物と共生的な関係を進化させている。

イラクサの若葉を使うとてもおいしい栄養満点のスープができるが、イラクサのほうは捕食されすぎないように、物理的な防御と化学的な防御を組み合わせて進化してきた。イラクサの葉に生えている特殊な刺状《とげ》の毛は、ちょっとでも触れたものには容赦なく蟻《ギ》酸、ヒスタミン、アセチルコリン、セロトニンの混ざった液体を注入する。それに触れると焼けつくような痛みを伴う発疹ができ、イラクサの茂みを走りぬけたイヌがひどい目に遭うことがある。そのほかに、野生のパースニップやバイカルハナウドなどの植物も、日向で触れると水ぶくれを起こす。有害植物について書いた本や論文はたくさんあり、誰もが少なくとも基本的な知識くらいはもっている必要があるだろう。

こうした防御策があれば、競争の激しい世界で生き残れる可能性が高まる。バラ科の植物の多くがもつ刺は長くて鋭い短刀だし、サンザシやピラカンサの垣根は有刺鉄線の塀のようで、こうした刺が食べ物を求める動物を思いとどまらせることは間違いない。アカシアの一種（アリアカシア）には、アリが刺に穴をあけて棲みつく。アリは蟻酸を出し、そのおかげで刺は長持ちするうえに触れられると痛みを生じさせるため、アカシアの木はキリンなどの動物や、そのほかの昆虫によって食べられるのを防ぐことができる。世界中の森林、サバンナ、ジャングルには、こうした絶妙な共生の例が山ほどある。

ただし、こうした物理的防御をしている植物の数は、生き残りと繁殖のために化学的防御策を進化させてきた植物の数に比べれば、ずっと少ない。植物界で生み出される化合物の数を知ると唖然とするばかりで、その多くは身を守るためのもののようだ。昆虫などの動物が嚙みつくのを防いだり、寄生生物が体内に侵入するのを妨げたりし、さらに今のところ効用がはっきりわかっていない働きをするものもある。植物、菌類、細菌は、この地球上にある有機化合物の驚くべき生産工場と呼べるだろう。それらは食物を提供して残りの生物界を維持しているだけでなく、不快な症状、さらには死までを引き起こす化合物も作り出している。ビーガンとベジタリアンは（人間以外の生き物も人間も含めて）、植物が他の生き物の命を支える力をもっている証になるが、植物には有害なものも、ときには命取りになるものまで、数多く存在しているのだ。

歴史上のどの時代にも、毒を用いた犯罪は枚挙にいとまがない。これは女性に好まれる凶器とされた。ローマ教皇アレクサンデル六世の非嫡出子として一四八〇年に生まれたルクレツィア・ボルジア、あるいはローマ帝国初代皇帝アウグストゥスの妻で紀元一四年に夫が食べるイチジクに毒を盛ったとされるリウィア――彼女たちをめぐる噂とスキャンダルを考えればわかる。

毒（poison）とは何だろう。毒素（toxin）や毒液（venom）とは違うのだろうか？　これらはすべて人間の健康を害し、ときには殺すこともできる。毒は、正常な身体機能を変化させてしまう化学物質を意味する一般的な語だ。元素である砒素や化合物であるシアン化カリウム（青酸カリ）といった無機物は、どちらも致死的な毒物だ。一方、ヘビ、サソリ、クモのような動物の毒は「毒液」と呼ばれ、いずれも非常に複雑な化学的性質をもっている。植物、細菌、菌類の毒は、ほとんどが「毒素」と呼ばれる。皮肉なことに、毒液も毒素も適正な量をとれば健康によいこともあり、濃度が高すぎれば害を及ぼす。その例が強心配糖体のジギタリンで、もともとはキツネノテブクロ（ジギタリス）属の一つの種から抽出された。この属は、命取りにもなるさまざまな強心配糖体およびステロイド配糖体を生み出している。適正な量のジギタリン（ジゴキシン）は心拍数を調整する効果があるが、無秩序に摂取すれば、心拍数の致命的な減少や増加、精神錯乱、悪心、あるいは幻覚まで引き起こす。薬というものがまだあまり発達せず、毒物学が生まれていなかったその昔、何の変哲もないキツネノテブクロを殺人に利用できたことは容易に想像できる。犠牲者はなんらかの心不全だと診断されて終わっただろう。地中海地方ではどこにでもあって可憐なピンクと白の花をつけるキョウチクトウにも、同様の化合物が含まれており、葉を一枚食べただけでも心停止を引き起こすことがある。

キツネノテブクロとキョウチクトウの毒素は草や木のあらゆる部分に含まれているが、特定の部分だけに集中している植物や、一年のうちの一定の時期だけに毒を生成するものもある。イチイの赤い「果実」の部分にはまったく毒はないが、その中心にある黒い種は有毒で、食べれば死に至ることもある。また、ルバーブの茎を調理して食べるととてもおいしいが、葉にはシュウ酸が豊富に含まれていて毒性が高い。私の母はよく古い鍋でルバーブの葉を煮て、鍋のつやを取り戻すのに利用していた。

植物がもつ毒素の多くは動物に対する防御のために進化し、なかでも世界中のいたるところで飛びまわったり這いまわったりしている無数の昆虫から身を守るためのものらしい。それがテルペンの果たす役割の一つであることは間違いない。私がボディー・ファームを訪れたとき、ツタウルシに触れた脚にひどい痛みとかぶれをもたらした恐ろしい油分（ウルシオール）に含まれているのがテルペンで、これはポイズンオーク（アメリカツタウルシ）にも含まれている。テルペン（テルペノイド）の毒素はツジョンという成分で、ニガヨモギの組織に含まれている。向精神作用があると考えられており、ベルエポックのパリジャンに愛されたアブサンという酒には欠かせない材料だった。失明や狂気を引き起こす可能性があるにもかかわらず、ヴァン・ゴッホ、ゴーギャン、ジェームズ・ジョイス、トゥールーズ・ロートレック、ピカソ、オスカー・ワイルド、プルースト、エドガー・アラン・ポー、バイロン卿、アーネスト・ヘミングウェイが、そして最も派手な存在であるサルバドール・ダリが、これを大いに楽しんだ。この事実を知ると、芸術の真の創作力と表現力にツジョンがひと役買っていたのではないかと思ってしまう。確かに、これら芸術家が生み出したアイデアやイメージのなかには、凡人には狂気とさえ思えるものもある。いずれにせよ一部の芸術家の作品は、視覚芸術であれ、文字で書かれたものであれ、音楽作品であれ、私には常軌を逸しているように思えてしまうことも多い。大半の人は心の奥深くでひそやかに空想や思索をめぐらせているが、それは理性的な自我によって覆い隠されているに違いない。いつの時代にも、独創的な知識人は植物の毒素を楽しむことによって内なる自我を解放し、そうすることで私たちのようなつつましい凡人に自らの内面を垣間見せてくれているのだろう。またテルペンは、反対の意味で人生に影響を与えることがある。ユーカリ油、ショウノウ、テレピン油、ショウガ、シナモン、おなじみのカンナビノイド（大麻の成分）はどれも身近なものだが、それらには初期の認知症や統合失調症に影響を及ぼす毒素が含まれている。それにしても大麻を求める人は多く、創造性を誇る人が、その誘惑に屈服していると認めたこともある。

自然界で作られる毒や毒素のなかで最強のものは、アルカロイドだ〔訳註　単一の物質の名称ではなく、窒素を含む塩基性有機化合物の総称。その数は数千種に及ぶ〕。アルカロイドは細菌、菌類、植物によって生み出され、毒ガエルなどの動物がもっていることもあるが、こうした両生類は毒をもつアリを捕食することでその毒を蓄えており、アリは集めている植物由来の物質からその毒を得ると考えられている。植物がカエルに与える進化上の利点は驚くべきものだと言える。

アルカロイドはタンパク質の構成要素から生成され、聞き覚えのある名前も多い。アトロピン、ニコチン、モルヒネ、メスカリン、アドレナリン、エフェドリン、キニーネといった具合だ。数多くのアルカロイドがこうして薬に利用されているが、毒と薬の境目は、ここでもやはり単純に濃度あるいは投与量の問題になる。トマト、ジャガイモ、ナス、コショウ、トウガラシはいずれも貴重な食品だが、おいしそうな黒い実をつけるが毒を含んでいるベラドンナや、美しい白い花をつけるチョウセンアサガオの仲間だ。実際、そのすべてがアルカロイドの一種であるソラニンを含み、スーパーマーケットの店長のなかには気づいていない人もいるかもしれないが、緑色に変色したジャガイモの皮は、そこに毒が含まれているのを知らせる目印だ。ソラニンは強力な殺虫剤で、植物を病原菌による攻撃から守る役割を果たしているが、たいていの場合、昆虫やミミズや菌類にとって毒になるものは、必然的に私たち人間にとっても有毒なのだ。

ストリキニーネはよく知られたアルカロイドの毒素で、インド南部に自生していることが多いストリクノス属（*Strychnos*）の樹木や低木に含まれている。この強力な神経毒は、アガサ・クリスティなどのミステリー作家が殺人の手段として好んで用いたことで広く知られるようになった。また、現代の殺人事件で使われればすぐ特定されてしまう毒物だが、キンポウゲ科の植物（デルフィニウム、ボタン、オダマキ）も、組織内に致死的なアルカロイドを蓄積する。二〇〇九年にはロンドンの西部でラクヴィル・カウル・シングという名の女性が、別の若い女性に心変わりしたパートナーに捨てられたあと、彼の食べるカレーにトリカブトを混入させた事件で有罪判決を受けた。トリカブトはキンポウゲ科トリカブト属（*Aconitum*）の植物で、美しい紫色の花を咲かせる一方、あらゆる部位に強い毒性をもつ。その作用の一つが運動機能を弱めて麻痺させるというもので、最終的には心臓と肺の機能を奪う。そのため、ストリキニーネと同様に、昔から殺人に使われてきた。シングのパートナーはカレーを食べたあとで吐き気を催し、少しずつ目が見えなくなって手足も動かなくなると、病院に運ばれてから一時間もしないうちに息を引きとった。

トリカブト属の植物はおよそ二百種にのぼり、古代ローマでは罪人や敵を殺すために、また中世の戦いでは矢の先端に毒を塗るために用いられていた。被害者のカレーにトリカブトを混ぜたシングは、のちに計画的犯行の罪で終身刑を言い渡されている。この種の毒素を用いた殺人で起訴されたのは、一八八二年に寄宿学校まで毒入りダンディーケーキを届けて当時十八歳だった義弟パーシー・ジョンを殺した医師、ジョージ・ヘンリー・ラムソンの事件以来のことだった。

菌類は驚くほど多様な化合物を生み出し、有毒なものも多いが、役に立っているものも多い。菌類はさまざまな抗生物質を産生しており、それらはもちろん細菌を殺す効果がある。抗生物質は本来、菌類の表面全体に細菌が群がるのを防ぎ、食物を吸収できない事態にならないようにしている。菌類の有益な影響がなければ、動物と植物の大半が生き残れなくなってしまうだろう。菌類は動植物が食べ物を手に入れるうえで不可欠な存在だからだ。また、私たちの食べ物を生み出すためになくてはならないものでもある。だが、用心しよう。最も毒性の強いものに対応できる治療薬はなく、その多くはテングタケ属（*Amanita*）である。ドクツルタケ（イギリスでは *Amanita virosa* 米国では *Amanita bisporigera*）およびタマゴテングタケ（*Amanita phalloides*）は、食べられるキノコによく似ているためにとりわけ危険な存在だ。ただし、セイヨウタマゴタケ（*Amanita caesarea*）は安全でおいしいキノコで、香りがよいことで人気を博している。ヨーロッパと米国では、毒キノコによる死者の約九十五パーセントがテングタケ属のキノコを食べており、そのうちの約五十パーセントをタマゴテングタケが占める。

キノコによる食中毒の問題点は、少なくとも六時間から十五時間は症状が出ないことで、種によっては一週間以上も表面化せず、症状が出てしまってから治療しようとしても手遅れになる。いずれにせよ、なす術もないまま死を迎えるのだ。そのため、キノコのなかには、見つからずに人を殺すことができる完璧な手段になるものもありそうだ。その昔は植物と菌類が、悪辣非道な目的で使われる毒の供給源だったことは容易に想像できる。ローマ皇帝クラウディウスの死の苦しみの様子が詳しく記録されており、そこからうかがえるのは、四番目の妻のアグリッピナが食事に毒を盛るという家風に従って夫を毒殺したということだ。このときはおそらくキノコを用い、それも最強レベルのアルカロイドであるムスカリンを含むカヤタケ属（*Clitocybe*）またはアセタケ属（*Inocybe*）を使ったのではないだろうか。

多くの菌類はアルカロイドを産生する。なかでも麦角菌（*Claviceps purpurea*）は最も広く知られているものの一つだ。麦角菌は牧草と穀草、とりわけライムギの花の雌しべに寄生し、「菌核」と呼ばれる黒っぽい塊を生み出すと、種子を菌核に置き換えてしまう。菌核は種子と同じように振る舞い、ほかの種子（穀粒）といっしょに散らばる。収穫されてライ麦粉に混入すると、最終的にはパンとなって人の口に入る。麦角菌は複雑なアルカロイド化合物を作り出し、なかには強い子宮収縮を引き起こす働きをもつものもあって、十七世紀と十八世紀にはこの特性が妊娠中絶に利用された。また精神錯乱と血管収縮の原因にもなり、とくに手足の血管に影響が及んで焼けつくような感覚を引き起こすことから、麦角中毒は「聖アントニウスの火」とも呼ばれた。医師が妊娠中絶の目的で菌核を利用した際には、投与量がでたらめだったので、多くの女性が命を落としたり、手足が壊死したりという悲劇も起きた。

麦角菌はＬＳＤの前駆体であるリゼルギン酸も生み出し、偶然にせよ意図的にせよ、この菌類を口にした不運な人たちは幻覚に苦しむ羽目になった。一六九二年〜一六九三年に開かれたセイラム魔女裁判での荒唐無稽な告発は、人々が麦角菌に侵されたパンを食べたことが発端ではないかという見方もある。ヨーロッパ全体では膨大な数の人々が麦角中毒で命を失い、九九四年にはフランスのアキテーヌ地方で四万人もの死者を出した。麦角菌による病の最古の記録として現在わかっているのは、紀元前六〇〇年ごろのアッシリアの粘土板および紀元前三五〇年ごろのインドの記録だ。ライムギではなくコムギを育てていた地域の人々は、コムギは麦角菌に侵されにくかったために比較的安全だった。

今の時代に手の込んだ毒殺はめったにないかもしれないが、中毒の可能性はどこにでもある。セリ科のドクニンジン（*Conium maculatum*）に含まれるコニインと呼ばれるアルカロイドの一種を少しでも口にしてしまうと、体じゅうの神経筋接合部が動かなくなる。まず両脚から麻痺がはじまってだんだん上に広がっていき、やがて肺に達して命も奪われる。ソクラテスはさぞかしひどく苦しんで死を迎えたに違いない。

あらゆる植物毒のなかで最も強力なものの一つは、ヒマ（トウゴマ）の種子に高濃度で含まれている毒素、リシンだ。これはまた別の種類の毒素で、他の生物のタンパク質合成を停止させてしまう。ヒマの種子をたった四粒口にしただけで嘔吐と下痢がはじまり、数日後には多臓器不全で苦しい死を迎える可能性がある。実際、リシンはそれほど強い毒性をもつことから兵器として利用された歴史をもち、一九七二年の生物兵器禁止条約で規制対象とされる一方で、さまざまなテロリスト集団に悪用され、米国の政治家に対する暗殺未遂事件が起きている。一九六八年に西側に亡命したブルガリア出身の劇作家ゲオルギー・マルコフが、ブルガリア秘密警察の一員によってロンドンのウォータールーで暗殺された事件は有名で、傘に見せかけた空気銃によってリシン入りの小さな弾丸を脚に撃ち込まれていた。

植物毒は現代の殺人犯にあまり選ばれなくなったとはいえ、法生態学者が調査を依頼されることはある。植物と菌類の残存物を毒物学で分析できなかった場合だ。毒素の一部は体に壊滅的な影響を与えるが、精神状態を変化させる効果を期待して利用されるものもあり、気晴らしで摂取する人さえいる。植物と菌類は先史時代から、向精神作用を及ぼす存在として重んじられてきた。

ベニテングタケ（*Amanita muscaria*）は白い斑点をもつ赤いキノコで、イボテン酸とムシモールという成分を含んでいる。それらはＬＳＤ（リゼルギン酸ジエチルアミド）に似た作用を及ぼす化合物だ。トナカイさえもこのかわいらしいキノコを探し求めるのは、おそらく以前に食べたときの楽しい経験を覚えているせいだろう。よく知られているように、遠い昔にはツンドラで暮らす人々がこれを儀式に用いていた。この幻覚誘発化合物がもつ作用によって、それを摂取した人は自分が飛べると思い込むことがあり、愛好者が高い建物の上から両手を広げて飛び降りた死亡事故では、多くの場合に調査が必要になっている。赤と白の服に身を包んでトナカイが引くソリに乗って空を飛ぶサンタクロースさえも、もともとはこのキノコを礼賛するカルト集団が語りはじめた物語に関係しているのかもしれない。キノコを信奉するカルト集団はこれまでに数多く存在している。現在まで続いているものもあり、ただ楽しい体験を共有するだけの集団もあれば、宗教的な集団もある。宗教や文化的行動のなかには、なんらかのキノコを摂取したあとに経験する幻覚に由来するものもあると思われる。古代の象形文字には、キノコを表すシンボルや表現も見られる。

人気のテレビ番組を見ると、鑑識課の科学捜査官たちは絶対に失敗せず、物語の中心となる謎の化合物を必ず特定できることになっている。しかし残念ながら今の時代でも、可能性のある物質についてなんらかの情報が分析官に伝わらないかぎり、毒物学のみでは毒素を識別できないことが多い。高度な分析技術を利用できるようになったとはいえ、果てしない数の未知の物質の化学的構造を比較するために、どれほどの数の参照用試料が必要になるか想像してみてほしい。もし植物または菌類の組織や胞子が関与しているなら、顕微鏡を用いる直接的な観察によって、毒素の出どころとして可能なものの名前を挙げることができる可能性がある。それでも、そのためには経験豊富な植物学者や菌学者が不可欠で、その数は減る一方だ。

古代文化も、現代まで生き残っている熱帯雨林の先住民たちも、自分たちの周辺にある植物や菌類について受け継いできた詳細な知恵を大切にし、今でも持ち続けている。高温多湿の森から採集した向精神作用のあるたくさんの菌類と植物は、長い歴史の中で彼らの日常生活の一部になってきた。それらは部族の団結と社会構造に重要な役割を果たしている。そうした植物の多くは有毒だが、選ばれた長老、呪術医、シャーマンが大昔から学んできた正しい濃度や組み合わせで用いれば、悪い影響は最小限に抑えられるようだ。熱帯に生息する植物の葉、茎、さらに根をさまざまに組み合わせて作った飲み物は、意識を鋭敏にし、陶酔と幸福感をもたらし、宗教的体験を引き出すことができる。こうした先住民の人々が、特別な体験を誘発するのに必要な種の組み合わせと安全な量について、幅広い知識をもっているのはよくわかる。だが正直なところ、たとえばヨークシャーの大工やギルフォードの車のセールスマンに、シャーマンになる十分な力量があると想像できるだろうか？　さて、驚くことにイギリス人のなかには（おそらく他の場所でも）、同好の士のグループに向精神作用のある物質の調合薬を提供して、収入の足しにしている人たちがいる。

ある日の午後、一人の警察官から興奮した声で電話がかかってきた。二〇〇八年の夏の日の夕刻に、シャーマンの儀式を主催して全部で十六人の人たちに風変わりな飲み物を配った一人の男を拘留したという。そのグループの大半は思っていたとおりの楽しい時間を過ごしていたが、一人の若い男が興奮して暴れ出した。同じ飲み物を飲んだ残りの十五人に変わった影響はなく、予想どおりの幻覚と陶酔を経験しただけだった。

シャーマンが提供した飲み物は「アヤワスカ」と呼ばれ、治療に使ったり、幻覚や幽体離脱を引き起こしたりするために、南米の先住民が何世紀にもわたって（おそらく千年以上ものあいだ）、さまざまな形で用いてきたものだ。アヤワスカは通常、熱帯雨林に自生する二種類のつる性植物を煮出した液を原料としている。その二つは互いに関係のない種だが、ほかの熱帯雨林の多くの植物と同じように見かけはとてもよく似ている。まず、この飲み物には必ずバニステリオプシス・カーピ（*Banisteriopsis caapi*）を入れ、あとはシャーマンが呼び起こしたい効果に応じて、チュラチャキ・カスピ（*Chullachaqui caspi*）などのさまざまな植物を用いることになる。だが、最も一般的に使われるのはサイコトリア・ヴィリディス（*Psychotria viridis*）とされ、このときもこの植物が使われていた。

バニステリオプシス・カーピには、腸内でセロトニン（幸せホルモン）を分解する酵素の働きを阻害するアルカロイドが含まれている。この阻害成分はハルマラアルカロイド（ハルミン、ハルマリン、テトラヒドロハルミン）と呼ばれるものだ。セロトニンは私たちの幸せな気分を維持する機能を果たし、幸福感、食欲、記憶、睡眠を促進する。体内でこのホルモンを除去する効率が高すぎることが原因となって、うつ病が生じる可能性もある。抗うつ剤の一部は、自然に生成されるセロトニンの再取り込みを阻害して、この物質が脳の活性中心に届くようにする。

アヤワスカに使われる二番目の植物のサイコトリア・ヴィリディスには、ジメチルトリプタン（DMT）という、強い向精神作用をもつ成分が含まれている。この化合物が、幽体離脱をはじめとする非日常的経験を引き起こすのだ。それがもう一方の植物の効果によって、分解酵素の影響を受けずに体内に残るようになる。飲み物にはこうした酵素阻害成分が不可欠で、さもなければ、もう一方の植物の活性成分が腸内で生き残って血流にのり、血液脳関門を通過することができなくなる。伝統的なシャーマンはこれとは別の、もっと空想じみた説明をしていただろうが、実際に別世界の幻覚を引き起こすのは脳に対するDMTの効果だ。一方でセロトニンの急激な作用が加わって、参加者の経験する高揚感が生み出される。

精神状態を変化させるDMTを購入することは可能だが、それは最も危険とされるクラスAに指定された幻覚剤で、その効果はLSDやマジックマッシュルームより強力だ。そのために所持、譲渡、販売のいずれも違法で、所持の最高刑は七年間の禁錮刑となっている。そのことは緑多いイギリスの田舎町で活動していたこのシャーマンにとって、深刻な問題だった。

運命を分けた二〇〇八年の夏、その若者に何かひどい手違いが起きた。彼とその仲間たちにアヤワスカを準備したシャーマンは、それまでとまったく同じレシピを守っていたのだが、この若者の幻覚は他の参加者のものとは程度がまるで違うように見えたのだ。激しくわめき散らし、なんとか気を鎮めようとした友人たちの手で儀式の中心から連れ出されると、まもなく昏睡状態に陥った。そして四日四晩、そのまま眠り続けた。そのあいだ若者の体は機能しているように見えたが、実際には、よく言ってボロボロという状態だった。筋肉をまったくコントロールできずに失禁状態となったため、友人たちは紙おむつを集められるだけ集めてその体を包み、できるかぎり清潔で快適に過ごせるようにしていた。

先住民たちは嘔吐も下痢も、アヤワスカの儀式に必要な、歓迎すべき結果とみなしてきたのだろう。シャーマンは、幻覚を見る経験を通して悪霊を払い落とすという目的で飲み物を提供するが、その一方で、この飲み物は下痢を引き起こして腸内に棲みついている寄生虫を追い出すこともできた。先住民の社会ではこうして下痢と嘔吐が人々の健康を守るわけだが、友人たちの介護の甲斐なく命を落とした若者に、その経験は何の恩恵ももたらさなかった。彼が死んだとき、友人たちは警察を呼ぶほかになす術はなかった。

私がアヤワスカという名前を耳にしたのは、その警官と話をしたときがはじめてだった。このような事件は日常的に起きるものではなく、シャーマンの逮捕という珍しい経験で、明らかにその警官はいつもとは違った高揚感を抱いていたようだ。彼はすでに試料を分析部署に送ってDMTが含まれているかどうかを調べており、その結果、含まれていることがわかっていた。それでもまだこの若者の死因を立証することはできなかった。若者の体内からDMTが検出されたことも警察は確認していたのだが、残る十五人の友人もその晩にまったく同じアヤワスカを飲んでおり、それにもかかわらず目立った害が及んでいる者は一人もいなかったからだ。もし警察が友人たちに同じ検査を実施すれば、その体内からも間違いなくDMTが検出されただろう。私たちが直面した疑問は、なぜ彼だけなのか、というものだった。なぜその若者は命を落とし、彼以外の友人たちは無事なのか？　若者の健康を急激に蝕んだ強い反応には、何か他のものが関与していたのだろうか？

私がこの事件への協力を依頼された時点で、警察はある程度まで捜査を進めていた。すっかり落ち込んだパーティー参加者たちから、被害者はときどきマジックマッシュルームを楽しんでいたと聞いたため、若者の部屋を捜索してみると、さまざまなフラスコ、クッキー缶、プラスチック容器が見つかった。寝室の引き出しにはキノコを丸ごと乾燥させたものがしまってあった。若者が大切に保管していたキノコは、いったい何なのか？　容器やフラスコには何が入っていたのか？　こうしたものが彼の死を、なんらかの形で後押ししてしまったのか？

これらの疑問に答えるのが私に課せられた任務だった。

夫のデイヴィッドはそのキノコを見るなり、このパズルに最初のピースをはめることができた。そのキノコはシビレタケ属の、イギリスではリバティーキャップと呼ばれている種（*Psilocybe semilanceata*）であると判断し、胞子を顕微鏡で調べてその判断が正しかったことを確かめたのだ。これは最も一般的なマジックマッシュルームで、わが家の裏庭の芝生にもときどきひょっこり顔を出す。これもＬＢＪ――ほとんどの人が簡単には見分けられない小さくて茶色いもの――の一つだ（もっとも、これを使いたい人たちは見分けられるらしい)。

私も、若者の部屋にあった容器に何が入っていたかを見極める方法があることを知っていた。環境考古学者として仕事をしていたころに私が成しとげた、最もめざましい業績の一つは、コルチェスターにある二千年ほど前の墓地にドルイドの医師とともに埋葬されていた「ワイン漉し」に、荒れ地によく生えている雑草のヨモギ(*Artemisia vulgaris*)で作られた調合物が残っているのを発見したことだ。ヨモギはニガヨモギの近縁で、大昔から薬草として利用されている。ニガヨモギとヨモギには実に多様なアルカロイド、モノテルペン、その他多くの化合物が含まれており、昔は種々の薬として使われた。人間も家畜もヨモギ茶を飲んで腸内寄生虫を麻痺させた。そうすれば、簡単に寄生虫を体外に出すことができる。寄生虫の感染は古代人にとって避けて通れない問題で、古代のトイレ跡ではよく線虫の卵が見つかることから、いかに大変だったか想像できる。現地調査のデータと研究室での分析によって、コルチェスターで活躍したこの鉄器時代の医師は、患者の腸内寄生虫を、もしかしたら細菌感染も、ヨモギの煎じ薬で治療していたらしい。この草は苦みが強いので、薬にはハチミツを加えていたようだ。そのことが明確にわかるのは、穀草、牧草、雑草の花粉粒がときおり見つかったものの(そしてワイン漉しには大量のヨモギの花粉が残されていたが)、それ以外に見つかった花粉はすべて、ハナバチが蜜を採取する「蜜源植物」のものだったからだ。蜜源植物の花粉は空中に飛散せず、親の花から遠くには行かないので、それらが偶然に紛れ込んだ可能性はほとんどない。一方のハチミツには、ハナバチを豊富な花蜜で誘った植物の花粉が豊富に含まれている。

アヤワスカを飲んだ男性が自室の容器に何を保存していたかを探るために、私はドルイドの医師の漉し器を調べたときと同じ手順に従った。空っぽのフラスコの一つには、容器の首の内側に乾いて硬くなった物質がこびりついていたので、これを単純に洗い流して処理するとともに、そのほかの容器もすべて洗って溶液を残した。そして顕微鏡を覗いてその正体が明らかになりはじめると、私の目はレンズに釘づけになった。フラスコの一つには大麻（*Cannabis*）の花粉とミントの花粉が密集して残っており、大麻とミントを煎じた液を飲み物として用意していたように見えたのだ。別のフラスコにはマジックマッシュルームの花粉の、とても濃い懸濁液が残っていた。ここでもキノコを摂取するために、何かの手順に従って準備したようだった。引き出しもまた興味深かった。そこには大量のシビレタケ（*Psilocybe*）の胞子が残されていただけでなく、花粉類の分析表を見ると、そのキノコを森林に近い草むらで採ってきたこともうかがえた。

　私が手にした結果から、その若者はアヤワスカの儀式に参加した一方で、大麻とマジックマッシュルームも乱用する暮らしを送っていたことは明らかだった。だがそのことは、多少なりとも彼の死の一因になったのだろうか。特定の麻薬を組み合わせて摂取した場合に人間の体がどのように反応するかは、まだほとんどわかっていない。タバコと大麻を合わせて摂取すると、重度の精神障害を引き起こす場合があること、またアルコールをいっしょに飲むと血流内のＤＭＴの通りがよくなって、妨げられずに脳に入りやすくなることはわかっている。だが、天然および合成のものを含めて、世の中にあるその他の無数の麻薬がいっしょに作用するとどんな反応を生み出すのかについては、断片的な知識があるにすぎない。

　この男性のほんとうの死因を特定することが、最優先事項だった。シャーマンは過失致死の罪に問われる可能性があるために身柄を拘束されており、自由の身になれるかどうか、先行きはまったく不透明だった。もしも男性の消化管から検出されたアヤワスカの活性成分以外に証拠が何も見つからなければ、儀式の恐ろしい結末の責任を負うべきはシャーマン一人であるという警察の主張は、説得力を増すことになるだろう。一方、もし故人が自分で何か別のもの（アヤワスカと相互作用を引き起こすような何か）も独自に摂取していたなら、シャーマンの負うべき責任は軽減され、自由を取り戻せる可能性が高くなる。

こうした事件の場合、急いては事を仕損じる。私が抱いている疑問は、道徳的なものでもなければ法律的なものでもない。シャーマンが問われる罪が殺人か、過失致死か、あるいは何かもっと軽いものになるかは、私には関わりないし、私が見つける結果にも関わりない。私はつねに、事実だけに目を向けていなければならない。誰が、何を、どこで、いつ、という具体的な答えを求める具体的な疑問に対して、ただ答えを出すだけだ。そしてその答えは、死者の消化管に残されていたものから見つかることになった。

病理学者は検視のとき、必ず消化管の内容物を試料として採取する。私はほとんどの場合、その手順にいくぶん戸惑いを感じてしまう。病理学者のなかには、台所で使う「おたま」を胃の中に突っ込んで中身をすくい出し、そのおたま一杯分が消化管の内容物全体を代表しているとみなしている人もいるのだ。それではまったく不十分ではないだろうか。胃の中身がいつも均質で、内容物のすべてが胃の中で均等に分布していると考えるのは無理があるだろう。この方法で試料を採取すると、非常に重要な証拠が簡単に胃の中に残されてしまう。とくに、食事をとってから長い時間がたったあとで死亡した場合は、試料として採取できるものはほとんど存在しないが、もしも食べたものが胃にたくさん残っているなら、内容物をより総合的に調べなければならない。

それでもこの事件の検視では、胃の内容物の試料は確実に採取されていた。私の手元にはすでに、遺体安置所用の広口瓶にいっぱい入った不透明な黄色い液体が届いていたのだ。その表面には小さな脂肪の塊が浮かんでいる。オレンジの臭いが強く漂い、これは少なくとも、死ぬ前の昏睡状態のあいだ、オレンジジュースで栄養を補給していたという主張を裏づけていた。だが私の手にあるこの淡い琥珀色の液体は物語の序章にすぎず、このときはじめて理解したのだが、必要な情報をもたらしてはくれないらしいことがわかった。意識を失ってから四日たってもまだ男性が排便を続けていたという事実は、体力がどんどん衰えていっているあいだも、腸の蠕動運動（消化管の中にある内容物を先へと押し出していく、波の動きのような筋肉収縮）はずっと続いていたことを意味していた。儀式の前と儀式のあいだに男性が食べたり飲んだりしたものは、それから四日間がたって、もう腸の下部まで進んでいるはずだ。彼がほかに何を口にしていたかを知りたければ、そこを調べる必要があった。

「回腸からの試料が必要ですね」と、私は言った。回腸とは、小腸のうち、結腸へと続く三メートルほどの部分のことだ。「近位結腸と遠位結腸、それから直腸の試料もお願いします」

腸から採取した別の試料が必要だと病理学者を説得するには少し苦労したが、最終的には六つの試料を手にした。回腸から四つ、上行結腸から一つ、横行結腸から一つだ。これで十分だろう。私は標準的な前処理を行なってから、はやる思いで顕微鏡を覗いた。

この人物が長いあいだ何も食べていなかったのはほぼ確実で、おそらくそうした断食はシャーマンの儀式の一部だったのだろう。腸の中身の大半は体を通り抜けて、オムツに集められていた。胃にはオレンジジュース以外ほとんど何もなく、小腸はまったく空っぽだった。そしてようやく納得のいく発見があったのは、結腸を調べはじめたときのことだ。報告すべきことがたくさんあった。

最初に、オレンジの小さな種子が一個だけ見えた。なんとか命を救いたいというむなしい努力によって、友人たちが彼に飲ませたジュースの量を考えてみれば、それは驚くにはあたらなかった。だがその後、私は期待していたものを見つけたのだ。大量のマジックマッシュルームの胞子と、かなりの量の大麻の花粉だ。それらは上行結腸よりも横行結腸のほうに多く残っていた。横行結腸のほうが直腸に近い位置にあるからだろう。男性はアヤワスカから向精神作用のあるDMTを摂取し、大麻からは、やはり向精神作用のあるカンナビノイドを摂取していたようだった。そのほかにはフラスコからマジックマッシュルームの「お茶」を飲み、そこにはサイロシンが含まれていた。そして、腸ではこのサイロシンが分解されていた。これは、マジックマッシュルームの幻覚を引き起こす成分だ。なんというカクテルだろう！　これだけでハイになるには十分に思われたが、私が次に目にしたのは、この男性がそれに加えて摂取していたものだった。はじめはその種子の数を見て信じられない思いがした。ただの種子ではない。そこにはケシ（*Papaver somniferum*）の種子があった。

パン職人はロールパンをケシの実（種子）で飾ることがある。読者のなかには、ある人気テレビ番組でアンジェラ・リッポン（有名なジャーナリスト・テレビ番組司会者）を被験者にして実験が行なわれたのを思い出す人もいるだろう。当時、ある発電所の職員が、定期健康診断で血液からオピエート（アヘンに含まれるアルカロイド）が検出されたという理由で解雇されるという出来事があった。

その職員は無実を主張し、ケシの実で飾られたパンを食べていたせいだと言った。そこでそのテレビ番組は、ケシの実がついたパンを食べると、実際に血液中でアヘンが検出されるかどうかを検証したいと考えたのだ。そして、アンジェラ・リッポンがケシの実がついたパンを三日間だけ食べ、それから血液を分析したところ、オピエートが確認できたのだった。ケシの実にはもちろんわずかな量のオピエートしか含まれていないが、パンをたくさん食べるほど、吸収する量は多くなる。実際には、種子に含まれるオピエートの量は個々の苗、生育条件、収穫方法によって異なるのだが、その種子を食べれば体内にオピエートが取り込まれることはほぼ確実だ。種子には通常、一グラムあたり〇・五〜十マイクログラムのモルヒネが含まれるのに対し、医療で処方される量は五千〜三万マイクログラムになる。だが、ケシの実で飾ったパンは世界アンチ・ドーピング機構公認の研究所にとっては頭痛の種だ。スポーツ選手の尿検査で一ミリリットルあたり一・三マイクログラムを超えるモルヒネが検出されると、陽性の判定になってしまう。検査の現場で大きな問題になったため、米国の機構は上限を一ミリリットルあたり二マイクログラムに引き上げた。

死亡した若者の結腸から大量の種子が見つかったため、私の目には事態がはっきり見えてきた。どんな状況が起きていたかを、はっきり思い浮かべることができたのだ。この男性は儀式がはじまる前に、自分で大麻とミントのお茶を入れて飲み、それからマジックマッシュルームを砕いて溶かした飲み物も口にしていた。それだけではまだ満足できず、さらに大量のケシの実を食べて、ようやくシャーマンの儀式に出かけると、そこでアヤワスカを飲んだ。その一杯を口にしたとき、自分では気づいていなかったが、彼の体にはすでに十分な量と組み合わせの毒物が取り込まれていたから、アヤワスカが意識のあるあいだに味わえた最後の一杯になってしまったのだ。

ヨーロッパ北部出身の法毒物学の仲間からその後、大量のケシの実を食べる人がヨーロッパで増えていると聞いた。私は日々の暮らしに忙しいせいだろうが、一部の人たちが強く望むという幽体離脱のような経験について考えたことがないし、経験してみたいと思ったこともない。たぶん私には怖すぎてできない。化学物質で刺激しなければ手に入らない気分を味わうために一部の人たちが踏み出す一歩の大きさに、私の心はたじろぐばかりだ。彼らが平凡な毎日から抜け出すために、カフェイン、ニコチン、コカイン、ヘロイン、モルヒネといったよく消費されるアルカロイドをはじめとする、数多くの有毒物質に自ら進んで夢中になっていくのはとても不思議で、不可解に思えてしまう。だがそんな私でさえ、ときには頭痛を治そうとしてコデインの錠剤を口にしてしまうのだ。

ＤＭＴは、あっという間に人を強烈な別世界に引き込むと言われている。その状態から回復するには長い時間がかかり、なんらかの精神疾患を抱えている場合は症状が悪化することがある。ＤＭＴの常用者のなかには、摂取時の経験のフラッシュバックが繰り返し起きると話す人もいる。この強力な物質が精神を変化させてしまうこと、ときにはそれが長期にわたることは、ほぼ間違いない。なかには神の顔が見えたと話す人もいる。エイリアンの世界に行ってエイリアンと話をしたと言う人もいる。奇妙な言葉でフクロウと会話できる経験はよくあるそうで、なかには「地獄を見た」人もいる。

生きているあいだに罪を犯せば死後に罰を受けるという概念は、宗教では広く見られる概念であり、歴史上のどの時代を見ても、芸術家たちは永遠の苦悶の地として地獄を描いてきた。ヒエロニムス・ボスとブリューゲルの空想の産物である絵画には、地獄と呼んでもおかしくないような、無秩序で混乱した世界が描かれている。彼らの想像がなんらかの化学物質の影響を受けて生まれてきたものかどうかは、誰にもわからない。だが、その後のシュールレアリスムの芸術家による同じように奇怪な作品の一部は、アブサンなど、精神に変化を及ぼす物質の力で発想を得たものかもしれない。理性のある人は、彼らが描く地獄と天罰の概念に意味があるとは真剣に考えないだろう。私自身の考えでは、一人ひとりの地獄はその人だけのものであり、自分を不安にする恐怖でできている。アヤワスカの儀式で興奮、高揚感、あるいは幻想を求めたあとで世を去った男性は、自らの興奮と狂乱の中で自分だけの地獄にいたのかもしれない。友人たちが彼の体を抑えて落ち着かせようと必死になっていたとき、彼自身は自らの周囲に渦巻くどんな幻覚を見ていたのだろうか。その叫び声と半狂乱の動きは彼が苦しんでいたことを示しているのかもしれず、友人たちがどれだけ世話をしても、彼の脳内で戦いを繰り広げていたさまざまな植物と菌類の毒素の影響を打ち消すことはできなかった。結局のところ私たちは、化学作用で成り立っている存在にすぎない。

致死性物質の入ったさまざまな飲料を摂取するなかで、アヤワスカに含まれていたDMTが、この若者の命を奪う一因となったかもしれない。だが、彼の体にはあまりにも多様な幻覚性植物の花粉、胞子、種子が取り込まれていたために、その死の責任をシャーマンだけに負わせるには無理があった。法廷では当初に告発された過失致死の罪には問われず、アヤワスカの儀式とは関係なしに、クラスAの麻薬所持で有罪となった。ごく短い禁錮刑が言い渡されたが、まもなく出所し、私が最後に聞いた話では、まだ儀式を主催し、幻覚作用を引き起こす飲み物を調合し、「別の世界」を味わいたいと彼のもとにやってくる人々に、そこへの扉を開き続けている。

人々が自分を取り巻く現実を逃れたいと願うことは、私には悲しく思える。自然の美しさと、私たちに見えるものや見えないものがあふれているこの世界では、物足りないと感じるのかもしれない。私は、地獄と呼ばれる場所に（それが虚構のものだろうと、そうでないものだろうと）、自分が行くことはないとわかっている。死はすべての人々に、あなたにも私にも、そしてどこにいる誰にでも、もれなく訪れる。その前に、しっかり生きることにしよう。

第13章　痕跡

元日の夕食をすませ、「今年はワインを飲まない」という新年の決意を早くも翻してグラスを手に、ゆっくりテレビを見ようと腰をおろしたとき、玄関ホールにある電話が鳴った。膝にはミッキーがのっていたし、テレビの番組表も用意してあったのに。

「やあ、パット。新年おめでとう！　お願いしたいことがあるんだ。明日の朝六時に本部まで来てくれないか」

ハートフォードシャー警察の上級捜査官、ダギー・ベインの声だ。

「専門の人たちに連絡をとって、チームをまとめてもらえるかな？　こっちには明日の朝六時に来てほしいんだ。森林地帯で白骨死体が発見された」

これまでの話と同じで、今回もまたイヌが飼い主と散歩中に、殺人事件の被害者を発見していた。近隣がまだ寝静まっているうちから精力的に動きまわる人たちが、不運にもこうした場面に遭遇することが多い。このような事件が起きたときの適任者を選ぶのは簡単で、ありがたいことに短い電話だけで全員が来てくれることになった。

翌朝、高速道路M25を走る車はまばらで、私は一時間もしないうちにウェリン・ガーデンシティにある警察本部に到着した。寝不足で頭がクラクラしていたが、できるだけ明るく振る舞って熱意を見せるようにしながら、短い状況説明を受けて詳細を呑み込むと、一団となって現場に出発した。

「前に教えてくれた手順に従ったよ、パット。きみが最初に現場に入り、次に昆虫学者で、それから考古学者が行く。ほかの科学捜査官と病理学者は、そのあとだ」

現場で植物、土壌、動物、菌類、草木の乱れ、足跡を見極め、それらから証拠に結びつく材料を最大限に手に入れるためには、これが完璧な戦略だった。こうすれば、証拠となりうるあらゆる種類のものを確実に保存し、専門家一人ひとりが最大限の情報を得ることができる。私たちはザクザクと音を立てて林床一面に降りつもった黄褐色の葉を踏みしめながら森の中を進み、それから急な斜面をすべるようにして下りていった。小さな谷の底には曲がりくねった小川が流れており、川は途中で二手に分かれてそれぞれがもっと細くなると、あいだにできた小さな島を迂回し、その先でまた合流している。驚くほど整然とした死体遺棄現場は島の中央にあって、すぐにその場所だと見分けることができた。これまでにいくつもの遺棄死体に対応してきた私たちの目には、犯人があとから見つけやすいようにと、その場所を慎重に選んだことは明らかだった。前にも述べたとおり、殺人犯は自分が犠牲者を放置してきた場所を、もう一度見てみたいという思いに抗いきれないことが多い。結果を確かめるためなのか、満足そうに眺めるためなのかはわからない。死体を埋めた跡に目印として丸太をのせたり、あたりで目立つ事物の近くに埋めたりするのは、そうした心理の現れだ。ここではその小さな島が目印になっていた。

私が最初に小川を横切り、遺体発見現場に足を踏み入れた。その場所の衝撃的な光景は、今もなお鮮明に脳裏に焼きついている。そこはまるで浅い泥風呂のようで、肉がすっかり失われた両足が風呂から突き出し、ニヤリと笑っているように見える頭蓋骨の空っぽの眼窩が、腹部がつかっているはずの泥だらけの水たまりをじっと見つめていた。ウジなどの腐食性動物がすでに仕事を終えて、骨がむき出しになっている。私は一人でこの不運な被害者とその周辺をじっくり観察することになった。他の人たちは全員が小川の向こう側にとどまって、体を温めようと歩きまわり、タバコを吸い、談笑し、チョコレートを食べている。

従来、現場では政府の管理下にある調査機関「科学捜査サービス」(FSS)のスタッフと病理学者の仕事が何よりも優先されると考えられてきた。だが私はいっしょに仕事をする警察官たちに、こうした慣習をいつまでも改めないならば、何が失われることになるのかを教え込んできた。いずれにせよ、頭蓋骨の持ち主は鳥とネズミにすっかり肉を食い荒らされていたから、すでに死んでいることを確認するのに法病理学者は必要なかった。法的には病理学者による死亡宣告が必要なのかもしれないが、現場に一番乗りする必要はない。そのせいで現場の自然環境が荒らされ、非常に重要な手がかりが失われる恐れがあるのならば。

冷えきった朝で、私は何枚も重ね着をしており、さらにその上に全身を覆う防護服も身につけていたから、軽々動くというわけにはいかない。冷たい空気にさらされた鼻と目からは絶えず鼻水と涙が流れ落ちてくるのに、指は保護手袋の中でこわばり、ハンカチには手が届かない。どうにも不快な状態での仕事になった。

　誰もが答えを知りたい最初の疑問は、その死体がいつからそこにあるのかだ。このような状況では、あたりの植生が最初のヒントになることが多い。死体を埋める穴を掘ったことで、島全体を覆うように生えていたシダの群生が荒らされており、それを丁寧に調べることが重要だった。私は死体が見つかった穴から少し離れた場所で、切り倒されたシダのまわりの土を取り払って地下茎を掘り出した。茎は乱暴に切られていたが、休眠芽はまだ残っており、傷んだ葉に代わって伸びようとしていた。よく見るとその新しい芽は、茎に沿って生えているほかの休眠芽に比べると大きくふくらみ、すでに長く伸びている。

　土の中には緑色の葉の小さな破片も混じっていた。葉緑素は興味をそそる分子だ。生きた植物から早い時期に切り離されてしまっても壊れることなく残り、分解するまでには長い時間を要する。新鮮な葉は土の中では数か月にわたって緑色を保ち、地上のものが自然に茶色に変色して、やがて枯れてしまったずっとあとでも、緑のままだ。このときもそうだった。地下茎の休眠芽に加えられた刺激、そして土中に残された緑色の葉の破片から、シダが切り払われたのは前の夏のあいだのように思われた。シダの葉が黄色に変わる初秋より前ということだ。

　私は膝をついた姿勢からヨロヨロと立ち上がり、対岸で待っていた人たちに声をかけた。「死体は、去年の夏の終わりに遺棄されたのだと思うわ」あまり気乗りのしない歓声が上がった。最も重要な情報の一つは、事件がいつ起きたかだ。それがわかれば、捜査官たちは事件発生時の容疑者のアリバイを調べることができる。

次に、遺体が埋められた穴の周辺、その穴を埋めた土、さらに犯人が通った可能性のあるすべての道筋から、比較用の試料を集める。運がよければ、あとからこうした場所の分析表を容疑者の靴や車、持ち物などと照合できるだろう。たった一枚のシダの葉がワンシーズンに三千万個の胞子を放出できることを考えれば、現場から収集された証拠が作り出すジグソーパズルのなかで、この植物が大きな役割を果たしてくれると期待できた。

私は現場で試料集めを続けるあいだ、ずっとフェイスマスクをつけていた。咳やくしゃみで、あるいは呼吸で、死体に自分のDNAを混入させてしまうリスクを冒したくなかったし、頭髪が穴に落ちるのも避けたかったからだ。科学捜査では、「正しく身なりを整える」習慣によって、現場を人間による汚染から守るだけではなく、自分自身が死体から何か不快なものを拾い上げてしまう事態も避けることができる。私は防護服にすっぽり包まれて、あらゆる物と人から切り離されていた。そうして試料を集め、一つひとつを別々のビニール袋に入れ、見つけたすべての植物種を一覧にし、関連があると思われるものすべての写真を撮り、全試料に正確にラベルをつけて記録したことを確認した。この作業を、寒さでかじかんでいるうえにビニールで包まれた手で進めるのだから、途方もない時間がかかっているように思われた。

「いいわ、さあ、こっちに来て」私はピーター・マーフィーとルーク・バーバーに向かって叫んだ。

ピーターは私と同じ環境考古学者だがイースト・アングリア大学に所属しており、一方のルークはユニバーシティー・カレッジ・ロンドンの管轄下にあるサセックス考古学ユニットで仕事をしている。

私といっしょになってしゃがみ込んだ二人は、土の表面を覆っていたものの大半をまたたく間に取り除き、驚くべき事実を明らかにした。

表面から泥水が取り除かれ、その下のもっと硬い泥が見えたとき、私はハッとして言った。

「違う――これは夏に掘られた穴じゃない！」

私はその穴が秋か冬に埋め戻されていたのに気づいて、思わず顔をしかめた。穴を埋めた土に茶色くなった葉の破片が混じっていたから、そのことは明らかだった。茶色い枯れ葉はあまり遠くない過去に地面を覆い、今も小川の対岸で、チームの他のメンバーによって無意識に踏みつけられている。それが土に混じっていたのだ。夏の土には緑色の葉とその破片が含まれることがあるが、これほど多くの茶色く枯れた葉や葉屑が混じっていることはない。私はどこでそんな大きな間違いをしてしまったのだろうか？　穴はこの冬に埋められたのか、それともその前の冬に埋められたのか？　被害者はとても長いあいだそこに埋まっていたように見えた。葉は一年たってもそのまま残っているだろう。だが、シダの茎はまだ謎だった。私は前かがみになって、穴を埋めていた土が小さいシャベルで手際よく、すばやく正確に取り除かれていく様子を見守った。

考古学者と生物学者は、それぞれ違った目で土を見る。穴を掘りながら、考古学者は「事実の前後関係」の観点から土の色と土質の変化を説明する。それぞれが一つの出来事やエピソードを示していて、それが直接的または間接的に人間の活動を記録しているかもしれないと考えるのだ。だが生物学者は土の特徴を、自然の作用によって形成されたもの、という視点から観察する。どちらももっともな考え方だ。それを助けにして、私たちそれぞれが、現場の環境を攪乱した原因と推移について、独自に結論を出す。最近掘られた穴の場合、埋め戻された土はごちゃまぜになっているが、埋め戻された土に含まれているものと、その下にある「自然の状態」の土との違いの両方から、証拠を探ることができる。考古学者および科学者たちは科学捜査の仕事にいわば「前適応」しており、それまでに培ったスキルを捜査に利用することができる。科学者にとって、細心の注意を払ってあらゆる事物や動作を計時し、位置を定め、測定し、記録するのは、もはや習性だ。それでも最も気の進まない仕事の一つは、ぐしょぐしょに濡れて泥がこびりついたノートに書かれた断片的なメモを読み解くことで、現場では完璧に明確だと思えた内容が、研究室に戻ってみると曖昧に見えてくることがある。

埋められていた死体の全身が見えてくるにつれて、そこにいた全員が息を呑んだ。泥風呂から突き出した頭と足からは、ウジ、鳥、ネズミによって肉がきれいに取り除かれていたので、被害者はこの奇妙に露出した遺棄現場で、ずいぶん前に死亡したような印象を与えていた。そしてもっと大型の腐食動物がこの遺体に興味をもった形跡はほとんどなかったから、白骨化した全身の骨格を掘り出すことになるだろうと誰もが考えていたのだ。

「なんてことだ！」と、ピーターが驚いた声を出した。

手にしたシャベルが、青白くてヌルヌルした、まだそれほど傷んでいない肉に触れるとは、思ってもいなかったようだ。彼が見慣れているのは古代の骨だけで、発掘中にそうした骨を掘り出したとしても、土器などの人工の遺物と同じ程度のインパクトしかない。一方のルークは戦没者の墓地を発掘した経験があるから、もう少しゆとりがあった。だからルークと私はマスク越しに思わず同情して目を合わせた。かわいそうなピーターが、急に漂ってきた悪臭に吐き気を催していたからだ。

私はそのときまでに、死体が遺棄されていた穴の中の混ざり合った土から、また穴周辺の表土のあちこちから、いくつもの試料を集め終えていた。この死体を捨てた人物が、この場所の土を体のどこかに付着させて持ち帰っていることは間違いない。その土には有罪判決につながる物証が山ほど含まれている。およそ二時間にわたって集中して作業を続けると、死体がすっかり掘り起こされたので、科学捜査チームの残りのメンバーが最も内側の非常線内に入ることを許されて、それぞれが担当する種類の証拠集めに従事する。そのあとでようやく病理学者が、被害者の死亡を宣告できたのだった。

葬儀屋が到着した。事件現場がどんなところでも、ほとんどの場合は葬儀屋がやってきて、被害者の遺体を遺体安置所まで運ぶと聞くと、たいていの人は驚くのではないだろうか。黒のフォーマルスーツにネクタイ、純白のシャツに光沢を放つ靴という装いの三人の男性が、急な土手をズルズルすべるようにして下りながら、なお威厳と礼儀正しい態度を保とうとする様子は、その場の光景にはなんとも不似合いだ。

黒衣の男たちは無言のまま死体を袋に入れると、急な土手をよろめくようによじ登って運んでいった。こうして死体がなくなったので、対岸にいた警官をはじめとした人々の大半は仕事から解放されることになり、その一部は軽やかな足取りで暖かい遺体安置所へと向かっていった。

ひと昔前なら、大勢の警官ががんばってどうにか死体を掘り出し、葬儀屋がそれを運び去り、科学捜査チームがさまざまな用途の試料を採取すれば、それでおしまいだった。だが今は違う。事件現場は犯人の手がかりが見つかる重要な場所だから、徹底的に調べ、探さなければならない。そして、できるかぎり綿密な記録を残しながら死体を回収するために、考古学者を動員する必要がある。考古学者はいつも死体が埋められた穴のもともとの形状を明らかにすることにこだわり、今や空っぽになった穴を前に、ピーターとルークはその形状を探ろうとしてシャベルで掘る作業を続けた。穴の底部には掘った人の足跡と使われた道具の形跡が残っている可能性があり、それらを計測しておけば、やがて容疑者が特定されたときに比較することが可能だ。

この事件では、穴を掘った人物の作業の徹底ぶりから、恐ろしく悪意に満ちた計画が立てられたことがわかってきた。穴の底は死体よりもっと深いところにあり、死体の下側の土（つまり、穴の底から死体に至るまでの土）には、落ち葉がまったく含まれていなかった。これはただ一つの事実を意味していた。そして何が起きていたかがわかってきた。私は間違えてなどいなかった――その穴は、確かに夏のあいだに掘られていた。でもその後、また埋め戻された。そして時がたち、季節が進んで葉が落ちて地面を覆うようになってから、その穴は再び掘られた。ただし二度目に掘られた穴は、元の穴よりも浅い。被害者が新しい穴に投げ込まれると、このときに穴を埋めるのに使われた土には今シーズンの落ち葉が混じっていた。この殺人は計画的なものだったということだ。最初の穴は、被害者の死を予想して、あらかじめ掘られていたことになる。

警察の担当者による詳細な記録と写真撮影が完了したあと、私たちも満足できるだけの試料とメモを手にしたので、ひと安心して小川を飛び越え、すべりやすい土手を登った。あたりの空気は冷えきっていたのに息が切れ、汗ばむほどだ。ルークはサセックスに戻り、ピーターと私はその足で遺体安置所に出向くと、そこではすでに作業が進められていた。いつものように私は医療用の服に着替え、自分の道具類を揃えたものの、私にできることはほとんどなかった。死体はうつ伏せに寝かされていた。なんという恐ろしい姿だろうか。死体は白骨化しておらず、ほとんど完全な状態を保った男性で、両手を後ろ手にしばられていた。遺体の前面は、雨によって穴の土が洗い流されたせいで、腐食動物が届くかぎりのあらゆる場所で活発に役割を果たしたが、それは被害者の顔、足、胸部に限られた。低温と湿気が残りの部分をそっくり残したせいで、手からは完全な指紋をとることができた。早朝から作業をはじめ、その日の午後三時までにはもうＮＡＦＩＳ（全国自動指紋識別システム）から被害者を特定できたという連絡が入っていた。データベースに一致する情報が存在すれば、十五分ほどで情報が返ってくる。この事件では一致する指紋があった。被害者には犯罪歴があり、その指紋がデータベースに記録されていたからだ。その人物はアルバニアからの合法的な移民で、まだ若く、ロンドンに住んでいた。

死因ははっきりしており、胸に深いナイフの刺し傷があった。そして警察の集中的な仕事のおかげで、自宅、仲間、殺人の原因もすぐに判明した。私たちの手元には写真も届き、その若くて美しい顔立ちを目にしたとき、それほど美しい姿と生気が死とともにどれだけ短時間で失われてしまうかに思いを馳せずにはいられなかった。彼はアルバニアからの不法移民仲間のためにマネーロンダリングを引き受けていたが、ありがちな成り行きとして、誘惑に負けてしまったようだ。預かった金を故国の家族たちに届ける代わりに使い込んで浪費し、楽しんでいたのだ。それに対する報復は、単なる怒りに任せた暴力ですまされることはなく、綿密な計画が練られていった。まずは死体を埋める場所が、あとから行ったときにすぐわかるよう、見つけやすさを考えて周到に選ばれた。それがあの美しい森の小さな谷を流れる小川にできた、小さな島だった。加害者たちにとって、そこは遠くの安全な場所に思えたに違いないが、彼らはイギリスでイヌの散歩をする人たちの勇ましく大胆な行動を考えに入れていなかったのだった。

私は大きすぎる長靴を引きずるように更衣室に戻り、暖かくて着心地のよい自分のスウェットパンツに着替え、テニスシューズを履き、憂鬱な長い一日のことを頭から消し去ろうと、カントリーウェスタンを大音量でかけながら帰路に着いた。夜明け前の暗いうちに家を出たのに、冬の夜遅く、また暗闇の中での帰宅になった。待ちわびていたミッキーと二人、夕食をとった。私はビーンズ・オン・トースト、ミッキーはサケのポシェというメニューだ。そしてぼんやりした頭で、私はこの事件に関して、現場の報告書と掘られていた穴についての地層学による解釈以外に、何か役に立てることがあるのだろうかと考えた。だが、その答えを知るのに長く待つ必要はなかった。

数日後に電話が鳴った。

「パット、容疑者の車がアルバニアにあることがわかったよ。その車が被害者を森に運ぶのに使われたこともわかっている。それに容疑者たちから靴と衣類もたくさん押収したから、調べてもらいたいんだ」

「すごいわね、ダギー。まず靴からはじめて、できるだけ早く現場の森と比較するわ」

「了解だ。それから車も調べてほしい」

「バカを言わないでよ、ダギー。その車はヨーロッパを横断して移動しているし、運転した人はひっきりなしに車から出たり入ったりしたに違いないんだから」

「そうだね、でも試してみたいんだ」

それは非現実的なことに思えた。私はそれまでに何度も花粉類の証拠の威力を実証してはいたが、今回ばかりは難しすぎる。だが、それ以上議論する気力は残っておらず、まもなく「科学捜査サービス」の主任科学者ピーター・ラムといっしょにイタリアのミラノ・マルペンサ空港に飛ぶと、そこで乗り継いでアルバニアの首都ティラナへと向かった。

私たちを出迎えてくれたのは捜査チームの一員であるイギリス人の警官で、現地にしばらく滞在していたからホテルのサービスの贅沢にすっかり慣れ、町の地理にも詳しくなっていた。全員の顔合わせでは陽気な冗談も飛び交ったが、ピーターと私は疲れきっており、おいしい夕食がすむとすぐ部屋に引き上げた。

翌日、私たちの「手足になって働いてくれる」というアルバニアの警官たちと会ったが、それはまったく驚くような経験だった。全員がとても大柄で、誰も英語を話せない。英語を話せるのは担当の通訳だけだったが、彼をひと目見ただけで、好きになれないタイプだと思った。いかにもうさんくさそうなうえ、しばらくすると自分に都合よく事実を曲げて通訳してしまうこともわかった。私が環境調査の責任者であることをダギーが説明するまで、アルバニアの警官たちはみな、私をすっかり無視してかかっていた。私は今でも彼らの顔をはっきり思い出すことができる。私のような小柄な女性が何かを命令できること、ましてや仕事に関して指示することを知って、全員が唖然とした顔をしたのだった。

ピーターは車を徹底的に調べて、繊維、血痕、ＤＮＡ、あるいはその他のなんらかの種類の物証を探し、容疑者たちや被害者の衣服から採取できた試料と一致するものを見つけようとしていた。一方で私は土の試料を入手し、ギャングたちが頻繁に出入りしていた場所の土とハートフォードシャーの森林地帯の土とを区別する必要があった。最初に捜査の手が入ったのは主犯とされる容疑者のロンドンの自宅、次に残るメンバーの家だった。警官はあらゆる場所で（寝室、居間、物置からも）靴と衣類を見つけたらしく、こっちの靴、あっちのジャケットという具合に、関係がありそうに見えたものを手あたり次第に集めてきていた。こうした状況で分析官を悩ませる点の一つは、仲間のあいだで服と靴を共有している場合だ。誰の所有物かをはっきりさせるにはＤＮＡ分析が役立ち、靴の内側を調べると確かに明確になるのだが、ときには複数の人物のＤＮＡが混じり合い、何人もの人が同じ靴を履いていたのがわかることもあった。次に、そうした所有物から見つかった物証が死体遺棄現場のものと一致すれば、捜査を次に進めることができる。容疑者たちが暮らしていた場所は、山ほど集められた衣類と靴と同じくらいごちゃごちゃに込み入っていた。誰がいつどこに住んでいたのか？　犯罪を犯した不法移民を相手にする場合は、その判断がつねに難しい。彼らは自分の痕跡を隠す方法を知っているからだ。膨大な数の品目を長期間にわたって調べる羽目に陥る可能性もあり、警察は「オッカムの剃刀」の原則に従うことにして、車に焦点を合わせたのだった。

私はあのアルバニアの警察署に足を踏み入れたときのことを、一生忘れることはないだろう。安全を確保するために、警察署の入り口は刑務所の入り口も兼ねており、まるでドラキュラのホラー映画の一場面のようだった。門は巨大で、大きな飾り鋲が一面についている。門を一歩入るとそこは広い中庭で、一方の側にはゴミの山が並び、門と同じ側の塀に沿って建てられた間に合わせの車庫に、何台か車が停まっていた。赤い車は、確かにそこにあった。だが私たちが作業に取りかかるには、まず社交上の儀礼をすませる必要がある。私は今にも倒れそうな車庫の横にある事務所に案内された。その部屋は大柄な男たちで大入り満員の状態になっており、彼らは全員前かがみになって私に微笑みかけると、白と金の歯を見せながらニンニクの臭いで私を圧倒した。全員が黒いひげをもじゃもじゃ生やしていたせいか、いかにも異国の人というふうに見えた。でも、誰もがとても丁重だった。そして、彼らの誇る指紋システムをぜひ見てほしいと言った。私たちが西ヨーロッパで用いているシステムとは異なり、彼らが採用していたのはロシア製で、イギリスの警官のなかには、そのほうが自国のシステムより優れていると考えている者もいた。私にはどちらがよいかの判断はつかなかったが、自分の指紋をとってインクから画像ができあがる一連の工程を見るのは楽しかった。

できあがった私の指紋があまりにも薄く、ほとんど見えなかったので、現地の人たちはとても驚いていた。そして通訳を通し、家事をしすぎたために指紋が消えたようだと教えてくれた。洗濯と漂白を熱心にやりすぎたせいで、一人一人を区別できるはずの指先の溝と皺が消えてしまったらしい。全世界の人々をくまなく調べたわけではないものの、これまでにまったく同じ指紋が見つかったことはなく、一卵性双生児でも指紋は異なっている。指紋の形成には遺伝的特徴がひと役買っていると思えるかもしれないが、それよりも胎児の皮膚の真皮と上皮のあいだに挟まれた、基底層の細胞のほうが大きく関係しているらしい。下にある組織が成長するにつれ、基底層に圧力がかかって、表皮に皺ができていく。日々の暮らしでの指の使い方や、皮膚につけられた小さな傷の数も、指紋の違いに影響を及ぼす。

アルバニア警察は西ヨーロッパからの来客に会う機会がほとんどないため、自分たちの仕事の実例を私たちに熱心に見せたがった。大急ぎで中庭を横切って本館に向かいながら、私は鉄格子のついた窓に並ぶたくさんの顔と、そこから突き出した腕を見上げた。そして、どうしてそんなに多くの囚人たちが庭を見下ろしているのかを不思議に思っていた。するとそのとき、ベルが鳴り響いて門が開き、くすんだ色の服を着た大勢の女たちと少しの男たちが手に手に籠をもって押し寄せてきた。籠に何かをいっぱい詰め込み、布で覆っている。彼らはこぞって中庭を横切ると、建物の中に吸い込まれていった。

「何がはじまったのですか？」と、私は通訳の男に尋ねた。

「食事の時間ですよ」

「え？」

「家族が食べ物を運んでいます」

「でも、家族がいない人はどうなるんです？」

彼はただ肩をすくめただけで、建物の中央扉に向かって歩き出した。イギリスの囚人たちとこの国の囚人たちの待遇には、なんと大きな差があることか。

中庭の反対側にある本館では、窓のない大きな部屋まで誇らしげに案内された。そこには長いテーブルがいくつも並び、私がそれまで目にしたこともないほど大量の銃が置かれている。どれも不快で恐ろしく感じられた。すべて、犯罪活動の捜査で押収されたものだそうだ。どれも死の可能性を突きつけてくるので、私は居心地が悪かった。長身で細身の男性が少し背を丸めながら武器を一つずつ丁寧に説明する言葉に礼儀正しく耳を傾けていたものの、通訳の堅苦しい翻訳を介して耳に届いた技術的な話は、反対の耳からすぐに抜けていってしまった。ほぼ機械的に微笑み、繰り返しうなずきながら、ときどき通訳を介して質問をするのも礼儀として忘れなかったが、私にわかった銃の名はカラシニコフだけで、それがたくさんあった。目の前の銃が使われている光景を想像すると身震いがし、実際に使われたことも間違いなかった。また、どこかで耳にしたことのある笑えない冗談も頭をよぎった――「英語はカラシニコフに似ている。それがあればどこにでも行ける」――ある程度、ほんとうのことだと思う。

銃が並んだテーブルを見ていると、私の父方の祖父のことも思い出された。祖父はほとんど話をしない人で、丸々と太ったウェールズ人の祖母に話しかけるときにだけ口を開いた。私はその祖母のことが大好きだった。祖父とは会話をした記憶がほとんどなく、礼儀正しい挨拶をひと言ふた言交わした程度だ。そんな祖父に、私はとても興味をそそられていたが、いとこたちはただ気難しい人だと思っていたようだ。ラジオからニュースが流れているあいだは誰も音を立ててはならず、みんな叱られるのを恐れて、ネズミのように足音を忍ばせながらまわりをコソコソ歩いたものだ。そんな祖父だったから、葬儀で泣いた者は一人もいなかったし、いなくなって寂しいと感じた者もほとんどいなかった。その後知ったことだが、祖父は第一次世界大戦中に機関銃の射手を務め、苦しい時代を経験していたらしい。カラシニコフと同じような古めかしい機関銃を用いて、たくさんの人々を殺したに違いない。気の毒に、きっと折に触れて深い思いに沈んだことだろう。今となっては、祖父と話をしておけばよかったと切に思う。わかっているのは祖父が俳優で、イギリスではじめて公開された映画に出演していたということだけだ。もちろん無声映画の時代で、テントで上映を続ける小さな映画会社に所属して、ウェールズ渓谷の全域を巡業していた。地元ではディック・ターピン役で知られ、『ディック・ターピンのヨークへの早駆け』の上映が終わると、グランドフィナーレとして覆面姿でウマに乗り、ピストルを撃ちながらステージに上がったという。やがてグラディス・ブロドウェンの心をつかみ、結婚して、食料雑貨店を営んだのだった。

私たちは次に文書解析部署に案内され、そのころにはもう空腹で、背中も痛くなってきたから、あまり気乗りはしなかったが、見せてもらったものは実に興味深かった。詐欺師たちが作り上げた、創作力に満ちた巧妙な偽造文書を見せてくれたのだ。詐欺師は芸術家であると同時に優れた技術者で、昔ならば細密画家だったかもしれない。それでも科学捜査のほうがいつも一歩先を進み、顕微鏡のもとで数字、文字、図柄の違いを見分ける方法を見せてもらうと、私はすっかり感心してしまった。

私はすぐにでも仕事に取りかかりたかったのに、ピーター・ラムが車の隅々までを慎重に調べ続けた。あとでわかったのだが、イギリスの研究所に戻って何週間も作業を続けてもなお、彼は被害者と参照用の試料と車とのつながりを見つけることができなかった。ピーターの仕事が終わるのを待っていると空腹感はますますつのり、ランチの約束はまだ果たされていなかったから、男性の一人がピザを買いに走った。やがてピザが届き、中庭にあった木の箱に腰をかけていざ食べようとしたとき、やせ細った小さなネコが近づいてきた。その後ろには子ネコたちもいる。ああ、やめてほしい……私にとっては一番耐えられない状況ではないか。私がピザからチーズをつまみ上げて差し出すと、小さなネコは大喜びで、あっという間に呑み込んだ。もう一度チーズを、そして生地の部分もちぎって差し出した。最後にはトマトがネコの口に入らないように舐めてやってから次々に食べさせていると、まもなく母ネコと子ネコたちが私のランチをほとんど平らげてしまった。私の分はトマトがついた生地の、ほんの一部だけだ。いっしょにいたアルバニアの人たちはあっけにとられたように私を見ており、私はアルバニアでは動物たちの優先順位があまり高くないと感じさせられた。そう思うとなんだか哀れで、あの小さなネコたちを忘れることができない。

やっとのことで私に車を調べる順番がまわってきた。その中庭では車の足下の試料をうまく採取できなかったので、私は証拠担当官にマットをすべて袋に入れて証拠物に登録するよう依頼した。さらに、クラッチ、アクセル、ブレーキのペダルについているゴムのカバーも取り外した。それから持参した小さくて硬いブラシを用い、足下の部分を丁寧に掃いて、集まったゴミをビニール袋に入れてラベルを貼った。私はいつも、異なる表面の試料を集めるごとに新しいブラシを使う。さらにトランクを含めた車内全体をよく調べて、物証が残されている可能性があると思われるすべての場所から試料を採取した。いつもならシャーシも調べるが、今回はほとんど意味をなさない。それはもちろん、この車が事件現場に近づいていなかったからだ。はるかイングランド南東部の森の奥深くにあるあの小さな島まで被害者が連れていかれるあいだ、車はどこかの道路に放置されていた。

車の内部から可能なかぎり多くの試料を集めるのに、午後じゅうかかってしまった。警察官たちは見るからに退屈した様子であたりをうろつきながら、モクモクとタバコの煙を吐き出し、私が仕事を手際よく進めて一刻も早く終わらせるのを待ちわびていた。やがて私が仕事の完了を告げると、ようやくあたりに笑顔が戻ってきた。次の大きなハードルは、私たちの細かい捜査方法に対する地元警察の抵抗をどうにかして乗り切ることだった。アルバニアの警察にはイギリスの警察から、主犯格とされる容疑者の家族が暮らすアルバニアの家まで私が出向き、そこで試料を集める必要があると連絡を入れてもらっていた。そうすれば、森の中の遺棄現場と家庭とを区別できる。異なる場所の花粉と胞子の分析表には、ほとんど必ずと言っていいほど重複する部分がある。だから、さまざまな証拠物から得られた結果に何が関与している可能性があるのか、それを知ることがとても重要なのだ。

アルバニアでは科学捜査の手法がイギリスとは大きく異なるから、私たちのやり方の重要性を地元警察に受け入れてもらうには大変な苦労がある。容疑者が住んでいた遠くの村まで私を連れていってほしいという要望を、アルバニア警察はいとも簡単に拒絶した。イギリス国内で殺人のニュースが広がったあと、容疑者が逃げ込んでいた場所だ。被害者の家族は容疑者の家からわずか数百メートルの場所に住んでおり、両家族のあいだには今や、途方もない敵意が生まれていた。そうした辺鄙《へんぴ》な場所では誰もが顔見知りで、何でも知っている。

アルバニア警察の抵抗は延々と続いた。

「そこは何マイルも離れた場所だ、道が悪いし、そんなことをする必要はない、死体遺棄現場と結びつくこと自体が信じられないし、不可能だ――あなた方はどうかしている、丸一日かかってしまうんだ」「あの女性を何回か町に連れていって案内すれば、迷ってしまうに決まってる――あの女性には場所の違いなんてわからないだろう」

ダギーはニヤリと笑った。「そうだね、きっとそうなる」

結局のところ、翌朝、手入れの悪い汚れた車が隊列を組んで、奥地にある封建的な村へと向かった。私は今でもどこに連れていかれたのかわかっていないが、その旅で私が生きる気力を失ったのは覚えている。村を抜ける泥道の真ん中を、この奇妙な車列が黄色い土煙を上げ、大きく揺れながら進んでいくと、畑にいる人たちは振り向き、窓からは目が覗き、玄関に立つ人たちはじっと視線を注いだ。そうやって、ようやく主犯とされる容疑者の家族が暮らす家にたどり着いた。その時点でもう容疑者本人は、私たちが前日に訪れたあの刑務所に投獄されていた。食事の時間に彼はどうしているのかと、私は思いをめぐらせた。この村が彼の生まれ故郷で、ティラナから遠く離れているから、刑務所を訪れる人は多くはあるまい。どのようにして食事を手に入れているのだろうか。ただしこの思いはあまり長続きしなかった。清潔できちんと整えられた小さな農家に着くと、庭の垣根にはブドウが実り、家の前の畑には野菜が豊富に作られていて、嬉しい驚きを感じたからだ。そしてどこからともなく人々が姿を現した。

さまざまな年齢の女たちが数人、オリーブ色の肌をした子どもたちに囲まれながら、黙ってジリジリと近づいてくる。誰もが幾多の困難に耐え、仕事に疲れた様子だ。先頭に立っているのは年長の男で、五十代後半くらいだろうか。それぞれがこざっぱりした日常の仕事着に身を包み、先頭の男は色褪せたコットンのズボンに着古したポロシャツ、ゆったりしたレザーのベスト、女たちは長いくすんだ色の木綿のスカートの上に、これも色褪せた大きめのブラウスという出で立ちだ。そして女性は誰もが頭にスカーフを巻いて、後頭部と長い髪を包んでいた。ここはイスラム教国だから頭をすっかり覆い隠している姿を想像したかもしれないが、おそらく畑での重労働のせいで、そうした服装は実用的ではないのだろう。子どもたちが着ているのはあらゆる種類の古着で、いかにもお下がりといったチグハグな組み合わせがほとんどだから、コーディネートや本人の好みはまったく無視されているらしい。私は思わず日の前にいるとても小さな男の子たちを、母国で知っているファッション意識が高くて要求の多い子どもたちと比べてしまった。違いははっきりしていた。ここにいる家族は必要最低限の暮らしを営み、その汚れた爪は、過酷な労働によって暮らしが成り立っているのを示していた。私はこのときようやく、不法移民が家族のもとにどうしても送りたいと思っていた金を、同国人によって散財されてしまったときに感じた絶望を理解することができたのだった。

その家で暮らす家族は明らかに、長男が隣人の息子を殺した罪で刑務所に入っていることを深く悲しんでいた。家族全員が私たちを取り囲み、父親が代表して口を開くと、居間で説明してほしいと言った。なぜ私たちがここまでやってきたのか。家族とどんな関係があるのか。息子であり、兄であり、叔父であるわが家の一員が刑務所に入れられているが、「何も悪いことなどしていない」ではないか。私からいくつか質問をしたいという要求が家長に伝えられると、そこで気まずい雰囲気になって話が途切れた。私に向けられた顔とボディランゲージから、私自身が問題の核心になっていることは理解できた。居間での話し合いに、女は男といっしょに座ることを許されていなかったのだ。だが私がいなければ、何が必要なのか誰にもわからない。どんな質問に答えてもらう必要があるかを知っていたのは私だけだ。そうした状況が家族に丁寧に説明された結果、ようやく私がその家の客であるあいだだけ、私には「名誉男性」の地位が与えられることに全員が同意した。名誉男性か……私は心の中でため息をついた。

玄関の敷居を越えたとたん、家の中はまるで病院のように清潔で、あらゆるものの表面が輝きを放ち、床さえも磨き込まれていた。私たちの前にあるテーブルには、古いけれども美しいレース刺繡のテーブルクロスがかけられている。そこにカップが置かれ、まもなくコーヒーの入ったポットが運ばれた。驚いたことに、私にはお茶もいれてくれた。イギリスとアルバニアの警察官、そして私と容疑者の父親が、この特別な小部屋でテーブルを囲んで座り、女と子どもたち全員が玄関の戸口に群がって、敷居をまたぐことができずにいる。

すぐに、アルバニアの警察官、通訳、父親のあいだで言葉が交わされる。何を話しているのか私たちにはまったく見当がつかなかったが、盛んに身振りを交えて話しているところを見ると、怒りがつのっているように見えた。通訳が怒ったような口調で話しているところに、私が割って入った。すると男三人がすばやくこっちを振り返った。女の声が聞こえてきたことで、明らかに驚いている様子が見てとれた。

「私がここに来たのは真実を見つけるためです。もしあなたの息子さんが無実なら、私は有罪判決が下されるべきではないと言うことができます。私は警察側の人間ではありません。中立の立場にいます」

もちろんそれは絶対的な真実で、その日のことを思い出すたびに、そこにいた全員の気持ちをなだめる力を発揮したのは私の誠意だったのだと感じる。すると父親が私を見た。私の言葉が心に響いたに違いなかった。そして、「息子が無実であることをわかってもらえるよう」、私たちに力を貸すと言った。その日は一日じゅう胸のつかえが下りず、落ち着かない気持ちで過ごすことになった。

私はまず、庭の土を試料として採取する必要があると伝えた。死体遺棄現場の土と比較するためだ。家族は息子が無実だと固く信じていたので、できるだけのことをして私を助けてくれた。踏み固められた庭の小道のあちこちでかがみ込みながら私が土を採取していると、子どもたちがついてきて、かわるがわる私のところに来ては微笑みかけ、一つずつ花を手渡してくれた。また胸が詰まり、今度は喉にまでこみあげてきた。みんな、ほんとうに素敵な人たちなのだ。気取りがなく、よく働く。この家族は私が都会や刑務所で出会ってきた人たちとは異なっていた。科学捜査に関わりのある家族と会って話す機会は、私にはほとんどない。同情や、ときには感情移入のせいで、容疑者に有利な計らいをしてしまう危険があるし、そのせいで認知バイアスがかかる恐れもある。無意識のうちに彼が無罪であってほしいと感じてしまうかもしれず、それは何があっても避けなければならないことだ。難しいが、公平であることが絶対的に求められていた。

その場所の試料を十分に採取できたので、次に最も近い森林地帯の場所を尋ねた。すると容疑者の父親は腕を大きく振って、地平線上に見える険しい丘陵の尾根を指した。私の視線は彼の腕の動きを追い、指し示す先を見たが、そこは果てしなく遠くに思えた。それでも、その家から行ける距離に森林地帯があれば、その森にある種の一覧を作るのが急務だ。それまでに聞いた話を総合すると、大学から該当する一覧をもらうのは不可能らしい。また、この国の植生と植物群落の分布に関する情報をインターネットで事前に検索してみたが、それも役に立たなかった。

私がそこに出向き、自分自身で環境を評価するほかに方法はなかった。厄介事に見舞われて心を痛める父親と儀礼的な挨拶を交わしたあと、埃にまみれた私たちのみすぼらしい車列は、地平線上にそびえる丘陵に向けて出発した。ドライブは果てしなく続くように思われ、私はずっとあたりの植生に目を凝らし続けた。山々は魅力的で、そこでのんびり休日を過ごし、一人だけで植生の研究ができればどんなにいいかと思ったが、実際には何十キロも走り続け、ほんのときたましか車を降りることは許されないのだった。遠征から戻ると、私のノートは書き込みでいっぱいになっていた。そしてその最もめざましい成果として、あの手入れの行き届いたささやかな農家からそこそこの距離の場所には、イングランドの事件現場を取り囲む植物群と類似したものさえ見られないことがわかった。

以上が私にできるすべてだったが、あと一つだけやるべきことがあった。一定の植物を除外するために、家族の誰かが履いていた靴を入手する必要があったのだ。そうすれば、その靴から得られた植物分析表を、逮捕されている一味のメンバー、主犯の容疑者、そして死体遺棄現場そのものから得られた植物分析表と比較することができる。そこで　ダギーが通訳を引き連れて家族のみんなに申し出て、農場の内部や周辺で家族の誰かが日常的に履いていた靴、スニーカー、ブーツをどれか一足だけでいいので、売ってもらえないかと頼んだ。やがて容疑者の妹からうす汚れた靴が提供され、彼女はマノロ・ブラニクかジミー・チュウの靴を買えるほどの金額を手にした。それでも私は、処理して分析すべき重要な試料を、また一つ手にできたのだった。疑わしい証拠物を一つでも除外できるだろうか？　証拠物のいずれかがその比較用試料とよく似ていて、事件に関わりがあると考えられ、さらに精査が必要になるのだろうか？

初期の調査は有益だったことがわかった。押収されていた靴から得た試料には現場との類似点がまったくないものも多く、そうした靴は無視することができた。花粉と胞子そのものと、プレパラート上の背景にある物質が、ともに試料を除外するのに役立った。一方の土の中では花粉粒がすべてそのままの状態できれいに残されていて、もう一方の土の中ではひどく腐食しているなら、両方が同じ場所で付着したものとは考えられない。また、なんらかの燃焼機関から飛散した灰の粒子、菌類の菌糸体の塊、セルロースやリグニンの破片が見つかれば、すべて試料の特性を明らかにするのに役立つ。場所を特定するために大切な要素は花粉と胞子だけではなく、スライドグラスにのっている背景の「くず」が、とても重要な情報をもたらしてくれることもある。

徹底した分析の必要もなく除外できるものが多かったが、一部は確かに、控えめにではあるが、根元にシダが生えて多様な樹木が混じり合った落葉樹林の様子を示していた。その場合は、一つずつ根気のいる集計が求められた。

驚いたのは、車から採取した試料には明らかに遺棄現場によく似た場所の証拠が残されていたことだった。アルバニアで私が訪れた場所の証拠はほとんどなく、あったとしてもほんのわずかしか見られなかった。だが、心配な点もあった。どうもできあがってきた絵が奇妙なことになっていたのだ。不可解なのは、容疑者の妹から買い取った靴だった。この靴から、車と死体遺棄現場で採取した試料とよく似た結果が得られたのだ。これはいったいどうしたことなのだろう。その靴に残されていた花粉と胞子のパターンは、妹が毎日接していたはずのアルバニアの土からはまったく見つからないものだった。さらなる調査が必要になった。私はアルバニアの靴をもう一足、イギリスまで送ってほしいと頼み、次は家族の別の一人から買い取った靴が送られてきた。すると今度の靴に付着していた花粉と胞子は、明らかに容疑者の父親の家の庭にあったものと同じで、ハートフォードシャーの森林地帯と類似する要素はまったく見られない。

このことを刑事たちに伝えると、さっそく取り調べが行なわれ、興味深い情報が戻ってきた。容疑者の妹は、警察が買い取った靴を兄からもらったと言ったそうだ。これでジグソーパズルの最後の一ピースがパチンときれいにはまった。兄はその靴を履いて死体遺棄現場まで行ったようだ。それからずいぶん長い時間がたっても、靴は森の中の特徴をとどめていたことになる。おそらく妹は、もらった靴を家の周辺だけで履いていたか、あるいはまったく履かないでしまっておいたのだろう。そうでなければ、アルバニアの農場の痕跡がもっと多く残されていたはずだ。推測することしかできないが、容疑者は遺棄現場の森を出たあと、おそらく自分の車に乗ってロンドンの自宅まで運転し、まもなくアルバニアに戻ったのだと思う。私が自分の経験から想像すると、ヨーロッパを車で長距離移動した場合、とりわけ早く目的地に着こうと急いだ場合には、靴の底が触れるのはたいてい都会の街路、敷石、舗装だけで、やがてカーペットや室内の床を踏む。これらの場所には花粉を含む面はどこにもない。だから、ほとんどどんな履物であっても、細かい窪みや穴の隅々にまで最初に入り込んだ花粉が残されたままになる。

私は警察のために結果の一覧表を作成した。いくつかの点で断片的な部分もあったが、主犯の容疑者の仲間数人の履物からは、明らかに死体遺棄現場またはそれにとてもよく似た場所に行っていた痕跡が見つかった。現場になった森林地帯で体のどこかに付着した生物の痕跡証拠は、被害者を処刑の場まで運んだその車のペダルと足下に持ち込まれていた。さらに、森の中の現場とのつながりを示す多くのものを説明することができた。不法入国していた数人のアルバニア人がその殺人に加わっており、死体を埋めるための穴を、実際に殺人を犯すよりずっと前に掘り、あとになってもう一度穴を掘り直さなければならなかったために、二人以上の人物が少なくとも二回はその場所に行っていた。だから複数の靴と一台の車は、容疑者、その仲間、そして死体遺棄現場につながりがあることを示していた。花粉と胞子がアルバニア国内で車と靴に付着したと主張することは不可能だ。それらの花粉と胞子の一覧はアルバニアの土のものと一致しなかったからだ。

容疑者はすでにティラナの刑務所におり、目撃者のほとんどはティラナに戻りたがらなかったので、裁判はイギリス国内で開かれることになったが、取り仕切ったのは四人のアルバニア人裁判官だった。四人の裁判官が入廷してきたとき、私は証言するためにあらかじめ法廷に立って待っていた。女性一人を含む三人の裁判官は厳格で神妙な態度を保っていたが、残る一人は光沢のある青いスーツと少し派手なネクタイを身につけ、ニコニコ笑って魅力にあふれていた。あとで知ったことだが、彼は上級判事だった。四人とも肩幅が広いうえに小柄で、とびぬけて古風な服に身を包み、審理が進むにつれて頻繁にうなずいていた。笑わない三人組はますます難しい表情になり、四角四面の筋金入りの政治局員のようになっていく。

私の証言は時間がかかり、遅々として進まなかった。ひと言も漏らすことなく詳しく、しかも正確に通訳する必要があったからだ。私はスローモーションで質問攻撃にさらされた。花粉類、植物、土壌が証拠として用いられたが、どの裁判官もそんなものを扱った経験がまったくないのは明らかだった。判決は「有罪」で、陪審員がいなかったにもかかわらず、長々しい判決文が読み上げられた。でも、何か腑に落ちないところがあった。そのわけがわかってきたのは、私が法廷から解放されたあとのことだ。私は尋問されたが、反対尋問はされなかった。あそこには、被告側弁護人がいなかったのではないか。あとで教えてもらったところによると、男性裁判官の一人が被告側の代理人だったのだそうだ。でも、その裁判官は私に一度も異議を申し立てることはなかった。奇妙で理解しがたい事態だった。アルバニアからの不法移民に対する不利な証拠は花粉学の観点からは強力なものではあったが、私は明らかに落ち着かない気分で法廷をあとにした。有罪判決が、あまりにも簡単に下されたように思われた。私の腕前が磨かれてきたのは、法廷でやり込められ、また腕の立つ弁護士の戦術に対抗するために、やむを得ず知的訓練を重ねてきたからだ。イギリスの法廷で、あのときほど簡単に判決が下されたことはなかった。

私は、静かな森の奥で音を立てて流れる小川の中の、小さな島を思い出す。あの殺人犯は怒りに任せて犯行に及んだのではなく、報復の計画を周到に練っていた。死体を埋める場所は、あとで簡単に見つけられるようにと慎重に選ばれ、相手を殺す何か月も前に掘られ、殺人という目的のためだけに準備されていた。殺人犯はその場所が、いかにも辺鄙で安全な場所だと思ったに違いないが、イギリスではイヌを散歩する人がどこにでも出没することを計算に入れていなかった。

その一方で、私は法廷からの帰途、ティラナの刑務所の光景と獄中にいる愛する人のために食料を詰めた籠を運ぶ女性たちの姿を思い起こしていた。この事件で投獄された不法移民は、どうやって食べているのだろうか。その姿は、あの小さなネコと重なって見えた。

第14章　終幕

本を読むだけでは事足りない。野辺こそが、生態学者にとって最も大切な情報の宝庫と言える。ヘザーの茂ったムーアや草原に寝転んで、ヒバリが地上からほとんど垂直に飛び立ったかと思うと空高く鳴き声を響かせ、また地上に向けて一直線に落ちてくる光景と音に胸躍らせた、そんな心浮き立つ記憶が私にはたくさんある。紫色の花で染まった大海原のようなムーアが、そよぐ風に呼応していっせいに波立ち、ヘザーの花が上空の太陽に暖かく照らされ、食べ物を探す昆虫がかすかな羽音を立てて飛びまわる。あるいは、防水服の中は汗ばむほど暑いのに、横殴りの雨があらゆる隙間から入り込み、髪は額に張りつき、ぐしょぬれのソックスは長靴の中で不快な音を立てるし、湿ったメモは皺だらけで読みにくい、そんな日もあった。だが、現実をこの目で確かめる方法がほかにあるだろうか。

真に理解するカギは、沼地や溝や牧草地や森林に出かけ、歩き、這い進み、登り、骨を折って前進することによって、現実の場所を身をもって体験しながら自らの技を鍛え磨くことだ。私は何年もかけてハドリアヌスの長城からポンペイまでのさまざまな遺跡発掘現場を訪れ、穴や溝、そして情報をもたらしてくれるあらゆるものから、貴重な試料を採取する経験を積んだ。どこも乱雑な場所だが、新しいスキルを身につけたいと願う熱心な若者たちがいつもいて、私はそうした人たちを教え指導することで、自分ではあまり泥まみれにならずに、欲しい試料を手に入れることができた。私が白いセーターを着て発掘現場に到着すると、帰るときもまだ元のまま真っ白なので、陽気な笑いを誘っていたものだ。

ほかにも法花粉学の仕事をしている人がいることに気づいたのは、すでに自分一人で法生態学という独自の分野を生み出したあとだった。そのときまでに、私はいくつかの事件の捜査に加わって成功を収め、そうした仕事の諸々の面について、最良の実践法を確立し、自分の研究に関する論文を書いて発表する準備を進めていた。同じ分野の人たちを知ったのは、そのあとのことだ。私は嬉しくなり、やがてその人たちと連絡をとった。もう何年も前から知り合いだったイギリスの研究者トニー・ブラウンが、いくつかの事件で科学捜査を担当していたのには驚いたが、多忙な大学教授である彼は、それよりもっと大切な仕事を抱えていた。今になって振り返ると、声をかけて力を合わせなかったのが残念でならない。もう一人のダラス・ミルデンホールはニュージーランドで活動している人物で、私が知る数年前から科学捜査に加わっていた。その後、ダラスからの紹介で、テキサス州にいる大学教授のヴォーン・ブライアントを知った。何より興味をそそられたのは、私たち全員が異なる方法で分析を進め、異なる種類の事件に関わっていたことだ。それからは長年にわたってみんなと頻繁に連絡を取り合う間柄になり、できるかぎり互いに助け合っている。私がニュージーランドにいるダラスのもとを訪れたこともあるし、彼も何度かイギリスにいる私のところにやってきた。ヴォーンに直接会ったことはないが、定期的に連絡を取り合っているので、親しい友人と言っていいだろう。

そしてわかったのは、事件現場と遺体安置所に定期的に顔を出しているのは私だけだということだった。私はただ、もし警察が犯罪現場から全力を尽くして可能なかぎり多くの情報を集めたいと思うなら、何かが変更されたり汚染されたりしてしまう前に、私がその場に急行しなければならないのは当然だと考えていたのだ。私には生まれつき強引なところがあるから、終始一貫して「現場に出る」といつも主張し、その結果として警察の仲間と科学捜査のさまざまな領域に関わる技術者からなる、大きなネットワークを作り上げることができた。警察は私の助言を、めったに異議を唱えることなく受け入れてくれた。そのようにして科学捜査の発展を少なからず手助けしてくれたわけだ。海外の仲間たちは捜査官とこうした関係を築けてはいないようだ。それには各国の警察の組織や成り立ちの違いが、ある程度は関係しているのかもしれない。私たちの性格と個性も影響した可能性がある。死体の腐敗と切断の状況がどんなものであっても、そのゾッとする光景、臭い、恐ろしさに向き合える度胸があるのは、私くらいしかいないようだった。私はいつでも死体を貴重な証拠の宝庫ととらえ、そこから最大限の証拠を取り出す技術を磨いた。またこれも重要な点だが、私は敵対心を燃やしてくる警察官、弁護士、法律家に耐え、厳格で厄介なイギリスの刑事裁判所に立ち向かえる頑強な性格ももちあわせていた。

私はどうやってここまでたどり着いたのだろうか？　振り返ってみても、はっきりはわからない。これまでの人生で将来設計を立てたことなどただの一度もなく、たいていの人は信じてくれないが、私は野心家でもない。ただすべてが成り行きで起きたことだった。私の生き方はプロアクティブではなく、リアクティブだった。つまり、先を見越して先手をとって行動するのではなく、起きたことに必死で対応してきた。ただ、私は「前適応」していたから法生態学者になれたのだ。私はすでに、研究室、現地調査、文献から必要なスキルと知識を得ていた。大学で働いた時期の大半は大学の教師として過ごした。教師が学生から多くを学べるのは自明の理だ。ユニバーシティー・カレッジ・ロンドンで常勤の職についていた最後の六年間には、法考古学の修士課程を率い、理論をしっかり叩き込むだけでなく厳しい実習も課した。学生は二人一組の当番表を手にし、自分に当番がまわってくると私といっしょに事件現場や遺体安置所に行って、助手として活動することができる。そうやって実際の出来事をじかに経験すると、それに「耐えられる人」と「どうしても耐えられない人」がはっきりした。修士課程で教えるのは難しかったが、私にとっては楽しいことでもあり、おそらく学生たちも同じように感じていたと思う。今になって振り返ってみると、すべてが遠い昔のことのようだ。そして私はまだイギリスの大学で教え、世界を旅してまわり、研究会を開き、二十三の国で講義もしている。過去二年間には中国を二回と、ペルー、コロンビア、インドを訪問した。

生まれてから現在に至るまで、私の人生は信じられないほど忙しく、今でも自由な時間がほとんどない。ゆっくりピアノを弾き、裁縫や手芸をし、絵を描き、料理や庭作りをするといった、やりたいことを楽しめる時間はほんのわずかだが、こうした一人でする気晴らしには、どれも明らかな効果がある。私の暮らしの大半は、他の人と会う目まぐるしい時間で占められているから、一人の時間が解毒剤の役割を果たしてくれるのだ。私は毎日、きょうこそは一日じゅう気ままに過ごすと自分に言い聞かせているのに、実際にはいつもコンピューターの画面に向かい、いろいろな問題を片づけて過ごすことになる。そしてこれから完成させて発表しなければならない研究もある。人は年を重ねるにつれて、しがらみが増すだけでなく責任も大きくなる。学術誌に掲載する論文の編集、書籍や論文に対する論評、他の人が書いた文章のチェック、そして私の場合は地元自治体の仕事もある。無所属の議員として地方選挙で多くの票を得たのは嬉しい驚きで、今では地元の議会でキャビネットメンバーの役割を果たす身だ。自分自身の意見を述べ、有権者の意見を反映させたいだけなので、どこかの政党に属すことはありえない。すべての職務を首尾よく果たすのは難しく、私は「環境衛生サービス」大臣の役割を担っているからなおさらだ。このサービスはあらゆる問題を対象としているように思える。ゴミ箱から各種の認可や許諾、空気、水、土壌の汚染から、ハトのフン害、さらにそれ以外のありとあらゆる問題に対応しなければならない。それでも確かに多くの人と知り合いになれる役割ではある。

私はグラマースクールを少しも好きになれなかったが、どうやらあの学校で授かった教育とスキルのおかげで、私はラジオとテレビで何度も放送される題材になるほど興味を引く人間になったらしい。それに高位の人に対して膝を曲げて会釈する方法も教えてくれたので、エリザベス女王とフィリップ王配との昼食会に招かれたときにも困ることはなかった。さらにあの学校は、大げさすぎるほどの義務感と責任感を生徒たちに植えつけた。同級生たちとは定期的に会っているが、卒業から長い年月がたった今も、みんな少しも変わっていないようだ。無邪気な時期をともに過ごし、ありがたいことにその無邪気さを今まで残しているように思える。私自身の人生と、長年にわたって私が関わってきた犯罪者と被害者の人生とは、まるで対照的だ。そうした人々のなかには、同情を禁じえない人もいる。

不運な生まれの者もいれば、教育を受けられることがどれだけ恵まれているかを理解できない者もいる。家族や環境、たまたま出会った人、または思いやりのない当局の犠牲になった人もいる。そして、ただただ卑劣で悪意の塊のような者もいる。

ここ十年ほどのあいだに、イギリスの科学捜査をめぐる状況は大きく変化した。かつては政府の管理下にある調査機関「科学捜査サービス」（ＦＳＳ）が、当然のこととして、警察で扱う事件のほぼすべてに対応していた。だがやがて競争を導入することが決まり、ＦＳＳ出身者の一部が独立して会社を設立するようになる。当初は告訴された側の弁護を支援するための仕事をしていたのだが、次第に検察側の仕事にも加わるようになっていった。こうした初期の起業家たちは、新しい研究分野の知識とスキルを熱心に吸収し、いつもきまって使われていた標準的な科学技術の基礎に付け加えていった。そして大学の研究者をはじめ、あまり知られていない稀少なスキルをもつ人たちに業務を委託し、そうしたスキルが科学捜査での分析に組み込まれていったのだ。

そうした事態を踏まえ、政府は公的機関であるＦＳＳも競争力をもつ必要があると考えて、これを公開会社とした。だが一方で、政府が主要株主としてとどまった。なんという失策だろうか。要するに公務員の仕事を民営化しようとしたわけだが、ＦＳＳからは政府省庁にありがちなお役所仕事の体質が消えず、すばやく対応して変わることができなかった。科学者たちは退職し、それぞれが独自に会社を設立した。では現状はどうだろうか。警察と契約を結んだ大手数社が、警察のための科学捜査を一手に引き受けようとしている。

こうしたサービス業者がさまざまなスキルをもつ人をすべて雇うことはまず不可能なので、状況に応じて、必要なスキルを提供してくれる人に業務を委託する。警察はただ、書類の「調査に必要なスキルをもっている」という項目にチェックを入れるだけだ。でも、その技術の質は？ その点になると話は別だ。私は、ごくわずかな経験しかもたない人たちがときに採用されてきたことを知っているし、証拠に対する私の評価と意見が被告側弁護人に伝えられたとたん、その証拠が取り下げられたという経験も何度かある。法花粉学と土壌分析に関して私が目にした報告書のなかには、なんとも奇妙としか言いようがないものもあった。警察もまた独自に科学捜査を実施することに決め、元FSSの職員を雇い入れた研究所もある。その場合には、起訴に持ち込みたいという心理が働くのではないかと想像できる。警察署に所属する科学者は、「正しい答え」を求められるプレッシャーにさらされるのではないだろうか。警察官が有罪であることを確信して、有罪判決を得たいと強く願うあまり、認知バイアスが入り込む可能性はないだろうか。そんなことはないと願うばかりだ。科学捜査に携わるすべての科学者は、先入観のない報告書を作成するための訓練を受ける必要がある。

米国のテレビドラマ『CSI：科学捜査班』は大人気の番組になった。もちろんその内容の大半は現実離れしていて、事件現場での手続き、研究室での分析、タイムライン、結果のどれをとっても非現実的で馬鹿げている。それでも番組は確かに人々の心をとらえたので、大学はすぐ、たとえば単なる「化学」の講座より、「法化学」と銘打った講座を開設するほうが収入につながると気づいた。「法○○」という語が人目を引くようになったせいで、得られる職の数より多くの「法科学者」が生み出されているのが現状だ。今この文章を書いている時点で、私も数人の同僚も、イギリスにおける科学捜査の現状を見ると気が重くなるということで意見が一致している。さまざまな大学で「法○○」という講座は数百もあるが、基本的な科学、たとえば植物学、動物学、化学、生化学、数学などの現状はどうだろうか？　今では、イギリス国内で植物学の学位を取得するのは実質的に不可能だ。だが、海外では、もちろん中国、インド、さらにスペインでも、きわめて重要な学問とされている。そのために植物学で上級職を雇おうとすれば、海外の人材に頼らざるを得なくなる。

今では誰もがＤＮＡについて知っているが、ここでも深刻な間違いが起きることがある。研究室での鑑定の段階で、何度か手違いが生じたことはある。だが、この種の誤りが起きることは、誤解による間違いに比べるとはるかに少ない。近年、ＤＮＡの鑑定結果に対する不適切な解釈が原因で深刻な誤審が何件か起きており、それは恐ろしいことだ。さらに悪いことには、ＤＮＡ技術が大きく進歩したことにより、ＤＮＡがその成功の犠牲になってしまった。技術の精度が非常に高まったために、今ではわずか数個の細胞からでもＤＮＡプロファイルを得ることができる。そのようなプロファイルが他のものと混じったり、汚染されたりしたとき、どんな問題が起きるかを想像してほしい。たとえ研究室での鑑定技術が完璧でも、事件現場に一人の人間のＤＮＡが見つかったからといって、その人物がその場にいたとは限らない。ＤＮＡは簡単に移動するからだ。大きな問題の一つは、ＤＮＡが本来の持ち主から第二の人物に、さらに第三の人物へと移動した経緯を把握できるかどうかにある。私たちは友人と会ったとき、あるいは地下鉄のラッシュアワーで否応なく他人の体と接したとき、絶えずＤＮＡを交換している。だから、容易に想像できることであるが、まったく無関係の人が犯罪に関与したことにされる恐れがあるのだ。ＤＮＡの鑑定結果はさらに複雑な統計的手法によって処理され、コンピュータープログラムを用いてデータ分析を行なえるようになっているが、そこでもまた独自の問題が生じる。DNAプロファイルを解釈する役割を担った人間が、そのようなデータ分析が実際にはどんな仕組みなのかを知らないことがあるからだ。DNAを扱う技術が大幅に進歩したことにほとんど疑いの余地はなく、多くの非常に賢い人々によってよく考えられてはいる。だが、広く知られているように、百パーセント確実だと受け入れられる結果をいつも出せるとは限らない。

DNAや指紋の証拠が役に立たないときには、きまって法花粉学が必要とされる。科学捜査では、指紋、DNA、繊維が最も重要な三つの物証だ。そしてそれに加わるもう一つの物証が花粉と胞子、その他の微小な粒子で、適切に採取して解釈すれば、非常に強力な証拠となりうる。だが、私が現在携わっているような仕事は今後も生き残り、科学捜査の一環を担い続けられるのだろうか？　イギリス国内の大学では現在、さまざまな学問分野の基礎をもつ植物学者や細菌学者の養成が進んでいない。

私のもとには海外の学生や経験豊富な科学者たちからEメールや手紙が頻繁に届き、コツを覚えられるように指導してもらえないか、あるいは私といっしょに仕事をさせてもらえないかと打診される。だが、そのためには博士レベルの花粉学または植物学のスキルと何年もの職務経験が必要だと伝えると、そうした申し出は取り下げられる。私は長年にわたって研究者および講師として働いたのち、予期せぬ形でこの仕事に関わるようになった。その時点ですでに戦略を立てて遂行し、法廷にまで持っていける態勢が整っていた。私は「初心者」ではなく、すでに知っていたことにただ修正を加えていっただけだ。テキサス州とニュージーランドにいる同僚も、ずっと科学者として活躍したあとに科学捜査の世界に足を踏み入れた。彼らはとっくに定年を過ぎており、信じられないことに私も同じだ。この種の仕事は初心者には向いていない。

私は今後も自分が引退したとみなすことはできないだろう。引退というのは奇妙な概念のように思える。やるべきことがあるなら、それをやるまでだ。私の知識と技術が役に立ち、必要とされているのなら、それを共有しないのは愚かなことではないだろうか。だがときにはもう十分にやり尽くしたと感じることもある。まだ事件を引き受けてはいるが、これまでと同じように警察での仕事に没頭して日々の暮らしを犠牲にするつもりはない。日々の暮らし？　私にそんなものはなかった。近所の人たちのこともよく知らなかったくらいだ。実際のところ、私がひたすら仕事に打ち込んできたことを、わずかにいるごく親しい友人たちはとても残念がる。

法生態学の魅力的な点の一つは（それはほかのどんな種類の生態学でも同じだが）、学びに終わりがないことだ。どの試料にもなんらかの驚きがあり、スライドグラスを顕微鏡にセットするときにはいつも、自分では抑えられないアドレナリンの急増を感じる。そのワクワク感が、もっと詳しく調べたいという気持ちを後押しする。見て、記録して、測定して、解釈すべきものは、いつでも、いくらでもあり、自然界の無限の広がりを感じる。私のキャリアの第一歩は過去を探る仕事で、そのために堆積物と土を掘る必要があった。一方の科学捜査の仕事はほとんどが現在に関わるもので、証拠はほとんどが表面にある。予測可能なのはただ一つ、母なる自然は予測不可能だということだ。大まかな手順を立案し、最良の実践法に従って特定の仕事を実行することはできるが、どのシナリオにも当てはめて使える一つの絶対確実なモデルは存在しない。それぞれの事件を、あらためて最初から取り調べなければならないのだ。

人はみな、一定の年代になるまで、自分の人生はいつでもやり直しがきくと思っている。でも年を重ねるにつれて否応なしに、「人生は一度きり」と痛感させられることになる。ありきたりな表現ではあるが、多くの決まり文句と同様に真実を語っている。私は人生設計を立てたことなど一度もなく、期せずしてさまざまなことが起こり、生きてきただけだ。だが、もしも現在こうなることがわかっていたなら、何か別のことをしていただろうか？　私ならそうしただろう。私がまだ夢見る若者だったころ、バレリーナか、コンサートピアニストか、研究専門の科学者になろうと思っていた。実際にはそれよりずいぶん地味な仕事に就いたが、今思えば法律の道に進んで勅撰弁護士になればよかった。ごく一般的な弁護士になりたいわけではない。一般的な弁護士では、いくつになろうと、法廷では勅撰弁護士よりも下位の下級弁護士として働くことになるからだ。主任弁護人を務め、陪審に影響を与えて無罪か有罪かの評決を得る責任をとるには、勅撰弁護士になる必要がある。イギリス、アメリカ、またイギリス連邦の多くの国の法制度は当事者主義だ。被告側も検察側も勝つために戦い、私の経験では、なんでもありの戦いを繰り広げる。検察側は被告人に対する警察の意見を述べ、その厳しい質問に対して弁護人が盾の役割を果たそうとする。弁護側が個人的な中傷をはじめれば、うまくいった、こちらの証拠は強固だということがわかる。相手はその時点ですでに脱線しているわけだ。

法廷では証拠が精査され、異議を突きつけられることになり、私はいつもそうした議論をとても大事にしている。そこでは「すばやい決断」が求められ、弁護人が攻撃し、証人が切り返せば、弁護人はまた反撃する。証人が自信と堅固な意志をもっていると、ときにはこうしたやりとりがしばらく続いていく。あるいは有能な弁護人が冒頭陳述によって証人を撃破することもありうる。幸い私にはそのよう事態は起きていないが、経験を積んだ証人として、私はつねに最悪の事態を想定している。最も優れた弁護人とは、宿題をすませてくる人物か、または少なくとも自分に代わって宿題をしてくれる勤勉な下級弁護士を抱えている人物だ。そうすれば、法廷で相手をグサリと刺せる鋭い剣を用意することができる。だが、こちらが真の専門家としての仕事をしていれば、弁護側はその知識に対抗できるほどの調査をすることは不可能だ。そして、私はたいていの場合に、弁護側がそれほど徹底した準備をしていないことに驚かされるのだ。

なかには訴訟の本筋をはっきり理解しないまま、検察側証人が話した内容に基づいて「主尋問」を行なう者もいる。最高の例は、私が報告書を提出したあとで弁護人が面会を求めてきて、法廷に出る前に話し合う時間をもてた裁判だ。最悪の経験は、私が法廷で宣誓する瞬間まで勅撰弁護士が私の報告書をまったく読んでいなかった裁判、そして最短の時間で終えた経験は、中央刑事裁判所で開かれた殺人事件の裁判だった。このとき私は自分が到達した複雑な結論について、反対尋問を受けるために出廷する五分前に公共ホールで弁護士に説明しなければならなかった。それまでに何か月もかけて準備をしていたので、このことに当惑するとともに、とても腹が立った。しかも弁護士は熱意が足りなくとも、その結果として、自分が刑務所に入るわけではない。きちんとした弁護を受けるのは被告人の権利のはずだ。

私はこれまでにさまざまな死に方――絞殺、毒殺、刺殺、窒息死、切断など――の成り行きとともに、さまざまな場所に多様な条件で遺棄された死体の行く末も目にしてきた。いつも強く印象に残るのは、死体は空っぽの器にすぎないという事実だ。その中には、人間が生きていたときにあったものが何一つ残されていない。死によって「誰か」は「何か」になる、と私は確信している。私たちは空になったペットボトルをリサイクル用のゴミ箱に投げ入れ、そのとき頭にあるのは地球を汚染から守ることだけだ。そして先史時代から今日に至る出来事を見ればわかるように、人間の死体もそれと同じように扱われてきた。だが私たちの社会規範では、死者を葬る場合は複雑な儀式を執り行なうことが求められる。そうした儀式は死んだ人との関係の近さとは無関係に行なわれている。

私はここ二、三年のあいだに親しい友人を数多く亡くしており、もの悲しい静けさの中に立ち尽くして讃美歌を歌いながら、祈りを捧げるふりをして頭を深く垂れているとき、自分は棺に横たわる体をどれくらい気にかけているのか、よく自問したものだ。その人の思い出、過去の関係、ともに過ごした時間を大事にするのはもちろんのことだが、体はどうだろうか。あまり考えたことがなかった。だが例外はある。筋は通らないが、私はわが子、祖母、それからこれまでに飼ってきたペットのネコすべての体がどうなるかについては、心の底から気にかかった。なぜだろうか？　私がわが子と祖母とネコたちの体、その匂い、そして感触を熟知していて、そのすべてが大切なものだったからではないだろうか。そうした感覚は筋の通らないものではあるが、否定することはできない。

人が死ぬとその体は、取り込まれた食べ物をもとにして体を作り上げていた個々の分子に分解されていく。その人は別の生物の分子（肉と野菜の料理）を、自分の体の分子に変えたわけだが、それらが今度はもう一度解放されて別の生物に取り込まれ、生命の循環が永久に続いていく。地表にある死体は地中に埋められた死体よりずっと短時間で分解し、火葬された人は数分で鉱物灰になる。もしその灰を森林地帯に撒けば、その人は真に生まれ変わることになるだろう。灰の元素は細菌、菌類、無脊椎動物、植物の根に取り込まれていく。一人の人間が森じゅうに広がり、多くのものになることができる。ブルーベルの花、オークの木、そしてかわいらしい甲虫に一度に生まれ変わるのは、なんとすばらしいことだろう。この考えが好きか嫌いかにかかわらず、それは確かに起きる。

私はこの考えをとても魅力的だと思う。そうすれば私の夫の分子と私の分子とが入り混じることになるのだ。私たちの灰は同じ森に撒いてもらうことになっているから、やがて同じ樹木や同じブルーベルになるかもしれない。なんとも不思議だ！　その木かブルーベルが枯れれば、残骸が腐敗し、私たちの分子はまた解放されて、さらに別の生き物に取り込まれていく。私たちの体を形作っている元素は、地球が太陽のまわりをめぐっているかぎり、なくなることはない。

悲しいのは、自分ではそれについて何も知ることができない点だ。私はやがていなくなってしまう。形のある記念碑を残そうとは思わないし、自分の最も身近な人たちもいなくなったあと、誰かに覚えていてもらえると思うほどうぬぼれてもいない。たとえ教会の墓地や共同墓地であっても、思いをめぐらせてくれる人は誰もいなくなるだろう。私は詩の愛好家とは言えないが、トマス・グレイの『田舎の墓地にて詠める哀歌』にはいつも深く心を打たれる。それでも私は墓石を建てないつもりだから、誰かが感動して何かを書いてくれることもない。私の記念碑は、おそらくこれまでの研究と出版物だろう。私の言葉は生き続けるが、それは墓地のように感傷を呼び起こすものではない。私が存在した形跡は、おそらくどこかの古い図書館の埃っぽい片隅で見つかることになる。

私はよく、死、レイプ、その他のさまざまな犯罪に身近で接したことによって影響されなかったのかと尋ねられる。私がこれまでの人生で最も大きな影響を受けた死は、娘と祖母の死だ。祖母のことは今でもまだ恋しく思っている。英知にあふれ、そばにいるだけで元気をもらえる存在だった。娘はいつも、そしてこれからもずっと、私の心の奥底で悲しみを誘う存在だ。長い年月がたった今もまだ、思い出さない日は一日たりともない。だがこの二人の死があるからこそ、私はこれまで出会ってきたそれぞれの遺体にも、必ず誰かが私と同じ感情を抱いていると思えるようになった。それは間違いない。そしてその思いがあるからこそ、罪のない犠牲者たちにいつも礼儀と思いやりを忘れずにいられる。台の上に横たわった死体は私にとってはほとんど重要な意味をもたないが、ほかの誰かにとっては大切な存在であり、そのことをつねに心にとどめておく必要がある。つねに客観的でいなければ有益な仕事をするのは難しいが、同時に、死体もかつては一人の人であったことを忘れてはならない。

私の身近にはつねに犯罪があり、その影響を受けてきたわけだが、そんな人生で私はいったい何を学んだのだろうか？　確実に学んだと言えるのはいくつかの下品な言葉だし、また自分の気持ちが動揺したときにも無表情を保つ方法も覚えた。さらに、問題に直面したときには完全に実利的に行動し、問題が手に負えないほどややこしくなったときには「オッカムの剃刀」の原則に従って簡潔な方法を選ぶことも学んだ。私はいささか頑固者で思いやりがないという評判を得ているが、親しい人たちは私が心の穏やかな人間だと理解してくれている。私は誰も、何も、傷つけたくないし、もちろん不必要に何かを殺すこともない。だが、怠けている人、不正直な人、自分本位な人、相手を巧みに操ろうとする人に対してはとても厳しくあたり、自分自身はつねに誠実でいるよう心がけている。自分ではいい人になりたいと心から思っているのだが、その願いがかなっているかどうかの判断は周囲の人たちに委ねるしかない。自分としては、綿密で、勤勉で、人の役に立ち、何よりも親切な人物として人々の記憶に残りたい。墓碑銘を残すほどの人物ではなくても、尊敬に値する人だったと。

そして私は、自分自身の死がどんなものかと考えをめぐらす。きっと、ごく普通の悲しみに沈んだ葬儀が執り行なわれることはないだろう。それでも死期が近づいたと感じたらすぐに、パワーポイントで別れのプレゼンテーションをまとめようと思っている。そのときまだ私の脳細胞が働いていること、死の苦しみと不快感が最小限であること、そして自宅の自分のベッドで、最愛の夫の腕に抱かれて息を引き取ることだけが望みだ。夫ははじめての出会いから今まで、私の生きる支えと喜びであり続けている。

謝辞

私がここまで法生態学のすばらしさを探究できたのは、多くの方々の支えがあってこそで、そのすべての人たちに心から感謝の言葉を捧げたい。長くなるが、まずはじめにあらゆる面から私を励まし手助けしてくれた夫、大英帝国勲章（ＣＢＥ）の受章者であるデイヴィッド・Ｌ・ホークスワース教授に感謝しなければならない。そして長年にわたってともに仕事をしてきたジュディ・ウェブ博士も称賛に値し、花粉を識別する彼女の優れた才能が法花粉学の発展を促してきたと言える。ケヴィン・エドワーズ教授は長年の友、同僚、最も厳しい批評家として、私が高い水準を保つよう手助けしてくれた。また親友で同僚のピーター・マーフィーは、私の仕事に関わることに不安を感じながらも、その多くに大きな力を貸してくれた。二人には心からお礼を言いたい。ユニバーシティー・カレッジ・ロンドンの考古学研究所に対してはひとかたならぬ恩義を感じている。そこでは整った設備を利用させてもらえたうえ、卓越した人物で博識のサンドラ・ボンドから技術的な支援まで受けることができた。また考古学研究所の同僚たち、なかでもリチャード・マクフェイル博士と故ゴードン・ヒルマン教授には、知的な支援とたくさんの楽しい時間をもたらしてくれたことに心から感謝している。キングス・カレッジ・ロンドンで学生として、また講師として過ごしたすばらしい経験は、どちらも忘れがたいものだ。スタッフのみなさんの見事な教え方と親切な心に導かれ、私の前にはたくさんの扉が開かれていた。とりわけ、ピーター・ムーア博士、ビル・ブラッドビア教授、故フランシス・ローズ博士、故アーサー・ベル教授からは大きな助けを受け、ベル教授にはキュー王立植物園の園長に就任されたあとも引き続きご支援いただいた。グロスターシャー大学のフランク・チャンバース教授とジョン・ダニエル博士、サウサンプトン大学のトニー・ブラウン教授には、私の仕事をさまざまな面で手助けしてくれたことにお礼を申し上げたい。そして、たくさんの学生たち、ほんとうにありがとう。なかにはとても優秀な学生もいて、私は学生たち全員からたくさんのことを教えてもらった。最後になったが、長年にわたってともに仕事をしてきた賢明で明敏な警察官のすべてにも、ほんとうにお世話になったことに感謝している。とりわけ私に最初の仕事を依頼してくれたポール・ドックリー警視正と、大英帝国勲章（ＭＢＥ）受章者であるビル・ブライデン巡査部長、私の仕事に大きな信頼を寄せてくれたダグ・ベイン、そして世界一優しいレイ・ヒギンズ警視に、心からの感謝の気持ちを伝えたいと思う。

訳者あとがき

刑事ドラマをはじめ、科学捜査官が登場するテレビドラマを知っているかと問われれば、国内ドラマも海外ドラマも含めてすぐにいくつか思い浮かぶ人は少なくないだろう。訳者自身も、何人かの科学捜査官や検視官の顔（もちろん演じている俳優の顔）が思い浮かぶ。本書の著者パトリシア・ウィルトシャーは、法生態学者および法花粉学者という独立した立場で警察の依頼を受け、そうした科学捜査を引き受けているユニークな人物だ。

法科学（フォレンジック・サイエンス）という言葉は、ふだんあまり耳にしないが、犯罪の事実を立証できる「証拠」を見つけるために、さまざまな分野の知識を利用する科学のことを言う。本書には、「『フォレンジック』とは、実際には、『得られた証拠はすべて訴訟に関係がある』」ということを意味する」と書かれている。これで本書に登場する、法生態学、法花粉学、法考古学、法病理学、法昆虫学、法毒物学、法化学という語が意味するところを理解できる。いずれも、それぞれの学問分野の専門知識を駆使して、法廷に証拠を提出するための科学だ。それでは、著者の専門分野である生態学や花粉学によって、いったいどのようにして犯罪の証拠を見つけられるのだろうか――本書を読み進むにつれて、その方法が明らかになっていく。ちなみに現時点（二〇二二年八月）のウィキペディアの「法科学」の項では、数ある分野の一覧に法生態学も法花粉学も含まれていない。それだけ新しい分野ということなのだろう。

ほとんどの人は、（花粉の飛散量が毎日のニュースになる花粉症の時期を別にして）周辺のどこかに植物やキノコがある場所を歩くと自分の靴や衣服や頭髪に、さらに鼻孔の奥にまで花粉や胞子がついてくることも、林のあいだを車で走るとタイヤやホイールハウスに花粉や胞子が残ることも、意識してはいないだろう。実際には本書を読んでから林を抜ける土の道を歩いてみても、地面にいくら目をこらしてみても、そこに花粉や胞子があることなどまったく実感できない。自分の履いている靴の底をじっくり眺めたところで、車のタイヤをよくよく調べたところで、同じこと。本書によれば、「花粉や胞子のような微細で目に見えない代理指標は、目に見えないからこそ、とりわけ貴重なものだ。見えないから取り除くことができない。自分についていることに気づかず、もし気づいたとしてもすっかり払い落とすことは難しいだろう。その人がどこにいて何をしていたかを示す秘密の記録となりうる」というわけだ。

本書が描き出す世界を一枚のタペストリーにたとえるなら、このように目に見えないほど微細なものを証拠として犯罪を立証するための著者の奮闘が、その布を織り上げる経糸《たていと》だ。被疑者の衣類や履物、犯罪に使われた自動車、被害者の遺体などに付着している花粉と胞子を慎重に取り出し、薬品で前処理をしてから顕微鏡で覗き、形や大きさが少しずつ異なる花粉や胞子の数を丹念に数えていく作業。そしてそこから生態学的知識を駆使し、犯罪現場の「絵」を描いていく過程。頭の中で描く情景をジグソーパズルに見立て、その「絵」の最後の一ピースをピタリとはめる瞬間。著者が実際に関わったいくつものユニークな事件を通して、まさに科学捜査に没頭する花粉学者が主人公のドラマを見ながら、その仕事の詳細を知ることができる。

一方、タペストリーを織り上げている緯糸《よこいと》は、著者が歩んできた波乱万丈の人生になる。これもまたテレビドラマになるのではないかと思うほど、劇的なことが次々に起きていく。ウェールズの小さな炭鉱の村で過ごした子ども時代、小学校やグラマースクールの友人や先生たち、家族のことや著者の身に降りかかったいくつもの出来事などが生き生きと描かれているので、刑事ドラマとはまた別のドラマを、ハラハラしながら楽しむことができる。著者をとても可愛がってくれた母方の祖母の姿が、目に浮かぶような気さえしてくるだろう。

グラマースクールを終えた著者は、大学入学資格を得る勉強の途中でウェールズを離れてロンドンに移り住み、医療検査技師や秘書の仕事を経験したのちにキングス・カレッジ・ロンドンで植物学を学ぶと、植物学者への道を歩みはじめた。その後は、大学で微生物生態学の講師になったのを皮切りに教える側に回り、やがて考古学研究所で環境考古学者として活動しながら、植物学と考古学の分野でさらに専門的な花粉学者として知られるようになる。そしてその花粉をきっかけにして、警察から事件解決の証拠を探す仕事を依頼され、それが本書の経糸の物語につながっていく。

テレビドラマの中の科学捜査官を想像しながら軽い気持ちで本書の翻訳に取りかかった訳者は、その内容の多彩さに直面して大いに苦労することになった。著者のさまざまな経験と、人生や研究に寄せる熱い思いが、読者のみなさんにまっすぐ伝わっていることを切に願っている。著者と同じ花粉学者になって顕微鏡を覗きこむような気分で、または「イギリス花粉学者の科学捜査ファイル」というタイトルのドラマを見るつもりで、本書を楽しんでいただければ幸いに思う。また、読みながらインターネットで花粉の顕微鏡写真を見つけ、著者が説明している花粉の形状を実際の写真でたしかめることをお勧めしたい。著者の見ている世界に少しだけ近づくことができるだろう。

なお、本書に数多く登場する植物名の翻訳にあたっては、イギリス在住の経験が長く植物に深い関心をお持ちの国保恵美子さんに、訳語のチェックをお願いしてアドバイスを受けた。この場をお借りしてお礼を申し上げたい。また最後になったが、遅れがちな訳者の翻訳作業を根気強く支えるとともに訳文について的確なご指摘をくださった白揚社編集部の阿部明子さん、訳文を丁寧に読んで修正に力を貸してくださった同編集部の清水朋哉さんに、心から感謝の気持ちを伝えたい。

二〇二二年八月

西田　美緒子

パトリシア・ウィルトシャー（Patricia Wiltshire）
法生態学者、花粉学者、植物学者、環境考古学者。イギリスで25年以上にわたって警察に協力し、数々の難事件の真相究明に貢献する。
英国法科学会、王立生物学会、リンネ協会フェロー。世界各地の学会で講演する一方、大学での指導や研究に精力的に取り組んでいる。

西田美緒子（にしだ・みおこ）
翻訳家。津田塾大学英文学科卒業。
訳書に『プリンストン大学教授が教える〝数字〟に強くなるレッスン14』（白揚社）、『世界一素朴な質問、宇宙一美しい答え』（河出書房新社）、『なんでも「はじめて」大全』（東洋経済新報社）、『太陽の支配』（築地書館）など多数。

THE NATURE OF LIFE AND DEATH

by **Patricia Wiltshire**

This edition published by arrangement with G.P. Putnam's Sons, an imprint of Penguin Publishing Group, a division of Penguin Random House LLC, through Tuttle-Mori Agency, Inc., Tokyo

ISBN978-4-8269-0242-7

イギリス花粉学者《かふんがくしゃ》の科学捜査《かがくそうさ》ファイル
自然《しぜん》が明《あ》かす犯罪《はんざい》の真相《しんそう》

二〇二二年十一月一日　第一版第一刷発行

著　者　パトリシア・ウィルトシャー
訳　者　西田美緒子《にしだみおこ》
発行者　中村幸慈
発行所　株式会社　白揚社　© 2022 in Japan by Hakuyosha
東京都千代田区神田駿河台一―七　郵便番号一〇一―〇〇六二
電話＝(03)五二八一―九七七二　振替〇〇一三〇―一―二五四〇〇
装　幀　bicamo designs
印刷所　株式会社　工友会印刷所
製本所　牧製本印刷株式会社